WITHDRAWN

Authority of Images /
Images of Authority

STUDIES IN MEDIEVAL CULTURE

Volume LIII

Medieval Institute Publications is a program of
The Medieval Institute, College of Arts and Sciences

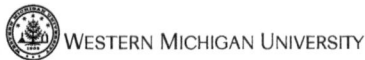 WESTERN MICHIGAN UNIVERSITY

Authority of Images / Images of Authority

Shaping Political and Cultural Identities
in the Pre-Modern World

Edited by

Karen L. Fresco

Studies in Medieval Culture LIII

MEDIEVAL INSTITUTE PUBLICATIONS
Western Michigan University
Kalamazoo

Copyright © 2016 by the Board of Trustees of Western Michigan University

**Library of Congress Cataloging-in-Publication Data
are available from the Library of Congress.**

ISBN: 978-1-58044-220-6
eISBN: 978-1-58044-228-2

All rights reserved. Without limiting the rights under copyright reserved above, no part of this book may be reproduced, stored in, or introduced into a retrieval system, or transmitted, in any form, or by any means (electronic, mechanical, photocopying, recording or otherwise) without the written permission of both the copyright owner and the author of the book.

Every effort has been made to obtain permission to use all copyrighted illustrations reproduced in this book. Nonetheless, whosoever believes to have rights to this material is advised to contact the publisher.

Printed and bound by CPI Group (UK) Ltd, Croydon, CR0 4YY

La réalité d'une société est une chose. L'image qu'une société a d'elle-même en est une autre. L'image et la réalité peuvent être parfois bien différentes. Elles ne sont pourtant pas sans rapports. Car la réalité peut inspirer l'image. Et surtout l'image, peu ou prou, façonne la réalité.

[The reality of a society is one thing. The image that a society has of itself is another. Image and reality can sometimes be different things. Still, they are not unrelated. For reality can inspire an image. And especially an image more or less shapes reality.]

Bernard Guenée, *Un meurtre, une société:
L'assassinat du duc d'Orléans, 23 novembre 1407*, 19.

Contents

Illustrations ... ix

Acknowledgments ... xi

Introduction ... xiii

Part I. Language and Norms

Language and Identity: The Case of Byzantium ... 3
    Thomas Conley

Le « Père des bonnes lettres » et le « prince de la riche locution françoyse » ; L'image du roi-polyglotte et l'élévation du français à la Renaissance, sens et ambivalences ... 19
    Paul Cohen

Les images de l'autorité en matière de langue en France (1453–1647) ... 37
    Philippe Caron & Douglas Kibbee

Part II. Performances and Authorities

The *Parlement de Paris* and the Plays: A Reconsideration of the 1548 Ban of the "Mystères sacrés" ... 55
    Robert L. A. Clark

The Construction of Electoral Saxon Identity in the Court Festivities of 1548 ... 79
    Mara R. Wade

Part III. Collection and Compilation Reflecting and Constituting Authority

Les Bibliothèques privées en Angleterre: 97
Livres et littérature politique
    Jean-Philippe Genet

Diffusion et autorité de la *Grande Chronique de Normandie* 135
(XIVe-XVe siècles): Mouvance du texte et réseau de circulation
    Gillette Labory

Part IV. The Power of Translators

Un « homme populaire et de petite science au service des 159
hommes de pouvoir »: L'humaniste Laurent de Premierfait
    Carla Bozzolo

Un « Manuel » d'économie domestique bourgeoise: 173
Laurent de Premierfait et les *Économiques* du Pseudo-Aristote
    Nicole Pons†

Dürer's Self-Portrait (1500) and the Charisma of Images 191
    C. Stephen Jaeger

List of Manuscripts 219

Bibliography 223

Index 245

Illustrations

Philippe Caron & Douglas Kibbee

    Figure 3.1. Le modèle tempéré de l'autorité   43
        linguistique de la première Renaissance

Jean-Philippe Genet

    Figure 6.1. Évolution chronologique du nombre   101
        des livres et des propriétaires de livres.

    Figure 6.2: Bibliothèque des universitaires.   102

    Figure 6.3. Évolution de la proportion des propriétaires   103
        laïcs et des livres religieux dans les bibliothèques
        non-universitaires.

    Figure 6.5. Évolution chronologique de la répartition   109
        par champs des bibliothèques universitaires.

    Figure 6.6. Évolution chronologique de la répartition   110
        par champs des autres bibliothèques.

    Figure 6.7a: Principaux auteurs universitaires.   112

    Figure 6.7b: Principaux auteurs non-universitaires.   114

    Figure 6.8. Proximité des auteurs et des périodes   116
        (Analyse factorielle des correspondances) dans
        l'Angleterre médiévale jusqu'en 1550.

C. Stephen Jaeger

Figure 10.1. Albrecht Dürer, *Self-Portrait*, 1500.   195

Figure 10.2. Follower of Jan Van Eyck, *Head of Christ*. Copy after a lost painting from 1438.   197

Figure 10.3. Albrecht Dürer. Sudarium, 1513.   198

Figure 10.4. Georg Vischer, *Christ and the Woman Taken in Adultery*, 1637.   199

Figure 10.5. Albrecht Dürer, *Self-Portrait*, 1498.   201

Figure 10.6. Giotto, *Saint Francis Receiving the Stigmata*, ca. 1320.   203

Figure 10.7. Andrea Mantegna, *Portrait of Cardinal Ludovico Trevisan*, ca. 1459–1460.   205

Figure 10.8. Agnolo Bronzino, *Portrait of Admiral Andrea Doria as Neptune*, ca. 1532–1533.   207

Acknowledgments

THIS COLLECTION OF ESSAYS is the result of a multi-year exchange program between medievalists at the University of Illinois at Urbana-Champaign and research teams of France's Centre National de la Recherche Scientifique: the Laboratoire de Médiévistique Occidental-Paris, the Institut de Recherche et d'Histoire des Textes, the Centre d'études supérieures de la Renaissance, the Histoire des théories linguistiques, and the Groupe d'études en histoire de la langue française. Medieval Studies was the first Humanities group funded by this program at Illinois and its exchange was judged so successful that it was renewed. Over a period of six years, eight University of Illinois faculty and seven CNRS scholars developed projects, giving lectures and meeting with colleagues and doctoral students at each others' institutions.

Not the least of the products of the exchange was the formal constitution of the Program in Medieval Studies at Illinois, for it was in the process of meeting to apply for the exchange that our common intellectual interests came into focus and we decided to formalize our collaboration. The exchange culminated in an international conference in Urbana, April 29–May 2, 2002, during which preliminary versions of these essays were presented.

We express our gratitude to the Office of the Provost at the University of Illinois and to the Centre National de la Recherche Scientifique for funding the exchange program. We thank the William and Flora Hewlett Foundation for providing a grant that made the conference possible. Additional generous financial support was provided by the Foreign Languages Building Fund, the Department of French and, subsequently, the Department of French and Italian, the Illinois Program for Research in the Humanities, the School of Music, the School of Art and Design and the Department of Communication.

Urbana, August 2015

Introduction

Karen L. Fresco

THE AUTHORITY OF IMAGES and images of authority: the intimate, reciprocal association between representation and power is the broad question addressed by the authors of the essays in this volume. Images—in the visual arts, in performance and ritual, in literature, and in language itself—both reveal and impose authority. These essays examine this dynamic at a crucial period in the development of European culture when national traditions were being developed while at the same time an international culture—Latin in the West and Greek in the East—maintained a sense of unity. Certain essays focus on the ways in which the material and social aspects of the production and dissemination of books relate to authority. Others consider how images are used to define oneself, one's group, or one's nation. This might be through theater and public ritual, through the linguistic norm, through architecture and the organization of public space, or through festivals and education.

The meanings of "authority" have followed two main paths during the span of time covered by these essays: the power to command obedience and the moral or intellectual prestige of certain people or texts.[1] The sense of the term "image" has also developed in two principal currents: a representation through art or skill on the one hand, whether a statue, painted portrait or verbal representation; and an appearance, reflection, or likeness, on the other. The authors of these essays incorporate a range of meanings for both terms and present various connections between authority and representation. Some discuss representation in terms of language and texts. In Tom Conley's essay and the one co-authored by Philippe Caron and Douglas Kibbee, elites assert their cultural authority, respectively, through expertise in arcane rhetorical practices or by assertion of linguistic norms. The ideal king described by Paul Cohen affirms his authority by being able to understand and speak the many languages of his subjects. In other essays, representation takes the form of performance. Robert L.A. Clark examines the connection between authority and dramatic performance, detailing the efforts taken by the Paris Parlement to control challenges to orthodoxy in mystery plays. Mara Wade shows how a German Protestant dynasty enhanced its political and cultural status through magnificent court festivals. Her paper, along with those of Jean-Philippe Genet and Gillette Labory, consider representation in the guise of compilations and collections. The dynasty discussed by Mara Wade preserved the artifacts of their court festivals in archives, which constitute a gesture of self-representation through self-documentation. Similarly, Gillette Labory reveals how the *Grande Chronique de Normandie* helps to form a regional identity and to establish the authority of the ducal dynasty by commemorating its feats. Its political and cultural authority is reflected in the multiple adaptations of the *Chronique* as well as in the circulation of manuscript copies. Jean-Philippe Genet profiles libraries that both express and lend authenticity to the cultures of university or non-university mentalities. Here it is the library, shaped by the collector, which represents the intellectual identity of the owner. Translation and adaptation of an authoritative text are also representations conferring authority as Carla Bozzolo and Nicole Pons show in different ways, the former by focusing on the power of the translator to influence his audience, specifically his patron, the latter by examining how the act of translation enhances the authority of the original work and its author by extending their intellectual influence to a readership beyond the university. Stephen Jaeger's essay analyzes the transformative power of the art object in the context of charismatic art, which arrogates to a painting or statue an authority that is originally human.

Why deal with authority and representation? This group of wide ranging essays demonstrates a fascination with the representation of authority across a broad temporal and geographical swath. Elites were aware of the necessity to make use of cultural products—rhetoric, language, spectacle, books, and works of art—to assert their power through a variety of means: censorship, celebration, commemoration, prescription, persuasion, amplification, or adaptation. Stephen Jaeger eloquently expresses the transformative power of the image: it creates "unity of sentiment in an audience," absorbs the viewers, shaping their consciousness. The image, whether a work of art or of literature, "can exert a spellbinding influence."[2]

The essays fall into four thematic groups: Language and Norms, Performances and Authorities, Collection and Compilation Reflecting and Constituting Authority, and the Power of Translators.

The contributions in the first group, Language and Norms, investigate language as a means of approaching a nexus of ideas about authority and identity. Language may be used by elites in cultural self-definition. Tom Conley explains that in the Byzantine period, when the Greek of scholars was incomprehensible to the man in the street, a "linguistic intolerance" served to distinguish the highly educated, and encomia were delivered in salons held by the wealthy and well connected. Philippe Caron and Douglas Kibbee show that the royal court and the Parlement in sixteenth- and seventeenth-century Paris were viewed by the linguists Estienne and Vaugelas as centers where the purest French was spoken. Paul Cohen, on the other hand, shows how a dialect could be valorized to enhance royal power, citing Louis XIII's political gesture in taking the trouble to address villagers in Provence in their local idiom. Both essays figure, in quite different ways, the link between linguistic mastery and political authority. Both Tom Conley and Paul Cohen study responses to polyglossia, in the Byzantine and French imaginaries, respectively, showing that it can be both a linguistic threat and a positive attribute. Where Tom Conley finds the Byzantine elite fending off threats to cultural identity by preserving archaic language and style, Paul Cohen concludes that the figure of the "roi polyglotte" was celebrated as a representation of the array of languages current in the realm, local as well as ancient and foreign. The king was viewed as the guardian of the many languages used in his kingdom. Philippe Caron and Douglas Kibbee, on the other hand, argue that the creation of an explicit linguistic norm in French both reflects and reinforces the centralization of power in the king. All three of these studies make clear the important connection between language and power.

The essays in the second group, Performances and Authorities, investigate the use of spectacle to assert authority, both political and religious. Paul Cohen's essay in the first section showed how a royal entry could stage the king's power in an image of Hercules with golden chains running from his mouth to the ears of his subjects. Robert L. A. Clark characterizes the French Parlement of 1548 as a power center that recognized the impact of theatrical performance and therefore acted to harness it in order to assert its political control in matters of language, cultural representation and religion. Mara Wade details how, in sixteenth-century Saxony, the Albertine dynasty proclaimed its authority by holding a lavish celebration of the marriage of the Elector to a Danish princess. Dramatic performance may question authority. The role of humor in mystery plays is seen by the Establishment as potentially blasphemous, as Robert L. A.

Clark explains. The very amplification of sacred texts in dramatic performance may be viewed by political and religious institutions as a challenge to their authority requiring control: authorities charged that the mystery plays diluted and blasphemed sacred scripture as Robert L. A. Clark shows. He explains that performances by the *confrérie* put lay people in control of plays that presented sacred stories. Performance and spectacle may both interrogate and constitute communal identities, whether religious or political. In another place and time, the union of two powerful Protestant houses witnessed by an assembly of guests at a wedding is shown by Mara Wade as an important step in the crystallization of Protestants as a cultural force in early modern Germany. Court festivals were used to shape dynastic identity and the wedding that she describes was carefully choreographed to send a clear political message. Spectacle and propaganda are clearly linked.

Essays in the two previous sections demonstrate how the constitution of archives could be used to express authority. Artifacts from court festivals were preserved to shape the identity of a ruling house, as Mara Wade describes, and Paul Cohen's essay notes that Charles V and François I funded the acquisition of manuscripts for their royal libraries as part of a coherent program that asserted royal cultural authority. The essays in the third section, Collection and Compilation Reflecting and Constituting Authority, address how compilation and collection reflect the political ideology of a particular cultural moment. Gillette Labory explains how additions incorporated into the *Grandes Chroniques de Normandie* from other historical and literary accounts aim to underscore the prestige of Normandy and its dukes. Jean-Philippe Genet studies how book collections, both institutional and individual, university and non-university, reflect particular historical contexts and changing tastes. Both essays present insights provided from a consideration of book and manuscript ownership. Synchronic and diachronic profiles of ownership provide an understanding of the circulation of texts among social groups, through geographical regions, and through time. Gillette Labory measures the impact of an important work by tracing the circulation of the *Grandes Chroniques de Normandie* among various social classes and in various regions. By detailing the owners of a particular work, Jean-Philippe Genet reveals the range of readership that existed for that work over a span of time. Although a specific work may be present in various types of libraries, the surrounding texts in a collection suggest a particular intellectual context that would have inflected the way in which that work was read and understood. Translation is another important factor in measuring the circulation of a text and the character of a collection. It may reinforce or amplify the authoritative impact of a text, as Gillette Labory argues. It may also indicate a certain type of reader. Genet's study shows that the presence of French and English translations is one of the key elements setting non-university libraries apart from university collections, in which Latin predominates.

Themes of transformation through translation associate the fourth group of essays, entitled The Power of Translators. Translation mediates between languages, cultures, and historical periods. Two essays discuss translations by the French Humanist, Laurent de Premierfait. Carla Bozzolo finds that his translation mediates between lettered and unlettered classes, while Nicole Pons sees it bridging aristocratic, university, and bourgeois readerships. Carla Bozzolo underscores the political role of Laurent de Premierfait, who sought to influence his powerful patron, the Duke of Berry, to effect change in the political and social crisis into which France was plunged by the Hundred Years War. For her, Premierfait is a truth teller who uses the prologue to his translation of the *Decameron* to present to his patron the concept of a contract between the people and the king. These papers emphasize the authority of translators themselves, whose works constitute a dynamic, influential tradition. Nicole Pons describes a chain of translators of the pseudo-Aristotle's *Economics*, each of whom was respected as an authority by the next. Thus, Nicole Oresme's translation serves as an authority for Laurent de Premierfait. Yet Nicole Pons also remarks Premierfait's freedom to adapt and reshape Oresme's translation in view of a new audience. Translation is a transformative process. On one level, it is the Classical text itself that is adapted by condensation or amplification to the needs of a new audience and historical moment. On another level, a change in the reader is sought, as Carla Bozzolo's analysis of Premierfait's prologue makes clear. Here, Stephen Jaeger's essay connects with these two studies of Premierfait, for he describes the special case of the charismatic image, which transforms viewers by transporting them to a higher realm of existence. He develops, on the level of aesthetics, the theme of the image's powerful impact on the viewer.

The issue of political control weaves its way through these essays. Whether it is an elite asserting its identity through the accomplished performance of panegyric, declaimed in archaic Greek and in a recondite style before a small group of high-ranking official as in Tom Conley's study, or a dynasty enhancing its influence by staging lavish court spectacles and then documenting them as in Mara Wade's essay, or the Establishment's censorship of the mystery plays that performed sacred stories as Robert L. A. Clark shows, or again the political influence that Laurent de Premierfait seeks on his princely patron as Carla Bozzolo explains—the essays in this volume offer a multi-faceted reflection on the enduring question: how does the power of representation shape the understanding of society and history?

NOTES

[1] Von Wartburg, *Französisches Etymologisches Wörterbuch*; *Dictionnaire du moyen français (1350–1500)*; Cotgrave, *A Dictionarie*; Richelet, *Dictionnaire François*; Furetière, *Essai d'un dictionnaire universel*; *Oxford English Dictionary* (electronic resource).

[2] Jaeger, *infra*.

Karen L. Fresco is Associate Professor of French, Medieval Studies, and Gender and Women's Studies, and past Director of the Program in Medieval Studies at the University of Illinois at Urbana-Champaign. Her research embraces medieval French lyric and romance, and the manuscript context of medieval works, in particular the place of works by Christine de Pizan in manuscript anthologies of the fifteenth and sixteenth centuries.

Part I
Language and Norms

Language and Identity: The Case of Byzantium

Thomas Conley

IT IS A VIRTUAL commonplace in our field that linguistic stabilization, often resulting in the legitimation—if not the actual creation—of the vernacular, has been an important element in efforts to form a national identity. Dozens of examples of this phenomenon come to mind, going back at least to Charlemagne (considering only more or less "European" examples) and extending down to times within our own memory; one thinks, for instance, of the debates over "Serbo-Croatian" in the decades after World War II in Yugoslavia. We also know that things are a bit more complicated than the equation between language and identity might suggest. This essay will examine a particularly complex case, that of "Byzantium," which provides many reminders of just how complex the question is, and problematizes the very phrase "language and identity."

Given the huge volume of relevant data—covering close to one thousand years of history—I will mainly discuss the data with which I am most familiar; and so, after some brief remarks about the broader context of this discussion, we will turn to the written witnesses of rhetorical practice from the Byzantine tradition. What that tradition reveals is a pattern of widening divergence between the material and social realities of Byzantium and the Greek language that emperors, patriarchs, and scholars were so intent on preserving as the essence of their cultural identity; and that what we see in Byzantine literature is a literature without what we normally understand as a public.

If there is any constant in Byzantine history, it is that Byzantine Greeks saw themselves as an island of culture in an ocean of barbarism. Even at the height of its imperial power in the ninth and tenth centuries, the Byzantine Empire was surrounded by hostile peoples who did not speak Greek—*barbaroi*—who sought to take control of the empire's holdings. The catalogue of these "barbarian" peoples is long: Goths, Arabs, Bulgars, Georgians, Russians, Serbians, Avars, Catalans, Franks, Italians, Seljuk and Oghuz Turkomens, and many more.[1] Moreover, there were from time to time other enemies from within, as is evident from the history of the Eastern Church's battles against heresies, the rise and demise of iconoclasm, and conflicts over imperial succession that flared up so often within the power elite.[2] That kind of insecurity and instability has a way of intensifying determination to preserve cultural identity, which in turn is achieved by maintaining cultural stability.

Part of this process of ideological consolidation was linguistic and literary, which explains why so many encyclopedic compendia, lexicons, and commentaries were commissioned during the ninth and tenth centuries; and why so much detailed attention is given in the grammatical and rhetorical commentary literature to matters of pronunciation, orthography, metrics, and style. The Greek spoken on the streets of Constantinople was, by the end of the tenth century, not the Greek Byzantine scholars wished to preserve and promote.[3] That Greek, which defined, in a spirit of intense linguistic intolerance, the difference between Byzantium and barbarity, was in fact almost totally incomprehensible to all but the most highly educated. That Greek was at once the only language—in a tradition that goes back to Gregory of Nazianzus, in fact[4]—in which theological matters could be properly discussed, and the sole language of imperial legitimacy. To be "Greek" and to be Orthodox were both, in the view of scholars such as Photios, Arethas, and John Sikeliotes, to be proficient in the Greek of a long-gone past that needed to be resurrected and renewed.

Looking behind the efforts of those scholars, we immediately begin to see some problems with talk about "legitimizing the vernacular." There was, of course, a "vernacular" —if we mean by that a kind of Greek that did not rise to the level of the *Hochsprache* that characterizes Byzantine literary production—and there was a sort of administrative *koinê* that coexisted with the archaizing literary Greek. This language, however, was hardly the universal language of the empire, even in Constantinople itself. At the street level, the empire was in fact polyglot; and so it is hard to pin down an unambiguous connection between language and identity.[5]

A different set of problems emerges when we look at Byzantine rhetorical practice. Rhetoric I take to be the locus of public discourse. In Byzantine terms, rhetoric would also include poetic composition, the art of letter writing, and even hymnography. I will restrict myself in this paper, however, to consideration of the three standard rhetorical genres of judicial, deliberative, and epideictic rhetoric, along with a fourth, homiletics, interpreting negative as well as positive evidence.

As to the judicial genre, there must have been an enormous amount of courtroom rhetoric. The empire administered an extensive court system, yet we have none of the speeches that must have been given in trials. Perhaps this is because there was no provision for the keeping of transcripts—or no lawyers looking for publicity—in contrast to Cicero, for instance, or Lysias in antiquity.[6] As for deliberative rhetoric, we find that, aside from a few—an amazingly few—speeches inserted by Byzantine historians into their narratives, there are no extant speeches that belong to the *genus deliberativum*, and most of them are put into the mouth of some emperor or another rousing his troops.[7] It may be that one reason for this is the fact that the institutions were not there to generate much rhetoric. The vestiges of the Senate were many, it seems, but Byzantine senators probably did a great deal more cheerleading at imperial acclamations than debating fiscal or diplomatic policy.[8]

I think it is probably the case that it is not the absence of opportunities for judicial and deliberative oratory that explains their being missing from the record, but the fact that they were not very good speeches and therefore not thought worthy of preservation. Commentaries could be written in inelegant Greek, for they were part of the tradition the Byzantine cultural guardians were assigned to preserve; but courtroom arguments and policy debates were vulgar ephemera, perhaps even an embarrassment to the teachers who trained Byzantine lawyers and senators.[9]

The situation with the third traditional genre, the demonstrative or epideictic, is quite different. Relatively speaking, there are many, many more specimens of epideictic rhetoric than of the other two genres—and what we have probably represents only a tiny percentage of the total number of such orations that were given over the several centuries for which we have examples. There are, to begin with, many dozens of *basilikoi logoi* (speeches addressed to the emperor), many of them at the Epiphany ceremonies, the Feast of Lights. From the late eleventh century until the beginning of the thirteenth, these were composed and delivered by the *maïstôr tôn rhêtorôn*, the imperial court's chief orator. Most of these orations were organized around the traditional set topics for panegyric: lineage, spiritual and physical virtues, and (almost inevitably, as there was seldom a year that went by without some campaign) military exploits, capped by wishes for a long and prosperous reign. All were composed in the "high" style, with recondite diction, complex imagery, and long and elaborate periods. This kind of oratory was also, of course, highly allusive, working in, for instance, accounts of campaigns larded with comparisons cast in Herodotean and Old Testament language; and deliberately archaic, referring to the Turks as "Persians," for instance, or as "Ishmaelites" or "Sons of Hagar."[10] Orators praising Comnenian emperors in the late eleventh century and for most of the twelfth drew heavily on Psalms in this manner, making the emperor into a new David—a commonplace also in the West, of course—and producing long cento-like passages woven together from verses from Psalms to produce an eloquence that can only be described as "Davidic."[11]

Such importance was attributed to panegyric as part of the imperial ideology that epideictic speeches were imitated almost slavishly by Bulgars and Serbs, though in Slavonic, of course.[12] But if the corpus of imperial panegyric embodies an ideology, it cannot be said that these speeches were propaganda for that ideology. They were not public relations, not designed to reach and teach the general population, but ceremonial performances witnessed by a small number of high-ranking officials and representatives of families close to the emperor, gathered in the palace to bear witness to the supreme majesty of the emperor—and often, the empress, too. Indeed, the Greek in which they were composed would have been incomprehensible to any but the most educated, including to members of the imperial circle itself, many of whom were functionally illiterate and some of whom—empress-brides from Georgia, Germany, and France married for political reasons—had only recently learned enough Greek to order their servants around.[13] It is also interesting to note that many of the imperial panegyrics exist in only one manuscript. Very few seem to have attracted attention—scholarly or otherwise—after they were delivered. Many collections of orations are found in manuscripts that lay unread for centuries except perhaps by some *maïstôr tôn rhêtorôn* looking for models.[14]

Quite aside from the imperial court setting, composing encomia also seems to have been one way of ingratiating oneself to a high government or church official for purposes of upward social mobility, a better teaching job, or ecclesiastical position. Dozens of such "speeches" are extant, some by quite famous figures such as Michael Psellos or John Tzetzes, others by more obscure orators such as Konstantinos Stilbes or Sergios Kolybas. While it is quite possible that these were actually delivered in the so-called *theatra*—which were not public theatres but aristocratic salons to which socially (and monetarily) ambitious well-educated men flocked in search of patronage—there is little internal evidence that they were; and it is not unlikely that some were circulated exclusively in written form.¹⁵ But the general point these extant speeches supports is that here, too, we are dealing with speeches heard and judged by a tight circle of wealthy individuals.

Finally, as we survey Byzantine rhetorical production, we find a huge corpus of extant saints' lives and sermons. The standard inventory of this literature lists some 3000 manuscripts containing at least as many works delivered and read to the faithful.¹⁶ So saints' lives and sermons would seem to be by far the most "popular" of all the genres represented in Byzantine literature—and we must bear in mind that we are speaking here only about the extant sermons and *Vitae sanctorum*. But if these lives were "popular" in the sense that they were accessible to readers who had not mastered the literary *Hochsprache*, that came to an end in the mid-tenth century, when Symeon the Logothete organized a project to rewrite those lives, revising their original language into high literary Greek—whence his epithet, "Metaphrastes."

In addition to the huge number of sermons that we possess in Greek, there remains a large corpus of translated patristic sermons in Old Church Slavonic. I mention this because it shows how widespread the conventions and *topoi* of Byzantine preaching and hagiography had become after the conversions of the Bulgars and Russians in the tenth and eleventh centuries.¹⁷ I am not prepared to comment on that body of literature, but I can make a few observations on the sermon materials in Greek. The earliest sermons—before the eighth century—were delivered during the celebration of the Mass (after the readings from the Gospel) as well as during morning services and night vigils (*pannychia*) for the instruction of the faithful and the catechumens alike. By the testimony of such renowned preachers as Basil the Great and John Chrysostom (fourth century), these sermons were to be stylistically simple so as to be comprehended by those they were meant to instruct, which included even common workers (see, e.g., Basil, *Hexaem*. 3.1, 3.10; Chrysostom, *De sacerdote* 5.2; Gregory Nazianzus, *De baptismo*, Patrologia Graeca 36, col. 360B, etc.). As Synesios of Cyrene put it, "God does not care for exalted style; the spirit of God spurns finery in writing" (Homily 1, Patrologia Graeca 66. 1561C). In actuality, as it happens, the style of these sermons—especially the panegyric sermons—is quite elevated, and the amplified exegesis many of them contain is often obscure. There is no way to tell how many of the members of their congregations could actually have followed these sermons, even allowing that a substantial number had received some basic grammatical instruction and knew scripture. However, it seems that, from the perspective of the sermon writer, the need for a distinctive style and the sublime nature of the subject matter, rather than the needs of a semi-educated audience, dictated the style and arrangement of these sermons.[18]

In fact, all of the homiletic literature left to us from the fifth century to the fall of Constantinople in 1453 is characterized by complicated style—often so complicated as to deserve the judgment that they are "tortuous and obscure" —and full of *recherché* diction. In the homilies of Proclos of Constantinople (fifth century), Symeon Stylites (sixth), Anastasios of Sinai (seventh), John Damascene and Andrew of Crete (eighth), Photios (ninth), Arethas, Leo VI, and Niketas David (tenth), and John Mauropous (eleventh), we are faced with elaborate patterns of anaphora, florid hypotactic composition, mysterious imagery, and not a few *hapax legomena*. In stylistic terms, in short, it is hard to see how these sermons can be characterized as "popular" literature.[19]

There are other factors that further complicate the question of the relation between these homilies and their audiences. After the end of the seventh century, even though the Council of Trullo (692) ordered that sermons be preached daily,[20] our sources suggest that sermons ceased to be delivered during the Mass and were restricted to the morning services (*orthroi*) and all-night vigils. The same council decreed, moreover, in Canon 19, that preachers draw their materials from the older church fathers—Chrysostom, Gregory of Nazianzus, Basil the Great, and the rest—rather than compose their own sermons. This renders the homiletic output of writers from the eighth century onward problematic. Indeed, it is usually not clear where sermons attributed to, for example, Anastasios of Sinai or Andrew of Crete might have been delivered or, for that matter, whether they were actually delivered at all. It is also not clear how "homiletic" sermons composed by Photios or John Mauropous actually were, as they seem to be aimed not at the instruction of the congregation but at giving praise to the emperor.[21]

That is not all. If commoners were to hear these sermons, it is unlikely that they would understand them for the simple reason that the Greek language had undergone so many changes between 600 and 1100. One writer has justly compared a Greek audience in 1100 listening to a reading of one of Basil's sermons to a contemporary English audience listening to Chaucer's prose.[22] The same is true of the many saints' lives that were collected and distributed after Symeon Metaphrastes rewrote them.

None but the most sophisticated and virtually bilingual readers could have comprehended them.

If we add to all this an important architectural development in Byzantine churches, we shall have to revise even more our notion of how "popular" Byzantine sermons were. From the fifth century on, the low chancel railing separating the sanctuary from the nave was made progressively higher and higher, until, in the eleventh century, it rose almost to the base of the apse, rendering the priests' actions during the Mass invisible to the congregation.[23] Thus, people attending Mass could hear, but not understand, what was being said and they could not even see who was saying it. Orthodox congregations, in short, were in one sense even more "removed" from the liturgy than Roman Catholic congregations were before Vatican II decreed that the mass should be said in the vernacular.

This overview of Byzantine "rhetoric" leads to a rather paradoxical conclusion. Given the apparently highly restricted access to schools and given the styles that rendered rhetorical performances unintelligible to all but the most educated, we must conclude that Byzantine rhetoric was a rhetoric without a "public." This runs up against our usual tendency to connect rhetoric with "public address" or "public process." We might be able to preserve the idea of public process in the case of courtroom rhetoric, but none of that seems to have been deemed worthy of preservation in any form open to public inspection. This is not, of course, to say that there was no "public" in Constantinople, only that it does not figure into Byzantine rhetorics.

Byzantine Greeks saw themselves as facing continual threats from "allophone" neighbors. This situation goes a long way toward explaining their obsession with preserving the idioms and rhetorical traditions of late antiquity, traditions they adhered to so strongly that they are sometimes seen as culturally static. Over the course of a thousand years, of course, "Byzantine" society was far from static, as it underwent momentous social, political, and religious upheavals. Byzantine literary production, by contrast, seems remarkably unchanging in its dedication to preserving the genres, atticizing language, and style of its past, both Christian and non-Christian. The extent to which cultural formation was highly restricted, and the language of literary production gradually became unintelligible to all but the most highly educated in Byzantium, which renders problematic the connection between "High Culture" and the realities of social and political formations. By the time of the fall of Constantinople in 1453, Byzantine "identity" had been largely bifurcated into two quite distinct cultures, one of which remains almost invisible, the other of which is preserved in the huge canon of "Byzantine" literature, a literature that, paradoxically, had become a literature without a public. For reasons like these, in short, we do not find the same kind of conscious efforts to forge national identity by emergent vernaculars seen in other, contemporary societies in the Middle Ages.

NOTES

[1] On Byzantine definitions and characterizations of *barbaroi*, see, for example, Ditten, "ΒΑΡΒΑΡΟΙ, ΕΛΛΗΝΕΣ, ΡΩΜΑΙΟΙ"; Lechner, *Hellenen und Barbaren*; and Jouanno, "Les barbares". Byzantine authors seldom have anything good to say about *barbaroi*, who are variously charged with being brutal, beastly, lecherous, deceptive, and impertinent. The fundamental division was that between "fellow speakers of Greek" (ὁμόφωνοι) and "speakers of other tongues" (ἀλλόγλωσσοι). At the same time, Greek was by no means the "universal" language in Byzantium, not even in Constantinople itself. See Dagron, "Le pluralisme linguistique." For Byzantine sources on Turkic peoples, Bulgars, Georgians, Serbs, etc., see the monumental Moravcsik, *Byzantinoturcica*; and for attitudes toward Westerners, Asdracha, "L'image de l'homme occidental à Byzance."

[2] On occasion, such destabilizing issues combined with one another, as for instance in the case of the murder in front of the high altar of Hagia Sophia of the iconoclast emperor, Leo V, and his replacement by the iconodule Michael II in 820. Assassination or other violent removal of sitting emperors was far from uncommon. To cite but a few examples, Constans II was murdered in his bath by a servant in 668; Justinian II was forced from the throne in 695 and his nose was cut off; Michael III was murdered in his bed, drunk, on orders from his co-emperor, Basil I, in 867; the sons of Romanos Lekapanos were exiled and murdered to make room for the accession of Constantine VII Porphyrogenitos in 945; Nikephoros Phokas was murdered in bed by friends of John Tzimiskes ("The Short"), who had been having an adulterous affair with Nikephoros' wife, Theophano; Romanos Diogenes was forced from his throne and his eyes put out with red-hot irons in 1071—and so on. On Byzantine methods of dealing with heretics, see Hussey, *The Orthodox Church in the Byzantine Empire*, 13ff., 142–66, etc.

[3] On tenth-century "encyclopedism," see Lemerle, *Cinq études*, 267–300. On language and culture, Dagron, "Le pluralisme linguistique." 23–56; and Browning, "The Language", 103–33. On the evolution of the Greek language and Byzantine language "reform," see Browning, *Medieval and Modern Greek*, 59–72; and Rapp, "Byzantine Hagiographers", 31–44. Such linguistic

developments explain why John Sikeliotes (fl. ca. AD 1000) writes so much in his commentary on Hermogenes's *Peri ideôn* about metrical feet, as Greek poetry had already lost much in the way of quantitative verse. See, for example, Walz, *Rhetores graeci,* 6.163–70, 237–42, 348–52. The Anonymous in 7:2, at, for example, pp. 1048 ff., is even more obsessed with these matters.

⁴ See, for example, Nazianzus, *Oratio.*

⁵ See Dagron, "Le pluralisme linguistique", n.1, 219–40. Among other things, Dagron points out (230–34) the polyglot nature of the armed forces deployed by Byzantium.

⁶ On the paucity of documentary evidence from Byzantine courts, see, for example, Morris, "Dispute Settlement", 125–47. In the twelfth-century *Peira* ['Decisions'] (in Zepos, *Ius Graeco-Romanum*, Vol. 4, 38–297), we find occasional accounts of the arguments advanced in trials; and it is interesting to note that these are based on the so-called "non-technical proofs": for example, 4.88, 177f.: oaths; 53f.: contracts; 176: testimony of a witness. On this curious work, see Oikonomides, "The 'Peira'", 169–92; Vryonis, "The Peira", 279–84. Mention might also be made of a rhetorical exercise composed by Nikephoros Basilakes in 1157, a prosecutor's speech "Against Bagoas," arguing that "Bagoas" is guilty of slander and corruption. (Text in Garzya, *Nicephori Basilacae*, 92–110.) This odd bit of soap opera exists in only one manuscript, Vind. gr. phil. 321, from the late thirteenth century. Its editor thinks it may be instructive about Byzantine courtroom rhetoric; but given the high style in which it is composed, I think that unlikely.

⁷ Byzantine historians produced many "chronicles" (including, e.g., the one in 6733 lines of political verse by Konstantinos Manasses [d. 1187], *Synopsis historikê*); but these contain, at best, some *bons mots* and no speeches. The twelfth century gives us an *Historiôn biblia IV*, ed. A. Meineke by Nikephoros Bryennios (d. 1138); the *Epitomê* by John Kinnamos of the reigns of Alexios I and John II Komnenos, ed. A. Meineke, and the *Chronikê diêgêsis* of Niketas Choniates (d. c. 1215), ed. van Dieten, all of which contain several speeches—most by an emperor to his troops.

⁸ The Byzantine Senate (σύγκλητος) functioned as a sort of assembly of men of the highest social ranks convoked on occasion by the emperor on the pretense of consultation. There is no evidence of how anyone was nominated for or promoted to this body. Evidently, the Senate could intervene if there was a problem of succession (e.g., after the deposition of Michael V in 1042) or sometimes in matters of the management of a military campaign. Its number was inflated under Constantine IX Monomachos; but the statement by Michael Attaleiates that it consisted of more than 1000 members (Attaliota *Michaelis Attaliotae Historia*, 275.12f.) is undoubtedly an exaggeration. On the Senate in the eleventh century, see Lemerle, *Cinq études*, 287–93.

⁹ Niketas Choniates (260 f., 276 f.) reports that the senatorial sessions under Andronikos I were "travesties," but we have no clear idea of what they travestied.

Alexios I Komnenos, in advising his successor, warns against "the babbling of the speakers in the courts" and their "specious arguments." See Maas, "Die Musen", 359.

[10] On imperial panegyric, see the survey in Hunger, *Die hochsprachliche*, Vol. 1, 120. For Turks as "Persians," see, for example, Regel, *Fontes rerum byzantinarum*, 81.7 (no. 5, Eustathios to Manuel I Komnenos), 102.22, 116.6, 18.25 (no. 6, Eustathios to Manuel), 258.13, 259.19, 261.10 (no. 15, George Tornikes to Isaac Angelos); as "Ishmaelites," Regel, *Fontes rerum byzantinarum*, 31.8, 40.10, 41.26 (no. 3, Eustathios to Manuel); as "Sons of Hagar," Regel, *Fontes rerum byzantinarum*, 64.21, 78.24, 81.8 (no. 4, Eustathios to Manuel). Herodotean terms are used frequently, as, for example, Psellus refers to the Turks as "Parthians" (Psellus, *History of Michael Psellus*, 213.9); Bulgars as "Mysians" (Psellus, *History of Michael Psellus*, 221.5 ff.); Eustathios calls Hungarians "Paiones" (Regel, *Fontes rerum byzantinarum*, 35.11, 36.1, 40.14 [no. 3, to Manuel])—to cite but just a few passages.

[11] Imperial oratory from the Komnenian period teems with self-consciously "Davidic" eloquence. See, for example, Regel, *Fontes rerum byzantinarum*, 100.10 ff., 118.3 ff. 120.20 ff. (no. 6, Eustathios to Manuel); 365.1–18 (no. 22, Stephanos Skylitzes on the birth of Alexios II Komnenos); 140.15 ff., 142.5 ff. (no. 8, Michael of Thessalonike to Manuel), 183.5–184.14, 184.15–185.15, 188.5–189.12 (no. 11, Michael to Manuel), etc.

[12] See, for example, Bojovic, *L'idéologie monarchique*, where these matters are discussed fully. See also Radosevic, "Danilo II", 245–52; and, for the broader picture, Graebner, "The Slavs in Byzantine Europe", 41–55. Contacts between Slavs and the Byzantines were not limited to warfare and arranged marriages. K. Kuev "Veletske sbieneneto", argues that George Choiroboskos, author of a treatise on figures and tropes that had widespread influence, was himself a Bulgarian (46–59). On the extent of his influence, see, for example, Basharov, *The Imagery of the Igor Tale*.

[13] "Foreign" wives of emperors include Bertha-Eudokia (Romanos II), who was the illegitimate daughter of Hugo of Provence, king of Italy; Irene Piriska of Hungary (John II Komnenos); Bertha-Eirene von Sulzbach (Manuel I Komnenos); and Margaret of Hungary (Isaac II Angelos). Maria of Alania (viz., Abkhazia), wife of Michael VII Doukas, was, by contrast, quite highly educated. See Garland, *Byzantine Empresses*.

[14] Perhaps the most famous of such manuscripts is the Codex Escorialensis II-Υ-10, from which Regel transcribed the orations collected in *Fontes rerum byzantinarum*, most of which—including several by Nikephoros Basilakes as yet unpublished—are extant only in that manuscript. Another well-known collection including many unique texts is the Bodleian Library's MS Barocci 131, the contents of which are analyzed by Wilson, "A Byzantine Miscellany".

[15] On "*theatra*" performances, see Mullett, "Aristocracy and Patronage", 173–201.

[16] Ehrhard, *Überlieferung und Bestand*.

[17] See Bojovic, *L'idéologie monarchique*; and Vlasto, *The Entry of the Slavs*, passim. For a general survey of Byzantine-Slav literary relations, see Dujcev, "Les rapports littéraires", (listed in the table of contents as "The Slavic Response to Byzantine Poetry" by R. Jakobson!).

[18] For a useful survey of the materials up to the tenth century, see Cunningham, "Preaching and the Community," 24–47; Antonopoulou, "Homiletic Activity", 317–48. It is impossible to estimate how widespread basic grammatical instruction was, as much of it was conducted privately. Lemerle, *Cinq études*, 155 f., estimates that only 200 students were receiving elementary or advanced rhetorical training in ninth-century Constantinople at any given time. Even if one grants, with Browning, *Medieval and Modern Greek*, that it is important to distinguish between high literacy and functional literacy and that functional literacy may have been more common than is often believed, literacy in Byzantium was still quite unusual. Functional literacy, in any event, would not be enough for comprehending the rhetoric of sermons after the seventh century. For monasteries, see Oikonomides, "Mount Athos Literacy" where he argues, using monks' signatures as data, that somewhere between 12% and 35% of the monks attending the annual meetings with the higoumenos were functionally literate. Cunningham probably overrates the literary sensibilities of Byzantine congregations.

[19] Sevcenko, "Levels of Style", is still valuable on this; and see also Rapp, "Byzantine Hagiographers".

[20] Mansi, *Sacrorum conciliorum*, Vol. 11, 952.

[21] See, for example, Photios, Homilies 3, 4, 6, 10, 17, and 18 in Mango, *The Homilies of Photius*. On John Mauropous, see the texts in P. de Lagarde's edition (Göttingen, 1882), nos. 181, 182, and 186; and the observations of Lefort, "Rhétorique et politique".

[22] See Henry Maguire, *Art and Eloquence*, 6. Among the many changes in Greek: wide-ranging rearrangements of noun paradigms; extensive remodeling of personal pronouns; desystematization of participles and infinitives; disappearance of many temporal augments; disappearance of pretonic initial vowels (e.g., "ἡμέρα—>μέρα, ὀλίγος—> λίγος); new demotic prefixes (ἐξυπνῶ—> ξυπνῶ ἐμβαίνω—> μπαίνω); cases of aphaeresis (ὑγρός—>γρό, ὀστέον—> στέο,); omission of terminal -ν; and other phonological transformations. These last resulted in, for example, the fact that by the fifteenth century, Greek speakers had six different ways of writing "ι": ι, η, υ, ει, οι, and υι; αι could be written ε and ω as ο. There is an excellent review of all this in Browning, *Medieval and Modern Greek*, 59–72; and see Oikonomides, "The 'Peira'".

[23] See the discussion in Gerstel, *Beholding the Sacred Mysteries*, 3–14 and the extensive documentation at 113 ff.

Select Bibliography

Antonopoulou, Theodora. "Homiletic Activity in Constantinople Around 900." In *Preacher and Audience: Studies in Early Christian and Byzantine Homiletics*, edited by Mary B. Cunningham and Pauline Allen, 317–48. Leiden: Brill, 1998.
Asdracha, Catherine. "L'image de l'homme occidental à Byzance: Le témoignage de Kinnamos et de Choniatès." *Byzantinoslavica* 44 (1983): 31–40.
Attaliota, Michael. *Michaelis Attaliotae Historia, Corpus scriptorum historiae Byzantinae, 4,* edited by Barthold Georg Niebuhr. Bonn: Weber, 1853.
Basharov, Justinia. *The Imagery of the Igor Tale in the Light of Byzantino-Slavic Poetic Theory.* Leiden: Brill, 1956.
Bojovic, Bosko I. *L'idéologie monarchique dans les hagio-biographies dynastiques du Moyen Âge serbe.* Orientalia Christiana Analecta, 248. Rome: Pontificio Istituto Orientale, 1995.
Browning, Robert. "The Language of Byzantine Literature." In *The "Past" in Medieval and Modern Greek Culture*, edited by Speros Vryonis Jr., 103–33. Malibu, CA: Undena Publishers, 1978.
Browning, Robert. "Literacy in the Byzantine World." *Byzantine and Modern Greek Studies* 4 (1978): 39–54.
Browning, Robert. *Medieval and Modern Greek.* London: Hutchinson, 1969.
Bryennios, Nikephoros. *Historiôn biblia IV*, edited by Antonio Meineke. Bonn, Weber, 1836.
Cunningham, Mary. "Preaching and the Community." In *Church and People in Byzantium: Society for the Promotion of Byzantine Studies; Twentieth Spring Symposium of Byzantine Studies, Manchester 1986*, edited by Rosemary Morris, 24–47. Birmingham: Center for Byzantine, Ottoman, and Modern Greek Studies, University of Birmingham, 1990.
Dagron, Gilbert. «Aux origines de la civilisation byzantine: Langue de culture et langue de l'État.» *Revue historique* 241 (1969): 23–56.
Dagron, Gilbert. "Le pluralisme linguistique à Byzance." *Travaux et Mémoires* 12 (1994): 219–40.
Ditten, Hans. "ΒΑΡΒΑΡΟΙ, ΕΛΛΗΝΕΣ, ΡΩΜΑΙΟΙ bei den letzten byzantinischen Geschichtsschreibern." In *Actes du XIIe congrès international d'études byzantines*, 3 Vols, Vol. 2: 273–99. Belgrade: Comité Yougoslave des Études Byzantines, 1961.
Dujcev, Ivan. "Les rapports littéraires byzantino-slaves." In *Actes du XIIe congrès international d'études byzantines (10–16 septembre 1961, Belgrade-Ochride)*, 3 Vols. Vol. I, 411–29. Belgrade: Comité Yougoslave des Études Byzantines, 1963–1964.
Ehrhard, Albert. *Überlieferung und Bestand der hagiographischen und homiletischen Literatur der griechischen Kirche von den Anfängen bis zum Ende des 16.*

Jahrhunderts, 3 Vols. Leipzig and Berlin: Akademie Verlag, 1937–1952.
Garland, Lynda. *Byzantine Empresses: Women and Power in Byzantium, AD 527–1204*. London and New York: Routledge, 1999.
Garzya, Antonio, ed. *Nicephori Basilacae Orationes et Epistolae*. Leipzig: Teubner, 1984.
Gerstel, Sharon. *Beholding the Sacred Mysteries: Programs of the Byzantine Sanctuary*. Seattle: College Art Association in association with University of Washington Press, 1999.
Graebner Michael. "The Slavs in Byzantine Europe: Absorption, Semi-autonomy and the Limits of Byzantinization." *Byzantino-bulgarica* 5 (1978): 41–55.
Hunger, Herbert. *Die hochsprachliche profane Literatur der Byzantiner*. 2 Vols. Munich: Beck, 1978.
Hussey, J. M. *The Orthodox Church in the Byzantine Empire*. Oxford: Clarendon Press, 1986.
Jouanno, Corrine. "Les barbares dans le roman byzantin du XIIe siècle." *Byzantion* 62 (1992): 263–300.
Kinnamos, John. *Epitomê rerum ab Ioanne et Alexio [sic] Comnentis gestarum, Corpus scriptorium historiae byzantinae, 35,* edited by August Meineke. Bonn: Weber, 1836.
Kuev, K. "Veletske sbieneneto ma Georgi Hirovotsk περὶ τροπῶν v staroslavitskete literature." *Starobulgarska Literatura* 2 (1977): 46–59.
Lechner, Kilian. *Hellenen und Barbaren im Weltbild der Byzantiner*. Ph.D. Dissertation, University of Munich, 1954.
Lefort, Jacques. "Rhétorique et politique: trois discours de Jean Mauropous en 1047." *Travaux et Mémoires* 6 (1976): 265–303.
Lemerle, Paul. *Cinq études sur le XIe siècle byzantin*. Paris: Centre National de la Recherche Scientifique, 1977.
Lemerle, Paul. *Le premier humanisme byzantin; notes et remarques sur enseignement et culture à Byzance des origines au Xe siècle*. Paris: Presses Universitaires de France, 1971.
Maas, Paul. "Die Musen des Kaisers Alexios I." *Byzantinische Zeitschrift* 22 (1913): 348–69.
Maguire, Henry. *Art and Eloquence in Byzantium*. Princeton: Princeton University Press, 1981.
Manasses, Konstantinos. *Synopsis historikê,* edited by Immanuel Bekker. Bonn: Weber, 1837.
Mango, Cyril, ed. and trans. *The Homilies of Photius, Patriarch of Constantinople*. Cambridge, MA: Harvard University Press, 1958.
Mansi, Giovanni Dominico. *Sacrorum conciliorum nova et amplissima collection*, 53 Vols. Florence, 1759–1827.
Mauropous, John. *Johannis Euchaitarum metropolitae quae supersunt in cod. Vaticano graeco,* edited by Paul de Lagarde. Göttingen: Klasse, 1882.

Moravcsik, Gyula. *Byzantinoturcica*. 2 Vols. Berliner Byzantinische Arbeiten, 10 and 11. Berlin: Akademie-Verlag, 1958.
Morris, Rosemary. "Dispute Settlement in the Byzantine Provinces in the Tenth Century." In *The Settlement of Disputes in Early Medieval Europe*, edited by Wendy Davis and Paul Fouracre, 125–47. Cambridge: Cambridge University Press, 1986.
Mullett, Margaret. "Aristocracy and Patronage in the Literary Circles of Comnenian Constantinople." In *The Byzantine Aristocracy*, edited by Michael Angold, BAR international series 221, 173–201. Oxford: B.A.R., 1984.
Nazianzus, Gregory. *Oratio*, 21.35f., *Patrologiae cursus completus, Series graeca* 35 (1857): 1124A-1128A.
Oikonomides, Nikos. "Mount Athos Literacy." *Dumbarton Oaks Papers* 42 (1988): 167–78.
Oikonomides, Nikos. "The 'Peira' of Eustathios Romaios." *Fontes Minores* 7 (1986): 169–92.
Psellus, Michael. *History of Michael Psellus*, edited by Konstantinos N. Sathas. London: Methuen, 1899.
Radosevic, Ninoslava. "Danilo II i Vizantijtska drovtska retorika." In *L'archevêque Danilo II et son époque*, edited byVojislav J. Djuric, 245–52. Belgrade: Srpska akademija nauka i umetnosti, 1991.
Rapp, Claudia. "Byzantine Hagiographers as Antiquarians." *Byzantinische Forschungen* 21 (1985): 31–44.
Regel, Vasilij È. and Nikolaj Ivanovič Novosadskij. *Fontes rerum byzantinarum*, 2 Vols. St. Petersburg: Eggers and S. and I. Glasunof, 1892, 1917.
Sevcenko, Ihor. "Levels of Style in Byzantine Literature." *Jahrbuch der österreichischen Byzantinistik* 31 (1981): 289–312.
Vlasto, A. P. *The Entry of the Slavs into Christendom: An Introduction to the Medieval History of the Slavs*. Cambridge: Cambridge University Press, 1970.
Vryonis, Speros. "The *Peira* as a Source for the History of Byzantine Aristocratic Society in the First Half of the Eleventh Century." In *Near Eastern Numismatics, Iconography and History: Studies in Honor of George C. Miles*, edited by Dickran K. Kouymjian, 279–84. Beirut: American University of Beirut, 1974.
Walz, Christian, ed. *Rhetores graeci*. Tubingae: Sumtibus J. G. Cottae, 1832–1836.
Wilson, Nigel G. "A Byzantine Miscellany: MS Barocci 131 Described," *Jahrbuch der österreichischen Byzantinistik* 27 (1978): 157–79.
Zepos, Panagiotis Ioannou and Ioannus D. Zepos. *Ius Graeco-Romanum*, 8 Vols. Athens: Fexis, 1931.

Thomas Conley (University of Illinois, Urbana-Champaign) is Professor Emeritus of Communication specializing in rhetorical theory, with particular attention to Classical Greek rhetoric, the medieval Greek (Byzantine) tradition, and the Renaissance reception of Classical theory.

Résumé Pendant mille ans la société byzantine, loin d'être immuable, a subi des bouleversements sociaux, politiques et religieux. Par contre, la production littéraire byzantine frappe par son engagement à préserver les genres, la langue et le style atticisants de son passé. On constate une divergence croissante entre les réalités matérielles et sociales de la vie en Byzance d'une part et, de l'autre, de la langue grecque que les empereurs, les patriarches et les clercs voulaient préserver, y voyant l'essence de leur identité culturelle, situation qui aboutit à une littérature sans ce que l'on entend d'ordinaire par un public.

Le « Père des bonnes lettres » et le « prince de la riche locution françoyse » ; L'image du roi-polyglotte et l'élévation du français à la Renaissance, sens et ambivalences

Paul Cohen

L'ÉPOQUE MODERNE REPRÉSENTE UN tournant décisif dans l'histoire de la langue française.[1] Profitant de son nouveau statut comme langue savante et littéraire, de sa dissémination à travers l'espace français, et de la faveur de la monarchie française, elle s'affirme au seizième siècle comme un concurrent linguistique sérieux sur les plans politique, culturel et social. Le corpus de textes littéraires et philologiques de la Renaissance atteste le prestige croissant accordé au vulgaire français à cette époque. La place grandissante du français dans l'administration royale et dans l'imprimerie témoigne du passage du latin et des langues régionales au français.

Bien que l'essor du français à l'époque moderne ne fasse aucun doute, la question des causes et des modalités de cette mutation linguistique reste posée. Une riche historiographie consacrée à l'analyse de la diffusion du français a apporté une réponse simple à cette question; en France, comme dans les autres monarchies et principautés européennes à la Renaissance, la montée en puissance des langues vulgaires s'expliquerait par l'action de l'État. Voyant dans la langue un outil pour disséminer une identité nationale naissante à travers leur population, les rois de France se seraient résolus à élever le français comme idiome savant et à l'imposer sur une population hétérogène et polyglotte, pour mieux asseoir leur autorité sur le royaume français. Étant donné la présence de nombreuses langues locales à travers la France—le breton en Bretagne, le basque au Pays basque, l'occitan à travers le Midi, et l'alsacien en Alsace et Lorraine, sans parler de la pratique du latin répandue dans les milieux ecclésiastiques et savants—le soutien de la monarchie aurait rendu la pratique du français incompatible avec celle du latin et des langues régionales.[2] Ce programme culturel royal, selon l'interprétation traditionnelle, représenterait un tournant dans l'histoire aussi bien de la France que des États-nations, car les Valois et les Bourbons auraient ainsi inventé l'idée de langue nationale, et auraient mis en œuvre la première politique d'unification linguistique.

L'histoire de la langue française s'est fondée alors sur deux suppositions fondamentales; premièrement, que la monarchie fut l'architecte conscient de l'essor du français; deuxièmement, que sa promotion du français l'amena à s'opposer aux autres langues. Parler d'une monarchie qui se mobilise pour faire répandre « la langue du roi », lire la *Deffence et illustration de la langue française* de Joachim Du Bellay (1549) comme le manifeste d'un nationalisme linguistique français naissant, voir dans l'Académie française le précurseur de la campagne d'unification linguistique de la Troisième République, conduisent à postuler une continuité entre les politiques linguistiques à l'époque moderne et celles du dix-neuvième et vingtième siècles. L'histoire du français, telle que la plupart des historiens l'ont racontée, présente la montée en puissance du français à l'époque moderne comme une mise à mort du latin et des langues régionales programmée par la monarchie—une mort lente, peut-être, mais malgré tout sans appel.[3]

Bref, l'époque moderne a donné naissance à la langue nationale de la France. La personne du roi joue alors un rôle central dans ce processus, aussi bien comme auteur de cette politique que comme centre symbolique dans les représentations de la langue. C'est ainsi que le poète Charles Fontaine écrit:

> Les vers latins j'ay delaissez
> Pour escrire en nos vers François,
> [...]
> C'estoit c'estoit aux temps passez,
> Paravant ce grand Roy François,
> Qu'on brouilloit tout en Latinois.[4]

Ce poème présente le règne de François Ier comme un tournant dans l'histoire linguistique et littéraire de la France; avant le grand Valois, les hommes de lettres français baragouinaient en latin; après, ils polissaient fièrement leur vulgaire. D'autres sont encore plus explicites. Un siècle plus tard, l'Académicien François Charpentier attribue à Louis XIV un rôle décisif dans l'évolution du français;

> La Langue Françoise est aujourd'huy la Langue d'un grand Royaume [...] Enfin nous voicy dans un Siecle, où la face de la France se renouvelle, [...] Les grandes choses que Sa Majesté a faites pour le bon-heur du Royaume, attirent sur nous non seulement les yeux, mais mesmes la jalousie de toute la Terre, & font avec raison nommer ce grand Monarque un second Auguste.[5]

A croire cette tradition historiographique, le français serait devenu à l'époque moderne « la langue du roi »—un bien politique, personnel, et exclusif, un instrument au service de la volonté royale.

Je propose de revenir ici sur cette question du lien entre le roi et la langue au seizième siècle. Il s'agit d'analyser comment les représentations du roi ont fait face aux réalités linguistiques de son royaume, et plus particulièrement, de reconstruire la façon dont le monarque et l'ensemble des langues pratiquées par ses sujets ont été représenté dans le discours littéraire et savant au seizième siècle. Je ferai ici une présentation de trois aspects de la relation entre prince et langue;

1. Comment a-t-on décrit et jugé les compétences linguistiques des rois?
2. Comment a-t-on théorisé la place des langues antiques dans la conception du roi idéal?
3. Comment a-t-on théorisé la place de la diversité linguistique du royaume français dans la conception du roi idéal?

À travers ces trois axes, j'avancerai qu'une lecture attentive de l'imaginaire linguistique et politique en France à l'époque moderne semble remettre en cause l'idée que la monarchie s'opposa à la pluralité linguistique de son royaume. Elle démontre que les contemporains ont incorporé pleinement la diversité linguistique de la France dans leurs conceptions du régime politique français. Loin de vouloir faire de la France un territoire monolingue, ils ont associé la multiplicité des parlers du royaume à la personne du roi.

Les Rois polyglottes

Commençons avec la personne du roi. La louange des compétences linguistiques des princes constitue un véritable *topos* dans les descriptions des rois à la Renaissance. Dans sa biographie du roi médiéval Charles V de France, Christine de Pizan admire « la sagece du roy Charles [...] [qui] bien entendist le latin ».[6] Un humaniste anglais s'est émerveillé devant le savoir de la reine Elizabeth I d'Angleterre; « Yea, I believe, that beside her perfect readiness in Latin, French, and Spanish, she readeth here now at Windsor more Greek every day, than some prebendary of this church doth read Latin in a whole week ».[7] Dans un poème composé lors de la mort d'Henri II, Joachim Du Bellay s'est souvenu de sa maîtrise de l'italien, de l'espagnol, et du latin.[8] Claude Duret, l'auteur d'une somme imposante sur la diversité linguistique humaine, a dressé son propre panthéon des dirigeants les plus doués en langues dans l'histoire, notant au passage avec admiration que l'empereur Charles Quint parla cinq langues parfaitement.[9]

Les auteurs de manuels pour l'éducation de futurs rois ont présenté l'idéal d'un roi polyglotte comme un objectif essentiel de leur formation. Déjà, les savants médiévaux avaient longtemps insisté sur l'importance du latin. Un texte datant du quatorzième siècle conseille d'entamer l'apprentissage du latin à quatorze ans, « pour savoir parler et entendre latin ».[10] Christine de Pizan, elle, pensait que l'enseignement du latin constituait un moyen d'encourager la vertu, ajoutant que « laquelle chose pleust a Dieu ».[11] Un guide de l'éducation des princes établit un programme d'instruction linguistique ambitieux, fixant la maîtrise du latin, de l'italien, de l'espagnol, et du français comme un minimum dans la matière.[12]

Ce genre de récit construisait l'idéal d'un prince-savant, d'un roi instruit non seulement en langues, mais aussi en théologie, en philosophie, et en histoire, d'un roi qui tire de ses études ses capacités à diriger le royaume. Ses compétences linguistiques sont présentées dans ces textes comme un baromètre fidèle de ses qualités de roi.

Qu'en est-il de l'éducation réelle des rois de France? Les monarques, bien entendu, n'ont pas tous été à la hauteur de cet idéal. Louis XI a interdit à son fils, le futur Charles VIII, d'apprendre le latin. Charles, lui, a dû attendre de monter sur le trône avant d'aborder la langue de Cicéron.[13] La mère de François Ier lui a enseigné l'italien et l'espagnol pendant son enfance—mais malgré un professeur particulier le Valois a toujours été un piètre latiniste.[14] Et bien que Louis XIII ait commencé le latin à l'âge de cinq ans, il n'a jamais aimé cette langue, et ses professeurs ont dû abandonner leurs efforts quand il a atteint ses treize ans.[15]

Mais quand un monarque français réussissait à se distinguer des modestes succès linguistiques de ses pairs, les propagandistes royaux ont incorporé ce fait dans leurs représentations du roi avec enthousiasme. Prenons à titre d'exemple Henri III, qui, étant le fils de Catherine de' Medicis, connaissait bien l'italien. Le poète Jean-Antoine de Baïf—qui, tout comme son ami Pierre de Ronsard, a été un fervent défenseur de la langue française—a estimé qu'il était tout à fait convenable de dédier au roi une nouvelle édition du *De vulgari eloquentia* de Dante—un traité rédigé en latin pour illustrer le vernaculaire italien. À l'occasion de cette dédicace, Baïf a composé un poème qui présente les langues française et italienne comme des composants égales et essentielles de l'identité linguistique du roi;

> Si la langue françoise est vostre paternelle,
> La toscane, ô grand prince, est vostre maternelle [...]
> Et d'une affection vers les deux singulière
> Recevez ce présent, ouvrage qu'en exil,
> Honorant sa patrie, fit Dante le gentil.[16]

Non seulement on pouvait représenter un roi français comme polyglotte, mais on pouvait associer à sa personne d'autres langues que le français.

Même les langues locales, malgré le peu de prestige dont elles jouissaient, pouvaient être incorporées dans les représentations des monarques français. Prenons Henri IV à titre d'exemple. Au seizième siècle, les écrivains ont saisi certains détails biographiques—son enfance passée au royaume pyrénéen de Béarn notamment—pour construire le mythe du Navarrais, le brave et rugueux montagnard, courageux en bataille et joyeux avec ses amis. André Favyn, un avocat au Parlement de Paris qui publia une *Histoire de Navarre*, y raconte dans un récit totalement fictif comment sa mère lui aurait chanté en occitan lors de sa naissance.[17]

Peut-être la plus belle illustration des attitudes vis-à-vis le roi et les langues locales est un épisode qui s'est produit lors de la visite de Louis XIII dans un petit village provençal en 1629. À son arrivée, un cortège sort du village, le curé en tête, pour accueillir le roi. Le prêtre harangue alors le roi dans la langue locale, l'occitan. Louis ensuite tente de répondre de même, s'exprimant avec difficulté dans la langue de ses sujets provençaux. Un témoin nous raconte que son occitan approximatif a déclenché les rires de la foule. Le fait que l'auteur raconte cet épisode avec approbation démontre que le roi, aussi bien que ses sujets, estimaient comme tout à fait normal qu'un monarque abandonne le français ponctuellement et tente de dialoguer avec son peuple dans leur idiome local.[18]

Le Roi et les langues antiques

Quel que soit le succès avec lequel les rois de France ont réussi à maîtriser plusieurs idiomes, les savants qui écrivaient la propagande royale incorporaient avec enthousiasme l'idée du prince polyglotte dans leurs définitions de la royauté. Non seulement les théoriciens de l'éducation des princes leur conseillaient une bonne formation linguistique, ils fondaient leurs propositions sur de solides arguments humanistes. Être un roi polyglotte correspondait à une vision précise d'un bon prince dans la théorie politique française au seizième siècle. De même que la prouesse militaire royale constituait une démonstration de leur pouvoir, leur prouesse rhétorique et linguistique représentait une preuve de leur sagesse et leur clémence. Être un roi polyglotte faisait parti d'un idéal bien humaniste de l'importance du savoir, un idéal cautionné par de nombreux exemples tirés de l'Antiquité.

La représentation du roi français comme un Hercule gaulois illustre bien cette association entre maîtrise linguistique et autorité politique dans l'imaginaire du seizième siècle. Prenons à titre d'exemple l'entrée royale d'Henri III à Paris organisée en 1549. L'image de l'Hercule gaulois mobilisée lors de cette cérémonie met en scène un roi-Hercule guidant son peuple à travers des chaînes dorées allant de sa bouche aux oreilles de ses sujets, symbolisant son éloquence et la douceur de son gouvernement. Le récit officiel de l'entrée décrit;

> [...]Un Hercules de Gaule [...] dont le visage se rapportoit singulierement du feu Roy Francois, Prince clement en justice, restaurateur des bons arts & sciences, mesmes plus eloquent que autre qui ait regné en France devant luy [...] de sa bouche partoyent quatre chaisnettes, [...] qui s'alloyent attacher aux oreilles des personnages [...] ils estoyent voluntairement tirez par l'eloquence du nouvel Hercules, lequel a faict fleurir en ce Royaume les langues Hebraique, Grecque, Latin & autres.[19]

Ici, l'image de l'Hercule gaulois est associée non seulement à l'idée de la rhétorique, mais à celle de la diversité linguistique aussi. L'éloquence, la justice, et l'autorité d'un roi étaient magnifiées par la multiplicité de langues savantes qu'il connaissait. Cet Hercule gaulois-ci véhicule l'image d'un roi polyglotte. Étant donné que le latin du vrai roi François Ier ait été au mieux approximatif, et son grec et son hébreu inexistants, le polyglottisme du monarque opérait en grande partie au niveau symbolique. Un roi polyglotte, alors, n'avait pas forcément besoin de connaître réellement plusieurs langues.

Ce roi polyglotte symbolique fondait son prestige linguistique sur plusieurs bases. Les serviteurs et les officiers du roi, par exemple, pouvaient lui « prêter » leurs compétences linguistiques. Pierre de Ronsard, par exemple, loue Charles Cardinal de Lorraine dans son rôle de serviteur du roi en décrivant le pouvoir que son éloquence savante exerçait sur les autres;

> Soit qu'il parle Latin, parle Grec, ou François,
> A tous ambassadeurs, sa mïelleuse voix

> Les rend tous esbahys, & par grande merveille
> Le cœur de ses beaux mots leur tire par l'oreille.[20]

Les livres pouvaient investir le roi d'un caractère polyglotte aussi. L'humaniste et philologue Guillaume Postel, par exemple, louait François Ier pour avoir constitué une belle bibliothèque royale composée de livres dans une immense diversité de langues.[21] Finalement, leur mécénat en faveur des savants polyglottes pouvait associer les rois à la diversité linguistique. Certains parlaient du soutien que François Ier accordait aux humanistes comme une sorte de conquête militaire faisant triompher le savoir latin et grec; « Les vertuz Heroïques du Roy Françoys [...] qui à [sic] tant aimé les sciences, qu'il [...] n'a estimé avoir tiltre plus grand que d'estre surnommé pere des bonnes lettres, comme de verité c'est luy qui à chassé la barbarie de la France, & ouvert les tresors des langues estrangeres non encores congneues ».[22] Dans son rôle de mécène, le roi se transforme en monarque polyglotte, en gardien des lettres et des langues en France. Bien qu'il ne connaisse peut-être aucun des idiomes antiques, le prince pouvait néanmoins les approprier et les attacher symboliquement à sa personne.

Le Roi et son royaume polyglotte

Cette symbolique du roi polyglotte sert non seulement à souligner l'importance du savoir dans son gouvernement, mais aussi à mettre en évidence les liens qui l'unissent à son peuple. Guillaume Budé, conseiller du roi, humaniste et helléniste hors pair, exhorte les rois à apprendre non seulement le latin et le grec, mais l'ensemble des idiomes parlés par leurs sujets. Pour justifier ceci, Budé invoque l'historien antique Pline et sa description du « [...] Grant roy Mithridates qui scavoit vingt et deux langues, car il estoit roy ou seigneur d'autant de provinces. [...] en cinquante et dix ans qu'il règna, il ne parla jamais à homme par truchement ».[23] Un dirigeant sage apprend les parlers de ses sujets pour pouvoir communiquer directement avec eux. Selon Budé, un des devoirs du prince est de jouer le rôle de médiateur linguistique parmi les populations sous sa tutelle.

L'injonction de Budé, ainsi que son invocation de la figure du roi Mithridate, ne sont ni limitées à la France ni une innovation du seizième siècle. Un siècle auparavant déjà, Alain Chartier encourageait les rois de France à suivre l'exemple de Mithridate.[24] Érasme partageait avec Budé et Chartier une profonde admiration pour ce roi antique polyglotte. L'humaniste allemand Konrad Gessner a même intitulé un court traité sur la diversité linguistique *Mithridates* (1555). À l'occasion de la naissance d'Henri de Navarre en 1553, le futur Henri IV, un écrivain gascon a composé un poème en occitan dans lequel il compare le jeune prince à Mithridate.[25] François Rabelais a reformulé l'idéal du roi-interprète incarné dans l'image de Mithridate en farce dans *Le Tiers livre*. Rabelais y raconte l'histoire du roi d'Armenia, qui porte le nom Tyridates. Celui-ci demande à l'empereur romain Néron de lui confier un bouffon qui manie un langage de signes tellement expressif qu'il peut communiquer avec l'ensemble des habitants du royaume polyglotte de Tyridates.[26] L'image du roi polyglotte incarnait donc l'espoir humaniste de voir l'apparition de princes guidés par le savoir et à l'écoute de leurs sujets.

Ce type de représentations associe le roi polyglotte à un royaume lui aussi polyglotte. Les habitants de la France au seizième siècle sont pleinement conscients de la diversité linguistique, et ils incorporent ce fait culturel dans leurs représentations du royaume. Charles Bovelles écrit en 1533 que « Nous savons par expérience qu'il existe en ce temps en France autant de coutumes et langues humaines que de peuples, régions et villes ».[27] François de Fougerolles évoque le même fait; « on parle en autant de divers dialectes, qu'il y a de villes ».[28] L'imprimeur-écrivain Guillaume Bouchet infère de cette diversité linguistique une règle générale de science politique; « je say qu'en un mesme Royaume, en une mesme Province, soubs un mesme Seigneur, il y a trois ou quatre sortes de langages du tout differens ».[29]

Ce genre de discours rattache le roi aux langues locales. Selon certains philologues et poètes au seizième siècle, l'ensemble des langues et dialectes de France appartient au roi. Jacques Peletier du Mans déclare, par exemple, que les idiomes « picars, normans, et autres [...] sont souz la Couronne; tout ét Francoes puisqu'iz sont du païs du Roe ».[30] Cette association entre les parlers locaux et le monarque est même formalisée lors des entrées royales. Dans le cadre de ces cérémonies qui mettent en scène les liens unissant le roi à ses sujets, on mobilise une grande variété d'idiomes. Pour l'entrée de Louis XIII en 1622, la ville d'Aix engage un acteur habillé en troubadour pour réciter un poème en occitan pour le roi. Bien que le roi soit arrivé plus tôt que prévu, et par conséquent n'a jamais vu le troubadour d'Aix, il n'a raté ni les inscriptions latines ornant les arches triomphales, ni le poème en occitan composé pur clore la cérémonie.[31] En 1505, le clergé d'un village breton chante un *Veni creator* pour la duchesse de Bretagne et reine de France Anne de Bretagne, moitié en latin, moitié en breton.[32] Un poème en breton peint sur un échafaudage accueille le Dauphin à Rennes lors d'une cérémonie qui marque l'union formelle de la Bretagne à la France en 1532.[33] Les langues antiques n'échappent pas à ces pratiques culturelles. Quand Charles IX est accueilli à Montpellier en 1564, par exemple, la ville fait construire des arches triomphales ornées d'épigrammes en grec, latin et français.[34] À travers ces représentations, l'image du roi polyglotte rejoint l'image du royaume polyglotte.

* * *

Pour conclure, je souhaite évoquer quelques conséquences importantes de ces différentes représentations du roi, du royaume, et des langues.

De même que le royaume français, le roi idéal est souvent représenté comme polyglotte. Les écrivains qui louent Mithridate comme une sorte de modèle de « leadership » politique ne croyaient pas que les sujets d'un État devaient abandonner leurs idiomes pour ensuite adopter la langue de leur prince. En 1560, un officier de la maison de Navarre a rejeté de manière explicite l'ambition même d'imposer une unique langue à une société et d'exclure l'usage des autres, qui était à ses yeux aussi impraticable que néfaste;

> Veritablement les Roys et Princes bastissent ou font bastir les villes et chasteaux à leur guyse, haussent ou diminuent leurs tailles et tributz quant bon leur semble, et ou la nécessité et les affaires le requièrent, mais ilz ne peuvent constituer certain langage à leurs peuples, n'y engarder quilz ne le faconnent ou changent à leur mode et vouloir, tant est la liberté de langue et d'espoir obstinee, et impatiente de commandemens [...] [35]

Un royaume ne se conformait pas à la langue de son prince; c'était au prince plutôt de se conformer au caractère polyglotte de son royaume. La diversité linguistique du royaume français a été pleinement intégrée dans la conception de la monarchie; elle est perçue comme un élément tout à fait normal de la société sous la souveraineté du roi.

Cette célébration des rois polyglottes était bien plus qu'un simple *topos*—elle donnait lieu à une véritable politique linguistique royale. Bien sûr, l'Hercule polyglotte ne témoignait pas des véritables succès intellectuels des rois studieux. Il célébrait plutôt un programme culturel royal qui encourageait l'étude et la pratique des idiomes de l'Antiquité en France. Les rois de France étaient appelés par leurs conseillers humanistes à faire fleurir les langues savantes à travers leur mécénat. La plupart des monarques au seizième siècle ont mis en pratique ce programme. François Ier envoyait ses ambassadeurs en Italie acquérir des manuscrits grecs pour sa bibliothèque; il subventionnait l'édition d'ouvrages en grec à Paris;[36] et il finançait le recrutement des « lecteurs royaux » à l'université de Paris pour y enseigner l'hébreu, le grec, et le latin.[37] Le dernier Valois, Henri III, accordait des pensions généreuses à de nombreux hommes de lettres; au défenseur du français Pierre de Ronsard, bien sûr, mais aussi à l'helléniste Jacques Amyot et à l'enseignant du grec et du latin Jean Dorat.

Le fait que les propagandistes royaux aient mis en valeur la largesse linguistique des rois démontre que cette activité a été perçue comme une politique culturelle cohérente. Pour les humanistes contemporains de François Ier, son mécénat en faveur des études hébraïques, grecques, et latines a même constitué l'aspect le plus glorieux de son règne. Selon Guillaume Postel, le point culminant des œuvres du roi Valois était la création du collège des lecteurs royaux, qu'il décrivait comme « ce divin séminaire des lettres et des langues qu'il créa et forma par ses soins généreux ».[38] Ailleurs en Europe, les savants ont entonné les mêmes panégyriques de divers princes. L'humaniste anglais Roger Ascham chantait les louanges de la bibliothèque polyglotte de l'Empereur Charles Quint; « He is [...] such a lover of learning, as his library, furnished with books of all tongues, and sciences, passeth all other libraries which are yet gathered in Christendom ».[39]

Bien que les langues antiques constituassent le premier objet du mécénat philologique du roi, d'autres idiomes n'ont pas échappé à leur largesse. Non seulement Henri III aimait bien causer dans sa langue maternelle, l'italien, mais il remplissait les rayons de sa bibliothèque d'œuvres en italien (16% de sa collection), et il était friand des comédies italiennes qui se produisaient fréquemment à sa cour.[40]

Il était même possible d'imaginer que le roi soutienne les modestes parlers locaux de son royaume. En s'adressant à Louis XIII, un homme de lettres d'Aix évoque le passé prestigieux des troubadours occitans, et déclare que l'avenir même de la poésie occitane en Provence dépend de la générosité du monarque. Il supplie Louis XIII d'aider les poètes occitans qui tachent de faire revivre l'ancienne gloire des troubadours, en expliquant que son mécénat permettrait à la province de mieux glorifier la monarchie.[41] Même si le rôle des monarques comme mécènes des lettres occitanes est resté plutôt virtuel—on peut signaler tout de même que l'opéra royal fait jouer une pastorale en occitan deux fois pour la cour à Fontainebleau en 1754[42]—il est significatif que des notables provinciaux peuvent se permettre d'attribuer au roi le même rôle vis-à-vis de leurs langues locales que vis-à-vis du français.

Ces conclusions nous appellent à revenir sur l'idée qui nous est fournie par l'historiographie traditionnelle d'une monarchie partie en guerre contre le latin et les langues locales, engagée dans l'unification linguistique de la France. Elles soulignent la distance conceptuelle qui sépare le programme culturel des rois de France à l'époque moderne de l'idée de langue nationale telle qu'elle est conçue pendant la Révolution et aux dix-neuvième et vingtième siècles. La monarchie soutenait, bien sûr, le projet humaniste de défendre et illustrer le français. Mais ce projet a été conçu dans le contexte d'une société profondément polyglotte—et perçue comme telle. Selon les humanistes et poètes français, aussi bien que la monarchie, le français avait vocation de devenir un nouveau latin, c'est-à-dire non pas l'unique langue, mais la première parmi multiples langues. Selon les Académiciens qui dédient leur premier dictionnaire à Louis XIV, la langue française « tient le premier rang entre les Langues vivantes ».[43] Dans leurs esprits, ce glorieux avenir promis à la langue française modifierait—mais ne dissoudrait pas—les liens symboliques qui attachaient le roi à l'ensemble des parlers pratiqués dans son royaume.

NOTES

[1] Je tiens à remercier Antoine Lilti pour ses suggestions et ses corrections.

[2] La monumentale histoire linguistique du français par Ferdinand Brunot reste à la fois une référence indispensable et la base interprétative de la plupart des travaux contemporains; *Histoire de la langue française.* Voir également Brun, *Recherches historiques,* et Balibar, *L'Institution du français* pour une interprétation qui situe les origines du nationalisme linguistique français dans un passé lointain. Pour une réaffirmation récente de cette perspective, voir Judge, « Linguistic Legislation and Practice », 63–73.

[3] On parle souvent de la « dissémination », l'« essor », et la « pénétration » du français dans les terres non-francophones, l'« élimination » des langues régionales, la « disparition rapide du dialecte local », et la « substitution définitive d'un parler à l'autre »; on affirme aussi que « le français lutte avec le latin ». Ce genre de déclaration conduit à imaginer que l'adoption du français excluait les autres langues—c'est-à-dire que les contemporains étaient confrontés à long terme avec un choix entre français ou latin et langues régionales, à la fois dans leurs pratiques linguistiques et dans leur imaginaire linguistique. Cités *in* Brun, *Recherches historiques,* 78, 98, 100, et 288; et Brunot, *Histoire de la langue française,* Vol. 2, 2.

[4] Fontaine, *Odes, Enigmes, Et Epigrammes,* 66.

[5] Charpentier, *Deffense De La Langue Françoise,* 24, 339–40.

⁶ Christine de Pizan, *Livre des fais et bonnes meurs*, Vol. 2, 42–43.

⁷ Ascham, *The Scholemaster*, cité in Ascham, *The Whole Works*, Vol. 3, 143.

⁸ « Italici gnarus, gnarus sermonis Iberi, / Antiqui ignarus nec fuit Ausonii », dans le poème « Henrici manibus », imprimé dans le recueil *Tumulus Henrici Secundi* (1559), cité in Du Bellay, *Œuvres poétiques*, Vol. 8, 20–22, vv. 57–58.

⁹ Claude Duret, *Thresor De Lhistoire Des Langues*, 963.

¹⁰ D'un texte anonyme, « Avis aus Roys », New York, Morgan Library, MS M.456, fol. 70r, cité in Bell, *L'Idéal* éthique, 69.

¹¹ Christine de Pizan, *Le Livre du corps de policie*, 5.

¹² Espagnet, *Le Rozier Des Guerres*, 69–71.

¹³ Pour l'attitude de Louis XI à propos du latin, voir d'Espagnet, *Le Rozier Des Guerres*, 4–6. Pour l'éducation de Charles VIII, voir Gaguin, *Rerum gallicarum annales,* (Frankfurt, 1577), livre 11, ch. 1, 282, cité in Barbey, *Être roi*, 76.

¹⁴ Sur l'éducation de François Ier, voir Paris, *Études sur François Ier*, Vol. 1, 37. Guillaume Postel se moque du latin du roi dans son *Paralipomènes* (London, British Library, MS Sloan 1413, fols. 23r–54r), ch. 2, fol. 25v. Voir l'édition critique avec traduction, établie par François Secret, *Paralipomènes*, 186.

¹⁵ Jean Héroard, le médecin du jeune Louis XIII, documente son aversion pour le latin dans son *Journal*, Vol. 1, 1181, Vol. 2, 2174, et la discussion dans l'introduction à cette édition critique, Vol. 1, 158–60.

¹⁶ « Au Roy De France Et De Pologne, Henry III », *in Dantis Aligerii, praecellentiss. poetae de vulgari eloquentia libri duo. Nunc primùm ad vetusti, & unici scripti Codicis exemplar editi.* (Paris: Jo. Corbon, 1577), fol. 4r, cité ici de de Baïf, *Euvres en rime*, Vol. 5, 400–2.

¹⁷ Favyn, *Histoire de Navarre,* 809–10.

¹⁸ « Le Curé de la Paroisse avec la Croix, & tous les paroissiens, vinrent saluër le Roy. Le Curé harangua Sa Majesté en son langage Provençal. Le Roy voulut luy répondre aussi en ce même langage; mais il eut bien de la peine à se faire entendre; ce qui donna lieu à tout le monde de se divertir ». Du Fossé, *Mémoires Du Sieur de Pontis,* Vol. 1, 487.

¹⁹ *C'Est L'Ordre Qui a Este tenu A La Nouvelle Et Joyeuse Entrée, Que Treshault, Tresexcellent, & Trespuissant Prince, Le Roy Treschestien Henry Deuzieme De Ce Nom, à Faicte En Sa Bonne Ville & Cité De Paris, Capitale De son Royaume, Le Sezième Jour De Juin M.D.XLIX.* (Paris: Jehan Dallier, n.d.), fol. 3r. Voir réimpression et édition critique de McFarlane, *The Entry of Henri II into Paris*.

²⁰ Ronsard, « Hymne du treschrestien », *in Œuvres complètes*, Vol. 8, 28, vv. 433–35.

²¹ Postel décrit les œuvres dans la bibliothèque de François Ier: « tam latine et graece atque hebraice quam gallice etiam atque italice [...] Sed maxima pars Graeca est ». Postel, *Paralipomènes*, 273.

²² *Bref Et Sommaire Recueil De Ce Qui A Esté Faict, Et De L'Ordre Tenu A La Joyeuse Et Triumphante Entrée De tres-puissant, & tres-honoré Prince, Françoys filz*

de France, & frere unique du Roy, Duc de Berry, Anjoy [...] en la ville de Bourges [...] (Bourges: Pierre Bouchier, 1576), sig. [C2]v.

[23] Budé, « L'Institution Du Prince » Paris, Bibliothèque de l'Arsenal, MS 5103, cité *in* l'édition critique dans Bontems, Raybaud, et Brancourt, *Le Prince*, 77–142.

[24] Mithridate, selon Chartier, *Livre de l'espérance*, 73.

[25] Le poème évoque « Mithradates foc renommat / Per parlar tant divers lengatges », pour déclarer que Henri « fas parla las gens, / et tant de lenguas de bons sens ». Ydriard, « Dixian al lengaige de Tolosa », [77].

[26] « Tyridates, roy de Armenie, on temps de Neron, visita Rome [...] Il demanda seulement un joueur de farces, lequel il avoit veu on theatre, et ne entendent ce qu'il disoit, entendoit ce qu'il exprimoit par signes et gesticulations; alleguant que soubs sa domination estoient peuples de divers languaiges, pour es quelz respondre et parler luy convenoit user de plusieurs truchemens: il seul à tous suffiroit. Car, en matiere de signifier par gestes, estoit tant excellent qu'il sembloit parler des doigtz ». Rabelais, *Le Tiers livre*, 141.

[27] « [...] quot in gallia populi, quot regiones, quote urbes, tot & tantos experiamur nunc in ea esse hominum mores & sermones ». Bovelles, *Liber De Differentia Vulgarium Linguarum*, 5–6.

[28] « Preface Du Traducteur », *in* Jean Bodin, *Le Theatre*, sig. ††2r.

[29] Bouchet, *Troisième livre des Sérées*, 165; voir Bouchet, *Les Sérées*, Vol. 5, 83.

[30] Du Mans, *L'Art Poétique D'Horace*, 39.

[31] Galaup de Chasteuil, *Discours Sur Les Arcs Triomphaux*, 13–14, 54–55.

[32] Le Menn, « Un 'Veni Creator' », 223–32.

[33] Paris, Bibliothèque Nationale de France Ms Fr. 11533, cité *in* Emile Ernault, « Une Poésie officielle moyen-breton », 185–92, et Ernault, « Une Poésie officielle moyen-breton. Suite », 147–52.

[34] D'Aigrefeuille, *Histoire De La Ville De Montpellier*. Livre 15, ch. 5, 294.

[35] Matthieu, *Devis De la langue francoyse*, fols. 7v–8r.

[36] Voir Beaud, « À propos des éditions grecques », 197–208; Förstel, « Les manuscrits grecs », 71–88. Pour un survol compréhensif du programme culturel de François Ier, voir Gadoffre, *La Révolution culturelle* et Knecht, *Renaissance Warrior and Patron*.

[37] Ce recrutement par le roi, à partir des années 1530, d'enseignants de langues anciennes, fournira le cadre institutionnel pour le futur Collège de France. Au seizième siècle, comme à l'université, les lecteurs royaux dispensaient leur enseignement en latin. Voir Lefranc, *Histoire du Collège de France*.

[38] « [...] illud divinum seminarium literarum linguarumque quod sua cura et liberalitate excitatum et plantatum ». Postel, *Paralipomènes*, 313, trad. 161.

[39] Ascham, *A Report and Discourse written by Roger Ascham, of the affaires and state of Germany and the Emperour Charles his Court, duryng certaine yeares, while the sayd Roger was there* (London: John Daye, n.d.), cité *in* Ascham, *The Whole Works*, Vol. 3, 42.

[40] Pour le monde intellectuel et littéraire de Henri III, voir Boucher, « Société et mentalités autour de Henri III »; sur les pensions voir 674–75; sur sa bibliothèque, 877; sur le théâtre, 1009–39.

[41] « Cette Province, ô mon Roy, mere feconde de ces beaux & glorieux Esprits [les troubadours], languit maintenant dans l'obscurité d'une nuit eternellement sombre, pour être la plus reculée des doux rayons de vos yeux. Comme elle ne respire que vostre amour, comme vostre Majesté est le seul objet de tous ses vœux, si en échange vos faveurs daignent luire sur elle, les terres étrangeres y reverront les merveilles des Siecles passez ». Galaup de Chasteuil, *Discours Sur Les Arcs Triomphants*, 18.

[42] *Mercure de France*, 2 vols. (décembre 1754), Vol. 2, 203–11.

[43] Préface « Au Roy », in *Le Dictionnaire De L'Académie Françoise*, vol. 1, sig. aiii r.

Bibliographie sélective

Aigrefueille, Charles D'. *Histoire De La Ville De Montpellier. Depuis Son Origine Jusqu'A Notre Tems; Avec un Abregé Historique de tout ce qui préceda son Etablissement: A Laquelleon A Ajouté L'Histoire particuliére des Jurîdictions Anciénes & Modernes de cette Ville, avec les Statuts qui lui sont propres. Par Messire Charles D'Aigrefeulle, Prêtre, Docteur en Theologie, & Chanoine de l'Eglise-Cathédrale Saint-Pierre de Montpellier*. Montpellier: Jean Martel, 1737.

Ascham, Roger. *A Report and Discourse written by Roger Ascham, of the affaires and state of Germany and the Emperour Charles his Court, duryng certaine yeares, while the sayd Roger was there*. London: John Daye, n.d.

Ascham, Roger. *The Whole Works*, edited by Rev. Dr. Giles. 3 Vols. London: John Russell Smith, 1864–1865.

Baïf, Jean-Antoine De. *Euvres en rime*, edited by Ch. Marty-Laveaux. 5 Vols. Paris: A. Lemerre, 1881–1890; repr. Geneva: Slatkine, 1966.

Balibar, Renée. *L'Institution du français. Essais sur le colinguisme des Carolingiens à la République*. Paris: Presses Universitaires de France, 1985.

Barbey, Jean. *Être roi. Le roi et son gouvernement en France de Clovis à Louis XVI*. Paris: Fayard, 1992.

Beaud, Marie-Joseph. "À propos des éditions grecques de trois officines parisiennes (1539–1549)." In *Le Livre dans l'Europe de la Renaissance. Actes du XXVIIIe Colloque international d'études humanistes de Tours*, edited by Pierre Aquilon and Henri-Jean Martin, 197–208. Nantes: Promodis, 1988.

Bell, Dora M. *L'Idéal éthique de la royauté en France au Moyen Âge d'après quelques moralistes de ce temps*. Geneva and Paris: E. Droz-Minard, 1962.

Bodin, Jean. *Le Theatre De La Nature Universelle De Jean Bodin Jurisc. Auquel on peut contempler les causes efficientes & finales de toutes choses, desquelles l'ordre est continué par questions & responces en cinq livres. Œuvre non moins plaisant que profitable à ceux qui voudront rendre raison de toutes questions proposées en Philosophie. Traduict du Latin par M. François de Fougerolles Bourbonnois Docteur aux Arts & en Medecine*, translated by François de Fougerolles. Lyon: Jean Pillehotte, 1597.

Bontems, Claude. *Le Prince dans la France des XVIe et XVIIe siècles*, edited by Léon-Pierre Raybaud, et Jean-Pierre Brancourt. Paris: Presses Universitaires de France, 1965.

Boucher, Jacqueline. "Société et mentalités autour de Henri III," PhD Thesis, Université de Lyon-II, 1977.

Bouchet, Guillaume. *Les Sérées*, edited by C. E. Roybet. 6 Vols. Paris: Alphonse Lemerre, 1873–1882.

Bouchet, Guillaume. *Troisième livre des Sérées*. Lyon: Simon Rigaud, 1615.

Bovelles, Charles. *Liber De Differentia Vulgarium Linguarum, & Gallici sermonis varietate*. Paris: Robert Etienne, 1533

Bovelles, Charles. *Sur les langues vulgaires et la variété de la langue française*, translated by Colette Dumont-Demaizière. Dijon: C. Klincksieck, 1970.

Brun, Auguste. *Recherches historiques sur l'introduction du français dans les provinces du Midi*. Paris: Librairie Ancienne Honoré Champion, 1923.

Brunot, Ferdinand. *Histoire de la langue française des origines à 1900*. 13 Vols. Paris: Armand Colin, 1905–1953.

Chartier, Alain. *Livre de l'espérance*, edited by François Rouy. Paris: Honoré Champion, 1989.

Charpentier, François. *Deffense De La Langue Françoise Pour L'Inscription De L'Arc De Triomphe Dédiée Au Roy*. Paris: Claude Barbin, 1676.

Christine de Pizan. *Livre des fais et bonnes meurs du sage roy Charles Quint*, edited by Suzanne Solente. 2 Vols. Paris: Honoré Champion, 1936–1940.

Christine de Pizan. *Le Livre du corps de policie*, edited by Angus J. Kennedy. Paris: Honoré Champion, 1998.

Le Dictionnaire De L'Académie Françoise, Dedié Au Roy. 2 Vols. Paris: Jean Baptiste Coignard, 1694.

Du Bellay, Joachim. *Œuvres poétiques*, edited and translated by Geneviève Demerson. 8 Vols. Paris: Nizet, 1985.

Du Fossé, Pierre Thomas. *Mémoires Du Sieur de Pontis, Officier Des Armées Du Roy. Contenant plusieurs circonstances des Guerres & du Gouvernement, sous les regnes des Roys Henry IV Louys XIII & Louys XIV*. 2 Vols. Paris: Guillaume Desprez, 1676.

Duret, Claude. *Thresor De Lhistoire Des Langues De Cest Univers. Contenan les Origines, Beautés, Perfections, Decadences, Mutations, Changemens, Conversions, & Ruines des langues. Par M. Claude Duret Bourbonnais, President à Moulins*. Coligny: Matth. Berjon, 1613; repr. Geneva: Slatkine, 1972.

Ernault, Emile. "Une Poésie officielle moyen-breton." *Revue de Bretagne* 48 (July 1912): 185–92.

Ernault, Emile. "Une Poésie officielle moyen-breton. Suite." *Revue de Bretagne* 50 (July 1913): 147–52.

Espagnet, Jean D'. *Le Rozier Des Guerres Compose Par Le Feu Roys Lois XI de ce nom: Pour Monseigneur Le Daulphin Charles son fils. Mis en lumiere sur le Manuscrit trouvé au Chasteau de Nerac dans le cabinet du Roy par le Sieur President D'Espagnet, Conseiller du Roy et ses Conseils d'Estats & Privé. Et en suite un Traitté De L'Institution Du Jeune Prince*. Paris: Nicolas Buon, 1616.

Favyn, André. *Histoire de Navarre, Contenant l'Origine, les Vies & Conquestes de ses Roys, depuis leur commencement iusques a present, Ensemble ce qui c'est passé de plus remarquable durant leurs regnes en France, Espagne, et ailleurs*. Paris: Laurent Sonnius, 1612.

Fontaine, Charles. *Odes, Enigmes, Et Epigrammes, Adressez pour etreines, au Roy, à Madame Marguerite, & autres Princes & Princesses de France*. Lyon: Jean Citoys, 1557.

Förstel, Christian. "Les manuscrits grecs dans les collections royales sous François Ier." *Revue Française d'Histoire du Livre* 98–99 (1902): 71–88.

Gadoffre, Gilbert. *La Révolution culturelle dans la France des humanistes. Guillaume Budé et François Ier*. Geneva: Droz, 1997.

Galaup de Chasteuil, Jean de. *Discours Sur Les Arcs Triomphaux Dressés En La Ville D'Aix, à l'heureuse arrivée de tres-Chrestien, tres-Grant, & tres-Juste Monarque Louys XIII Roy de France, & de Navarre*. Aix: Jean Tholosan, 1624.

Héroard, Jean. *Journal*, edited by Madeleine Foisil. 2 Vols. France: Fayard, 1989.

Judge, Anne. "Linguistic Legislation and Practice." In *Authority and the French Language. Papers from a Conference at the University of Bristol*, edited by Rodney Sampson, 63–73. Münster: Nodus Publikationen, 1993.

Knecht, R. J. *Renaissance Warrior and Patron: The Reign of Francis I*. Cambridge: Cambridge University Press, 1994.

Lefranc, Abel. *Histoire du Collège de France depuis ses origines jusqu'à la fin du Premier Empire*. Paris: Hachette, 1893.

Le Menn, Gwennolé. "Un 'Veni Creator' latin breton dédié à Anne de Bretagne en 1505." *Études Celtiques* 16 (1979): 223–32.

Matthieu, Abel. *Devis De la langue francoyse, à Jehanne d'Albret, Royne de Navarre, Duchesse de Vandosme, etc. Par Abel Matthieu natif de Chartres*. Paris: Richard Breton, 1559; repr. Geneva: Slatkine, 1972.

McFarlane, I. D, ed. *The Entry of Henri II into Paris 16 June 1549*. Binghamton: Center for Medieval & Early Renaissance Studies, 1982.

Paris, Paulin. *Études sur François Ier, roi de France, sur sa vie privée et son règne*. 2 Vols. Paris: Léon Techener, 1885.

Peletier Du Mans, Jacques. *L'Art Poetique D'Horace, traduit en Vers Francois par

Jacques Peletier du Mans, recongnu par l'auteur depuis la premiere impression. Paris: Michel de Vascosan, 1545.

Postel, Guillaume. *Paralipomènes de la vie de François1er*, edited and translated by F. Secret. Milan: Archè, 1989.

Rabelais, François. *Le Tiers livre*, edited by M. A. Screech. Geneva: Droz, 1974.

Ronsard, Pierre de. *Œuvres completes. Les Hymnes de 1555; Le second livre des hymnes de 1556*, edited by Paul Laumonier. Paris: Nizet, 1984.

Ydriard, G. "Dixian al lengaige de Tolosa." In Bernard de Poey, *Poesie En diverses langues. Sur La Naissance De Henry De Bourbon Prince Tresheureus, Ne Au Chasteau De Pau Au Mois De Decembre, 1553.* Toulouse: Jacques Colomiés, 1554.

Paul Cohen (University of Toronto) teaches French history at the University of Toronto. His research interests include the social history of language in France and francophone North America, the rise of national languages, and the role of linguistic intermediaries in the French colonial empire in the seventeenth and eighteenth centuries.

Abstract Scholars have for the most part concurred in their explanations of the emergence of French as France's national language. Beginning in the early modern period, the French monarchy recognized in the vernacular an instrument for promoting a nascent national identity among its subjects and consolidating its authority; it thus set out to elevate French as a learned tongue, to impose its use upon a culturally and linguistically heterogeneous population, and to progressively marginalize Latin and local tongues. I revisit this historiographical narrative by analyzing the ways in which representations of kingship acknowledged the kingdom's linguistic realities. This article examines three aspects of the relationship between king and language. Firstly, how did contemporaries imagine the importance of linguist skills for an ideal king? Secondly, how did they theorize the place of the languages of Antiquity for ideal kings? Finally, how did they understand the relationship between kings and their polyglot kingdom's diverse tongues? The answers to these questions call into question the notion that the monarchy opposed its kingdom's linguistic plurality. Rather, contemporaries fully incorporated France's linguistic diversity into their conceptions of the French political settlement. Far from wishing to make of France a monolingual territory, contemporaries firmly associated the realm's multiple idioms with the person of the king.

Les images de l'autorité en matière de langue en France (1453–1647)

Philippe Caron & Douglas Kibbee

NOUS RETRACERONS UNE ÉTAPE de l'histoire linguistique de la France: l'extension institutionnelle de la langue du Roi comme langue de communication juridique au détriment du latin et des langues régionales. Cette extension précède largement les tentatives de codification de cette langue qui n'apparaissent vraiment en France qu'à partir des années 1530. À cette occasion se pose évidemment la question de la norme à décrire. Cette phase de la réflexion voit s'affronter plusieurs images de l'autorité linguistique.

Peut-être est-il bon pour commencer de faire une mise au point terminologique sur la notion de norme. Ce mot peut héberger deux concepts différents, quoique connexes: la norme, c'est d'abord le sentiment, la conscience plus ou moins claire chez des locuteurs que parmi les potentialités linguistiques dont la communauté dispose, certaines sont valorisées par la société qui les environne, d'autres non. Cela va du choix d'un dialecte de l'idiome pour s'exprimer selon les circonstances jusqu'aux innombrables zones de variation que, dans l'exercice du dialecte valorisé, nous rencontrons dans le cours d'un acte de parole, zones de variation qui nous confrontent à un choix. Ce choix, nous l'effectuons plus ou moins automatiquement par référence à une hiérarchie. Cette conscience linguistique intériorisée, Danielle Trudeau l'appelle la norme spontanée:

« Nous proposons d'appeler ‹ norme spontanée › la conscience qu'ont les locuteurs des valeurs attachées à certains usages, en dehors de toute imposition savante de la hiérarchie des styles ».[1] Elle ajoute ailleurs: « La norme spontanée n'est pas encore entrée dans le champ linguistique en 1530, les auteurs [...] refusent de la reconnaître ».[2]

La norme c'est aussi précisément l'explicitation plus ou moins détaillée de cette hiérarchie et un ensemble plus ou moins structuré de documents qui décrivent le dialecte valorisé: dictionnaires de fautes, manuels de grammaire ou d'orthoépie, d'orthographe ou de civilités linguistiques, remarques sur l'usage. Ces documents posent des problèmes d'interprétation, car ils ne nous livrent que des reflets de cette conscience, largement influencés par l'individu qui prend la plume.

Or la conscience d'une hiérarchisation des usages peut habiter une population largement avant qu'elle ne fasse l'objet d'une codification écrite. Il est donc d'autant plus difficile de sonder cette conscience en l'absence de témoignages lorsqu'on remonte dans l'histoire linguistique d'un pays. Difficile aussi, pour le royaume de France, de dater la naissance de cette conscience mais des témoignages épars et peu nombreux permettent, sinon de reconstituer, du moins de baliser dès le XIIIe siècle – toujours trop tard – cette prise de conscience chez ceux qui sortent de leur terroir et entrent en contact avec le pouvoir central.

Dans le présent article, nous parlerons du passage de la norme spontanée à la norme explicitée et du rôle des institutions sociales et politiques dans cette transformation. Si la langue fournit une image de la société, la norme en reflète l'autorité. La montée de l'absolutisme se révèle donc dans le rétrécissement du cercle d'autorités en matière de langage. Nous examinerons deux types de textes:

Des textes juridiques visant à modifier réglementairement le rapport des idiomes en présence dans l'exercice de la justice;

Des textes spéculatifs et métalinguistiques qui interrogent les fondements de cette conscience et, parfois, se lancent, comme dans les grammaires, dans l'entreprise de décrire au moins partiellement, le dialecte de référence.

Au cours des XVIe et XVIIe siècles les débats linguistiques concernant la norme reflètent les disputes entre ceux qui soutiennent le pouvoir absolu du souverain, et ceux qui veulent le restreindre. Comme les « monarchomaques » de la deuxième moitié du XVIe, certains grammairiens et littéraires résistent à l'autorité centralisée en matière de langue. Sous Richelieu et Mazarin au XVIIe siècle, l'absolutisme en langue comme en pouvoir politique prend le dessus. La publication des *Remarques* de Vaugelas en 1647 marque la victoire de la centralisation du pouvoir linguistique à la Cour.

La réforme de la justice et la norme linguistique

La norme spontanée s'est propagée par l'expansion du pouvoir royal, surtout en matière de justice, et la langue du palais de justice est un modèle puissant; mais le pouvoir juridique une fois centralisé ose s'approprier le pouvoir de contraindre le roi, d'où émerge un conflit palais-Cour qui trouve son reflet dans l'explicitation de la norme.

La première partie de cette histoire commence au XIIIe siècle, début d'une lente transition de l'état-nation à l'état-gouvernement.[3] L'état-nation désigne un groupe fixé dans un territoire qui accepte un pouvoir commun, et l'état-gouvernement plutôt une organisation gouvernementale et l'ensemble des gouvernants. Dans la France du XIIIe siècle le pouvoir commun du roi est reconnu, au moins en principe, mais l'organisation gouvernementale, la bureaucratie royale n'est pas encore mise en place. Les coutumes locales et le droit seigneurial éclipsent le pouvoir royal.

Sous Louis IX, le pouvoir du roi commence à se rétablir; le roi, selon lui, « maintient les bonnes coutumes et les mauvaises abaisse »,[4] ce qui lui permet d'intervenir au nom du bien commun. Il condamne par exemple le duel judiciaire, en 1261. Chez Beaumanoir le pouvoir d'intervention du roi pour soutenir le bien commun se limite normalement à une situation de guerre, mais il reconnaît le droit d'intervention face à une situation nouvelle.[5] En principe les barons doivent approuver la législation royale, mais de plus en plus le roi se passe de cette formalité. La législation royale met en place un corps de professionnels, une procédure d'enquête qui rend nécessaires les services d'un avocat, et une procédure d'appel qui exige l'intercompréhension entre les cours seigneuriales et les Cours royales.

C'est dans ces conditions, et avec cette autorité, que les rois ont commencé à réformer la justice; un aspect de cette réforme est l'établissement de la norme linguistique et l'imposition du français comme langue juridique partout dans le pays. La première étape est la rédaction des coutumes, la transition d'une loi orale à une loi écrite. En 1454 Charles VII, irrité par les pertes de temps et par la malhonnêteté des avocats, exigea que toutes les coutumes locales soient mises par écrit (article 125 de l'ordonnance de Moulins-les-Tours).[6] Ce qui est en jeu est l'autorité des coutumes; le roi propose d'accorder son autorité à une forme écrite de chaque coutume. L'autorité sera établie d'abord par les praticiens locaux, avant d'être confirmée par le Grand Conseil du roi et par le Parlement de Paris.

Cette procédure s'est avérée trop lourde, et 40 ans plus tard le roi Charles VIII a dû la simplifier. Soixante-dix coutumes ont été rédigées au XVIe siècle, contre onze au XVe. La mise par écrit des coutumes avait deux buts: rendre plus courts et donc moins chers les procès, et rendre plus sûres les décisions des juges. Sur le plan linguistique, ce qui est important est d'abord l'exigence que ces coutumes soient « accordées » et « conformée »,[7] processus qui amène naturellement à une norme, et ensuite l'autorité royale qui soutient cette norme.

Le deuxième volet linguistique de la réforme de la justice concerne la nature de la preuve juridique. Dans un système d'enquête judiciaire, la preuve par témoignage remplace la preuve par ordalie. Les paroles du témoin sont transcrites et transmises aux juges, et au cours du procès le témoin doit reconnaître que la transcription correspond à ce qu'il a dit. Or, ce processus suppose que tout le monde parle la même langue, alors que la transcription était souvent en fait une traduction en latin, une langue souvent inconnue du témoin.[8]

Pour cette raison, une série d'ordonnances, de 1490 aux célèbres ordonnances de Villers-Cotterêts en 1539, considère le problème de la langue dans la procédure juridique. Les premières tentatives ne concernent que la partie méridionale du pays tandis que Villers-Cotterêts s'applique au royaume entier. L'ordonnance de Moulins en 1490 demande que « les dicts & depositions des tesmoins […] [soient] mis & redigez par escrit en langage François ou maternel, tels que lesdits tesmoins puissent entendre leurs dépositions ».[9] L'ordonnance de 1510 reprend cette idée et exige que tout le procès se fasse « en vulgaire et langage du pays »,[10] pour que l'accusé et les témoins comprennent ce qui est dit. En 1533 François Ier interdit l'emploi du latin dans les actes des notaires, c'est-à-dire dans le domaine du droit privé.[11] En 1535, l'ordonnance d'Is-sur-Tille reprend la formule de 1510, mais en explicitant la préférence pour le français: « doresenavant tous les procès criminels et les enquestes seront faictz en françoys ou a tout le moins en vulgaire dudict pays ».[12]

Dans l'ordonnance de Villers-Cotterêts, souvent citée jusqu'à nos jours pour soutenir la notion d'une unique langue officielle, le roi vise la langue des juges, en décrétant que leurs arrêts, ainsi que tout autre document juridique, seront écrits en « langage maternel françois et non autrement ».[13] Du jour au lendemain le latin disparaît des documents produits par les parlements royaux, et l'usage des parlements nouveaux (les six parlements établis entre 1443 et 1515) doit suivre la norme des praticiens de Paris.

C'est ainsi que la réforme de la justice et la centralisation du pouvoir ont propagé la norme spontanée du *Palais* dans le royaume. Cela ne veut pas dire que tous les excès de l'usage des praticiens soient acceptés car tous les grammairiens du XVIe siècle, même ceux qui ont une formation en droit, vont critiquer le jargon des avocats. Mais la standardisation de la langue doit beaucoup aux besoins d'intercompréhension nécessités par les réformes de la justice lancées au XIIIe siècle et achevées dans la première moitié du XVIe.[14]

Reste donc à expliquer pourquoi la norme du Palais (de Justice) a été évincée par la norme de la Cour royale dans le premier siècle de description grammaticale du français, c'est-à-dire, entre 1530 (date de publication de la grammaire de Palsgrave) et 1647 (première édition des *Remarques* de Vaugelas).

A la recherche d'un français de référence: du modèle tempéré au modèle absolutiste

En France, il faut attendre le deuxième tiers du XVIe siècle pour que des ouvrages métalinguistiques s'attaquent vraiment à cette réflexion. Mais des avant-coureurs britanniques, John Barton par exemple, avaient déjà préparé le terrain en signalant sans s'y attarder la variété de français qu'ils entendaient enseigner à leurs élèves de Grande Bretagne.[15]

Cette tâche de codification passe par une réflexion préalable sur la variété qu'on va codifier. Le beau livre de Danielle Trudeau, déjà un peu ancien, *Les inventeurs du bon usage*,[16] s'efforce de retracer les premières théorisations de cette question au XVIe siècle. Pour aller un peu plus loin qu'elle, il est bon d'en abstraire l'essentiel. Face à l'urgence bien formulée par le *Champ fleury* de Geoffroy Tory de « reduyre en regles » la langue vulgaire,[17] on peut grossièrement isoler trois familles de positions: des positions idéalistes qui cherchent à cette question de la variété à décrire des réponses hors du réel sociolinguistique du moment; des positions sceptiques qui désespèrent devant la tâche; des positions réalistes qui, prenant acte des rapports de force linguistiques, circonscrivent, de façon plus ou moins précise, le lieu quasi géographique du bon usage, c'est-à-dire du dialecte dominant. Ce sont ces dernières qui retiendront notre attention désormais car elles seules nous concernent dans le cadre présent.

Le modèle coalescent de la première Renaissance

On peut styliser la situation décrite par Danielle Trudeau à l'aide d'un croquis de cercles concentriques (figure 3.1).

Cercle 1: pour prendre le témoignage de Palsgrave en 1530, l'usage de référence se localise, au plus large, entre Loire et Seine:

> ... in all this worke I moost folowe the Parisyens and the countreys that be conteygned bytwene the ryuer of Seyne and the ryuer of Loyre which the Romayns called somtyme Gallya Celtica: for

> within that space is contayned the herte of Fraunce where the tonge is at this day moost parfyte and hath of most auncyente so contynued so that I thynke it but superfluous and vnto the lernar but a nedelesse confusyon to shewe the dyuersite of pronuncyacion of the other frontier contreys.[18]

Au-delà de Paris vers le nord s'arrête donc la zone géographique qui, selon lui, génère la bonne variété. Il existe donc des dialectes comme le Picard qui sont aux frontières de cette zone mais qui ne génèrent pas le « parfyte frenche ».

Cercle 2: le cercle plus intérieur est la ville de Paris, capitale du royaume. Palsgrave nomme les Parisiens en première position, ce qui peut être interprété comme un signe de préséance. C'est donc la capitale qui génère, mieux que toute autre localité d'Ile de France ce bon usage. Mais toute la Capitale? Seul le protestant radical Pierre de la Ramée, le premier professeur à professer en français, prétend que tout l'usage de Paris est à prendre en compte pour la prononciation: « Lescolle de cette doctrine nest point es auditoires des professeurs Hebreus, Grecs & Latins en Luniversité de Paris comme pensent ces beaux Etymologiseurs, elle est au Louvre, au Palais, aux Halles, en Greve, à la place Maubert."[19] Ces lieux du bon usage incluent donc le palais du Roi, le Parlement, les commerçants (les Halles), les manouvriers (la place de Greve) et la petite bourgeoisie (la place Maubert), bref en raccourci toute la société, l'École exceptée. Mais cette position politique est marginale. La plupart des théoriciens ont une vision beaucoup plus restreinte du dialecte de référence. C'est un certain Paris qui génère le modèle, moyennant un tri. Nous allons nous appesantir sur ce Paris-là.

Cercles 3 et 4: Ces deux cercles jumeaux sont quant à eux bien délimités par Robert Estienne dans le préambule de sa *Grammaire*:

> Nous... auons faict vng recueil, principalement de ce que nous auons veu accorder a ce que nous auions le temps passé apprins des plus scauans en nostre langue, qui auoyent tout le temps de leur vie hanté es Cours de France, tant du Roy que de son Parlement a Paris, aussi sa Chancellerie & Chambre des comptes: esquels lieux le langage sescrit & se prononce en plus grande pureté qu'en tous autres.[20]

Il faut principalement remarquer ici que R. Estienne présente un état de la norme qu'il juge en 1557 déjà suranné (il ne faut pas oublier qu'il a quitté Paris pour cause de protestantisme). D'autre part il y a coales-

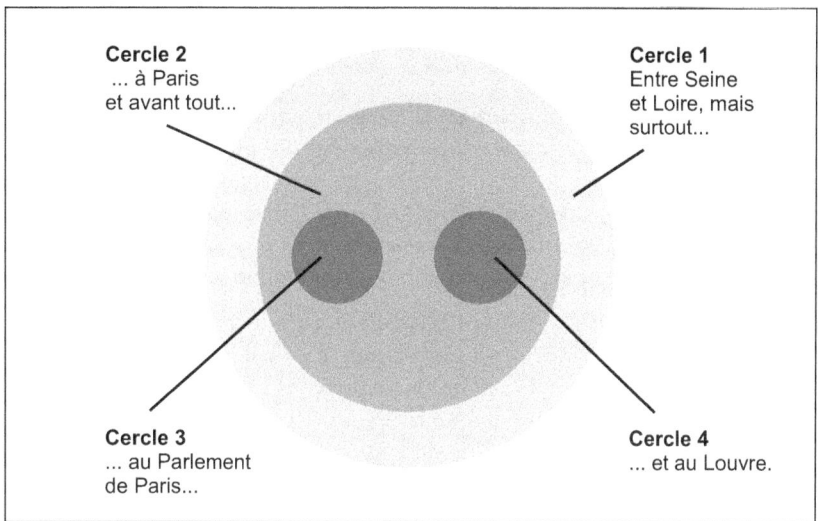

Figure 3.1. Le modèle tempéré de l'autorité linguistique de la première Renaissance

cence entre les institutions citées par lui. Ce modèle postule lui-même un modèle politique sous-jacent: celui d'un partage relativement harmonieux du pouvoir entre le Roi et son Parlement. Ce modèle tempéré, Henri Estienne, le fils du précédent le répète à sa façon dans son ouvrage *La conformité du langaige françois avec le grec* de 1565: « J'ai toujours eu ceste opinion que la Cour estoit la forge des mots nouveaux, et puis le Palais de Paris leur donnoit la trempée ».[21]

L'image des deux activités indissociables du maréchal-ferrand, forger et tremper, évoque une monarchie tempérée. On ne peut en effet achever une pièce métallique sans la double activité de forger puis de tremper. Or ce modèle, Henri Estienne le proclame *de facto* caduc dans ses œuvres car selon lui la Cour des derniers Valois s'est efféminée et la langue qu'elle parle, subissant l'influence désastreuse de ces nouvelles mœurs, s'est italianisée et abâtardie. Dans un passage de ses *Hypomneses* de 1582 traduit par Chomarat, il est encore plus explicite:

Mais quelle est donc la région de France [Gallia] que l'on peut recommander à cet égard? A coup sûr c'est celle qu'on appelle proprement Ile-de-France [Francia]. Mais de même que l'Ile-de-France mérite cet éloge plus que les autres régions, en particulier ses voisines, de même parmi les villes d'Ile-de-France qui entourent Paris certaines méritent plus que d'autres, je le reconnais, mais elles aussi sont surpassées par Paris. Car j'affirme que la capitale de la vraie langue française (comme de la France elle-même) c'est Paris.

> Est-ce donc que vous enfermez la pureté de la langue française dans l'enceinte de Paris? Mais, non, je ne la limite pas non plus à l'ensemble de l'Ile-de-France en excluant totalement le reste du pays. Je reconnais qu'il y a des gens qui parlent purement dans la France entière, mais dans certaines villes cette pureté est en quelque sorte native, dans les autres plutôt importée.
>
> Quoi? Parmi ceux qui sont nés à Paris et qui ont été élevés dans le milieu dont le parler est jugé le plus pur, n'y a-t-il personne qui ne commette de faute de langue? Je ne prétends pas du tout que, si on voulait examiner un par un les mots de ceux qui sont nés dans les principales villes de l'Ile-de-France (toujours en excluant le vulgaire), il serait impossible de constater chez certains un défaut, différent selon la ville, soit dans la prononciation d'un vocable, soit dans son emploi....
>
> C'est avec une telle réserve qu'on doit comprendre ce que j'ai dit plus haut de Paris, qu'elle est la métropole non moins de la langue française vraiment pure que de la France même.... Vraiment il est juste que cette ville occupe le premier rang aussi pour ce mérite, non point parce que la Cour y réside (car il y eut un temps où c'est là qu'il fallait chercher la pureté de la langue, aujourd'hui sur ce point comme sur d'autres elle fait preuve d'une licence extraordinaire et tout à fait corruptrice). Mais parce qu'elle possède l'assemblée qu'on nomme en vernaculaire Parlement, où le langage incorrect est aussi rare qu'il est fréquent à la Cour et, applaudi dans celle-ci, il est chassé de celui-là.[22]

Reste selon lui, comme on peut le voir à la fin de la citation, un seul garant: le Parlement de Paris. Cette position n'est pas sans partialité. Mais l'accent polémique montre bien qu'elle entame un consensus bien établi selon lequel c'est des différentes Cours royales, Louvre et Palais de justice, qu'émane conjointement la variété de français de référence. La Cour a démérité comme le dit Estienne à temps et contretemps dans ses *Deux dialogues du nouveau langaige françois italianizé* de 1578. Et De Bèze de lui faire écho très clairement dans son *De francicae linguae recta pronuntiatione* de 1584:

> ... At fuit quidem tempus, sub Francisco videlicet illo Rege, quem merito liceat bonarum literarum parentem vocare, quum puram Franciae linguae pronuntiationem ex ipsius aula petere licuit.

> Ab eius autem obitu sic paulatim una cum moribus immutatam fuisse Franciam totam linguam constat ut vix ac ne vix quidem appareat ubi tandem ipsius puritas delitescat.[23]

Pour la prononciation, c'est donc de la Cour du Roi que le bon usage s'inspirait avant tout. Mais la prononciation a dégénéré avec l'évolution des mœurs courtisanes. Point de vue uniquement protestant? Il suffit de lire Étienne Pasquier dans sa lettre à Monsieur de Querquifinen pour voir que dès 1560 (si la datation de la lettre est juste...) il tient un discours à peine différent: « Vous n'estes pas le premier qui estes de cette opinion, & y en a une infinité en France, qui estiment avec vous qu'il faut puiser l'Idee, & vraye naïfveté de nostre langue de la Cour de nos Rois, comme seiour & abord general de tous les mieux disans de la France ».[24] Face à ce préjugé, il s'inscrit résolument en faux, déjà en 1560: « Pour apprendre à parler le vray François, ie le vous nie tout à plat ».[25] Au passage signalons que Pasquier n'est pas plus tendre pour les Parlementaires à qui il reproche dans la même lettre de faire assaut de mauvais usage.

Ce modèle que nous appelons tempéré ou coalescent ne cesse donc pas de s'étioler, on commence à le voir, à partir de la Régence de Catherine de Médicis. Le point de vue critique est que la Cour n'honore pas sa position par l'exercice qu'elle fait du langage. On l'entend nettement chez les grammairiens humanistes qui travaillent et fréquentent les milieux de Robe et jusqu'aux *Hypomneses* d'Henri Estienne en 1582 (voir plus haut, p. 61). Mais, même contesté, il constitue tout de même un modèle. Le ton de réprobation très fort qu'adoptent les observateurs face aux abus langagiers de la Cour ou du Palais montre justement, par sa violence même, qu'il s'agit de la dépravation d'un état jugé naturel.

Le modèle absolutiste de l'usage

Si nous faisons à présent un saut de 60 ans environ jusqu'à Vaugelas qui offre un modèle très détaillé du bon usage dans sa fameuse Préface aux *Remarques sur la langue française*, la situation est radicalement différente: « C'est la façon de parler de la plus saine partie de la Cour, conformément à la façon d'escrire de la plus saine partie des Autheurs du temps ».[26] La suite du passage et l'ensemble de l'œuvre nous permet de vérifier que la Cour, c'est pour Vaugelas la Cour du Roi exclusivement, autrement dit les habitués du Louvre, car le Parlement de Paris, il l'appelle d'un nom qui parfois trompe les profanes, le Palais. Le Parlement, absent de cette formulation cardinale, n'a donc plus aucune autorité dans ce modèle. Bien plus: lorsqu'il est cité, c'est presque toujours pour ajouter que ce qui vaut pour le Parlement ne vaut pas pour le langage ordinaire. Le Parlement est donc devenu un contre-modèle. N'oublions pas que Vaugelas, après avoir été en délicatesse avec le pouvoir royal, est bien obligé d'accepter la protection de Richelieu. Il entre à l'Académie et ses besoins pressants d'argent le conduisent à accepter d'être l'artisan principal du *Dictionnaire*. C'est donc le modèle absolutiste de son défunt patron qu'il explicite en 1647, un modèle très contesté par le mouvement des frondes.

Cette vision de la norme qui, éjectant le Parlement, place la Cour du Roi en position dominante, les bons auteurs en garant, notamment lorsqu'il y a usage douteux et enfin la grammaire en ultime recours lorsqu'on ne sait pas trancher, a certainement sa source dans l'histoire des relations tendues entre les deux lieux-clés du pouvoir, le Roi et son conseil d'un côté, le Parlement avec ses chambres techniques de l'autre.

Or des travaux historiques nous offrent un aperçu plus précis et même quasi confidentiel parfois sur le détail des relations entre le pouvoir royal et le Parlement. Il s'agit particulièrement de deux livres qui couvrent chronologiquement une période qui va de l'avènement d'Henry IV à Louis XIV: *La mélancolie du pouvoir. Omer Talon et le procès de la raison d'état* de Joël Cornette, et *Les relations entre le Parlement de Paris et Henri IV* de Michel de Waele. Il ne saurait être question de résumer ici l'histoire mouvementée des relations entre le souverain et son Parlement de Paris. De Waele soutient qu'en des périodes troublées de l'histoire des Capétiens et des Valois, le roi ou la régence du Royaume ont fréquemment fait appel au loyalisme du Parlement en lui confiant des tâches qui excédaient largement ses attributions judiciaires.[27] En retour, le Parlement pouvait alors se prévaloir d'une sorte de souveraineté partagée, selon le bon vouloir du Prince. Mais François Ier reviendra dès 1527 à une vision régalienne, renvoyant le Parlement à ses fonctions judiciaires et d'enregistrement pur et simple.[28] D'autres tours de vis seront également donnés à la puissance du Parlement par ses successeurs.

Il découle des travaux précités que les trois premiers règnes de la dynastie des Bourbons sont, sur ce terrain, tout à fait cohérents: comme leur illustre prédécesseur, les Bourbons n'ont de cesse de rogner systématiquement les attributions du Parlement. D'abord en lui intimant l'ordre de ne s'occuper que des affaires judiciaires et d'enregistrer sans mot dire les actes royaux: en d'autres termes le Parlement n'est plus qu'un tribunal, le souverain lui reprenant comme il l'entend des missions autrefois concédées. Ensuite en soustrayant à sa juridiction des causes judiciaires selon son bon plaisir.

Les lits de justice

Dans le premier cas, le monarque multiplie les lits de justice, ces cérémonies à l'occasion desquelles, rendant visite aux représentants du Parlement, il reçoit leurs remontrances mais aussi les oblige à enregistrer des actes royaux qu'ils ne veulent pas valider. Cette procédure se multiplie pendant cette phase de conflit aigu: d'après l'étude de Sarah Hanley, « le lit de justice fut utilisé à vingt reprises, de 1610 à 1641 (contre huit fois entre 1527 et 1597) ».[29] Or la période de Richelieu voit se multiplier les incidents de protocole. Ainsi, comme le raconte Cornette d'après les *Mémoires confidentiels* d'Omer Talon destinés à son fils et successeur, lors du lit de justice de 1632, les présidents du Parlement sont sommés de se lever à l'arrivée du Garde des Sceaux, porte-parole des propos du Roi. Comme cette sommation brusque les rituels, dépositaires symboliques des relations entre les pouvoirs, le Parlement refuse d'obéir, y compris à une lettre de cachet du Roi. Il ne s'exécutera pour finir que sur un commandement exprès du Roi après une entrevue musclée entre lui et le premier président. Mais la rebuffade ne s'arrête pas là: le Roi qui traditionnellement siégeait seul face au Parlement, dans un tête-à-tête symbolique du partage des pouvoirs, invite à ses côtés en 1632 deux princes du sang et deux ecclésiastiques de haut rang et il les fait parler après lui mais avant le Parlement. Ils ne sont donc pas l'émanation du Parlement, ils se présentent comme des instances indépendantes. La distribution de la parole symbolise évidemment la place que le souverain entend assigner à chacun dans la hiérarchie sociale.[30]

Lors de l'ouverture des Grands Jours de 1634, peut-être le plus illustre des lits de justice de la période, Richelieu refuse de se découvrir devant les magistrats cependant qu'on intime l'ordre au Président du Parlement de rester debout « par commandement du Roi ». Ces gestes protocolaires visent à rétrograder clairement le Parlement à un rang de plus en plus subalterne.[31] Ce qui se joue lors de l'apparition du souverain au milieu des magistrats, c'est bien le perfectionnement de la mise en scène de la majesté royale. L'auteur se livre sur plusieurs pages à une analyse symptomale de ces nouveaux signes du pouvoir monarchique imposés au Parlement contre la coutume. Cette analyse[32] culmine avec la grande action de grâces de 1642 en la cathédrale Notre Dame de Paris, cérémonie où se pose la question de savoir qui la présidera en l'absence du Roi: le premier Président du Parlement ou un Prince du Sang? Malgré des précédents en faveur du Parlement, le Prince de Condé s'arrogea la place du Roi. Louis XIII commanda alors que son trône restât désormais vide en son absence mais du premier Président il ne fut plus question. Au total, le Parlement avait une fois de plus perdu une place symbolique.

En 1641, un lit de justice restera mémorable: le monarque interdit aux parlementaires de délibérer sur les édits et les ordonnances qui sont soumis à leur signature. Il commande en outre que certains des plus rebelles soient désormais interdits d'accès. Le conflit prend un tour violent. La mort de Richelieu et de Louis XIII peu après va temporairement inverser les rapports de force mais ce sera de courte durée et la guerre d'usure reprendra sous la Régence d'Anne d'Autriche: lettres de cachet comminatoires, entrevues orageuses, messages incendiaires. L'essentiel du contenu ressassé par le Prince ou ses interprètes auprès du Parlement est le suivant: « Considérez qui vous êtes, qui est le Roy, quelle disproportion il y a entre sa condition et la vôtre; vous n'avez aucune autorité que celle qu'il vous a donnée, ni puissance que celle qu'il vous a communiquée ».[33]

La monarchie tempérée dont avaient rêvé tant de Parlementaires humanistes est brutalement malmenée par le souverain lui-même qui humilie à plaisir l'institution qui aurait pu servir de corps intermédiaire entre le monarque et son peuple. Cette violence du pouvoir porte en germes la contre-violence de 1793. Mais elle est acceptée car la séparation des pouvoirs n'existe pas dans l'édifice conceptuel du temps. Le Roi, lieutenant de Dieu dans son pays, peut déléguer telle ou telle de ses fonctions mais peut aussi reprendre cette délégation selon son bon plaisir. Il faudra 150 ans de régime absolutiste pour que le cadre idéologique du Roi lieutenant de Dieu finisse par craquer.

Les lettres de *commitimus*

Dans le second cas, celui des lettres de *commitimus*, le monarque décrète que telle cause judiciaire (qui implique assez souvent un client du roi au sens patricien du terme) sera soustraite à l'instruction et au jugement du Parlement. Ces exceptions se multiplient et Henri IV les pratique allègrement. Le Parlement se sent bien sûr atteint dans ses attributions et réagit comme toute corporation qui défend son activité. Mais les meilleurs des parlementaires voient bien également que ces incessantes exceptions créent en quelque sorte deux justices dont l'une, dérogatoire, autorise toutes les faveurs clientélaires. Il y a donc deux poids et deux mesures. Cette « politique » de l'état monarchique a ses thuriféraires: Cardin le Bret, dit Joël Cornette, publie en 1632 un opuscule *De la souveraineté du Roy* qui vient à point étayer toutes les entreprises royales destinées à déstabiliser le Parlement.[34]

Conclusion

Ainsi donc se trouve éclairée la position de Vaugelas relativement à la norme linguistique: le livre de Michel de Waele montre que les souverains avaient eux-mêmes sollicité l'intervention des parlementaires dans les affaires de l'État aux XVe et XVIe siècles. Dans les moments de vacance du pouvoir ou de crise, le Parlement incarnait quasiment la continuité des affaires de l'État. Or l'image de l'autorité linguistique décrite en 1647 par Vaugelas interdit en quelque sorte le Parlement de parole, cantonnant sa langue dans le jargon de la justice. Sa parole, symboliquement, ne vaut plus rien en dehors du prétoire. Cet extraordinaire désaveu du Parlement dans les *Remarques* de Vaugelas, on peut notamment (mais pas exclusivement) le lire comme la contrepartie symbolique de l'abaissement de cette institution qui pouvait croire avoir partagé avec le Souverain la guidance des affaires de l'Etat avec son consentement.

Jusqu'au XVIe siècle, le roi était la source du droit, comme représentant de Dieu, mais d'autres institutions publiques, les États Généraux et les Parlements, pouvaient restreindre ce pouvoir car leur assentiment était au moins en principe nécessaire. Mais les États se réunissaient de moins en moins souvent (jamais de 1614 à 1789), et les Parlements se trouvaient limités à un droit de remontrance. L'objection du Parlement ne contraint en rien le Roi. Les parlementaires, surtout mais pas exclusivement ceux qui étaient de tendance protestante, rejettent le principe du roi divin, et demandent l'élection du roi, un contrat entre le roi et le peuple. Dans la deuxième moitié du XVIe siècle, et encore plus au début du XVIIe, le pouvoir du palais est battu en brèche au point où l'on arrive à l'absolutisme sous Louis XIII et Louis XIV. La norme linguistique est très sensible au pouvoir, et la norme explicitée dans les textes s'aligne de plus en plus sur celle de la Cour.

Si la langue est l'image de la société, l'autorité en matière de langue est tout autant l'image de l'autorité de cette société: le passage d'une norme spontanée à une norme explicitée suit le passage d'un état-nation à un état-gouvernement. Après une première période où la réforme de la justice a créé une norme tempérée, mitoyenne entre la Cour du Roi et la Cour du Parlement, la centralisation du pouvoir chez les Bourbons a progressivement exclu la langue du palais de la nouvelle norme, en faveur de la langue de la Cour. La norme linguistique spontanée cède à la norme linguistique explicitée, une norme reflétant l'image de l'autorité.

NOTES

[1] Trudeau, *Les inventeurs*, 16, n. 4.

[2] Trudeau, *Les inventeurs*, 46.

[3] Nous suivons les définitions fournies par Gérard Chianéa I, 22: « L'État gouvernement désigne l'ensemble des gouvernants ainsi que l'organisation gouvernementale qu'ils dirigent. L'État-nation vise tout groupe fixé dans un territoire déterminé qui accepte un pouvoir commun et qui ne le remet pas en cause quand son ou ses titulaires cessent leur fonction et que le problème de leur remplacement se pose ».

[4] Cité dans Olivier-Martin, *Les lois du roi*, 45.

[5] De Beaumanoir, *Coutumes de Beauvaisis*, II, 263.

[6] Bréquigny, *Ordonnances*, XIV, 312–13.

[7] Bréquigny, *Ordonnances*, XIV, 312–13.

[8] Brun, *Recherches historiques*, 88.

[9] Brun, *Recherches historiques*, 87.

[10] Brun, *Recherches historiques*, 87.

[11] Henri Peyre, *La royauté et les langues provinciales*, 65. Voir également: Jean-Paul Laurent, « L'ordonnance de Villers-Cotterêts (1539) et la conversion des notaires à l'usage exclusif du français en Pays d'Oc », *Lengas* 26 (1989), 59–94.

[12] Cité dans Brun, *Recherches historiques*, 89.

[13] *Ordonnãces Royaulx*, Diii.

[14] Pour une étude plus approfondie de ces questions, voir l'article de Douglas Kibbee, « Les textes autoritaires ».

[15] Dans son *Donait françoise,* il prétend introduire au « droit language de Paris et païs la d'entour, la quelle language on appelle en Engliterre 'doulce France' » (d'après Lusignan, « Le français et le latin », 964).

[16] Trudeau, *Les inventeurs*, 16, n. 1.

[17] Tory, *Champ fleury*.

[18] Stein, *John Palsgrave*, 112.

[19] Pierre Ramus, dit Pierre de la Ramée, *Grammaire*, 30.

[20] Estienne, *Traicté de la grammaire françoise*, 3.

[21] *Traicté de la conformité du language françois auec le Grec* (Genève: H. Estienne, 1565), p. 14. Cité dans Trudeau, *Les inventeurs*, 129.

[22] Estienne, *Hypomneses de gall.*

[23] De Bèze, *De francicae linguae recta pronuntiatione*, 8.

[24] Rickard, *La langue française*, 240.
[25] Rickard, *La langue française*, 240.
[26] Vaugelas, *Remarques sur la langue françoise*.
[27] De Waele, *Les relations*, 44.
[28] De Waele, *Les relations*, 37–38.
[29] Cité par Cornette, *La mélancolie du pouvoir*, 296.
[30] Cornette, *La mélancolie du pouvoir*, 295.
[31] Cornette, *La mélancolie du pouvoir*, 297.
[32] Cornette, *La mélancolie du pouvoir*, 291–306.
[33] Extrait d'un discours du Chancelier à une députation du Parlement le 6 janvier 1636, cité par Cornette, *La mélancolie du pouvoir*, 286.
[34] Le Bret, Cardin, *De la sovveraineté dv roy*.

Bibliographie sélective

De Beaumanoir, Philippe. *Coutumes de Beauvaisis. Texte critique publié avec une introduction, un glossaire et une table analytique*, edited by Georges Hubrecht. 3 Vols. Paris: A. & J. Picard, 1970–1974 (1899–1900).
De Bèze, Théodore. *De francicae linguae recta pronuntiatione*. Genève: E. Vignon, 1584.
De Waele, Michel. *Les relations entre le Parlement de Paris et Henri IV*. Paris: Publisud, 2000.
Brun, Auguste. *Recherches historiques sur l'introduction du français dans les provinces du Midi*. Paris: Librairie Ancienne Honoré Champion, 1923.
Cornette, Joel. *La mélancolie du pouvoir. Omer Talon et le procès de la raison d'état*. Paris: Fayard, 1998.
Chianéa, Gérard. *Histoire des institutions publiques de la France*, Vol. 1, *Du démembrement à la reconstitution de l'État (476–1492)*. Grenoble: Presses universitaires de Grenoble, 1994.
Estienne, Henri. *Hypomneses de gall. Lingua, peregrinis eam discentibus necessariae*, translated by H. Chomorat. Paris: Champion, 1999.
Estienne, Robert. *Traicté de la grammaire françoise*. Paris: R. Estienne, 1557.
Kibbee, Douglas. "Les textes autoritaires, sources des normes linguistiques." *Histoire Épistémologie Langage* 24 (2003): 5–27.
Laurent, Jean–Paul. "L'ordonnance de Villers–Cotterêts (1539) et la conversion des notaires à l'usage exclusif du français en Pays d'Oc," *Lengas* 26 (1989): 59–94.
Le Bret, Cardin. *De la sovveraineté dv roy*. Paris: Tovssainct dv Bray, 1632.
Lusignan, Serge. "Le français et le latin aux XIVe et XVe siècles: pratiques des langues et analyse linguistique." *Annales; Économies, Sociétés, Civilisations* 42,4 (1987): 955–67.
Olivier-Martin, François. *Les lois du roi*. Paris: L. G. D. J., 1997.

Ordonnances des rois de France de la troisième race. 21 Volumes. Paris: L'Imprimerie Royale, 1723–1849. Vol. 14 *Contenant les ordonnances depuis la vingt-cinquième année du règne de Charles VII, jusqu'à sa mort en 1461*, edited by Louis-Georges de Bréquigny. Paris: L'Imprimerie Royale, 1790–1849.

Ordonnāces Royaulx sur le faict de la Iustice & abbreuation des proces par tout le Royaulme de France, faictes par le Roy nostre sire, Et publiees en la court de Parlement à Paris, le sixiesme iour du moys de Septembre lan Mil.D.XXXIX. Lyon: Thibault Payen, 1540.

Peyre, Henri. *La royauté et les langues provinciales*. Paris: Les Presses Modernes, 1933.

Ramus, Pierre. *Grammaire*, Paris: André Wechel, 1572.

Rickard, Peter. *La langue française au seizième siècle: étude suivie de textes*. Cambridge: Cambridge University Press, 1968.

Stein, Gabriele. *John Palsgrave as Renaissance Linguist*. Oxford: Clarendon Press, 1997.

Tory, Geoffroy. *Champ fleury; ou l'Art et science de la proportion des lettres; reproduction phototypique de l'édition princeps de Paris, 1529*. Paris: Charles Bosse éditeur, 1931.

Trudeau, Danielle. *Les inventeurs du bon usage (1529–1647)*. Paris: Les Éditions de Minuit, 1992.

Vaugelas, Claude Favre de. *Remarques sur la langue françoise*. Paris: Camusat, 1647. Facsimile of the original edition; critical introduction by Jeanne Streicher. Geneva: Droz, 1934.

Philippe Caron (Université de Poitiers) is a historical linguist specializing in the history of French in the Classical period, in particular the development of norms and linguistic change.

Douglas Kibbee (University of Illinois, Urbana-Champaign), Professor Emeritus of French, is a historical linguist whose research bears on language legislation, the role of prescription in the definition of linguistic norms, minority languages and the protection of plurilingualism, the theory and practice of translation.

Abstract This article traces back to the sixteenth century the extension of the king's French as the language of communication in the realm of jurisprudence. Studying legal documents and speculative, metalinguistic texts, they find that French kings' reform of justice includes the requirement that French, a language understood by all subjects, be used throughout the realm. Judicial reform and the centralization of power deploy the norm modeled by royal *Parlements* and later the royal court.

Part II
Performances and Authorities

The *Parlement de Paris* and the Plays: A Reconsideration of the 1548 Ban of the "Mystères sacrés"

Robert L. A. Clark

IT IS A WELL-KNOWN fact that in 1548 the *Parlement* of Paris issued a decree (*arrêt*) banning the performance of sacred mystery plays in Paris and the surrounding area. Yet, in medieval drama studies, the 1548 decree continues to generate controversy. When Raymond Lebègue wrote in 1929: "Personne ne croit plus que l'arrêt de 1548 ait tué les mystères," he was expressing a view still prevalent among scholars of medieval drama, who have tended to downplay the import and the impact of the ban.[1] They argue, with reason, that the effect of the decree was limited, perhaps due to a lack of will or the impossibility of enforcing it. They point to the fact that the *Parlement* of Paris's jurisdiction did not extend to all of France but comprised only about half of the kingdom at this time and that, even within the *Parlement*'s jurisdiction, the ban was not entirely respected.[2] Graham Runnalls has observed, for example, that "the Paris decree had little immediate effect in the provinces."[3] It clearly had no effect in Savoy, an independent duchy, nor in the Dauphiné, which had had its own royal *Parlement* since 1466,[4] for both areas possessed a vigorous and well documented dramatic tradition that lasted throughout the sixteenth century and, in the case of the Dauphiné, into the eighteenth.[5]

In light of the apparent consensus that reigns among the specialists, one may ask why we need yet another reconsideration of the 1548 ban. The reason is two-fold. First, although scholars have long recognized that the long period of civil unrest in sixteenth-century France made it extremely difficult and sometimes impossible to mount large-scale dramatic productions in many areas, not enough attention has been paid to the central ideological issues at stake in the attempted suppression of the sacred mystery plays: the discord at this time between the proponents of church reform and their orthodox opponents over the proper use of religious and sacred texts. As a direct result of the former, the *Parlement* of Paris assumed a greatly increased role in the fight against "heresy," specifically in the form of censorship. Rather than focusing on the decree's questionable effectiveness, I will consider the ban as a sign or symptom of social, cultural, and religious change and conflict in France at this relatively early stage of the Reform movement. The second reason for a reconsideration of the 1548 decree is that discussions of the ban have been based on a partial and incorrect account of the circumstances leading up to it. Six years prior to issuing the decree of 1548, in 1541, the *Parlement* had heard a case brought forward by the king's *Procureur-Général* against the representatives of the *Confrérie de la Passion*.[6] The only version of this key document generally available has been the severely truncated transcription in Petit de Julleville's *Les Mystères* of 1880 which that author had simply reprinted from an earlier work by Sainte-Beuve (1880), the *Tableau de la poésie française au XVIe siècle*.[7] This version, representing in fact only 15% of the entire document in the *Archives Nationales*, gives only the beginning of the *requête*, or petition, made by the *Procureur-Général*. It was not clear until Graham Runnalls and I undertook our collaborative transcription of the text, printed as an appendix to this essay, that the document in question contains not only the *requête* but is in fact a record of the entire case, complete with the decision rendered by the *Parlement*.[8] We now possess in its entirety a particularly rich document that sheds much light on the problematic status of the mystery plays at this time, particularly in relation to the religious conflicts of the day.

The *Confrérie de la Passion* had at least in theory held a monopoly on the performance of plays, sacred or otherwise, in Paris and its environs since the granting of its letters patent in 1402, although we know that in fact this was not a true monopoly but was limited to the staging of large-scale plays like the *Mystère de la Passion*.[9] After François I ordered the demolition of the Hôtel de Flandres in 1543, where the *Confrérie* had moved in 1539 from the Hôpital de la Trinité, the *Confrères* were once again without a permanent home for their productions. Accordingly, in 1548 the masters of the *Confrérie* acquired part of the property and buildings of the Hôtel de Bourgogne and applied for authorization to continue their activities at this new location.[10] The *Parlement* responded by issuing the famous decree on November 17, 1548, which, while it upheld the *Confrérie*'s monopoly, effectively put an end to the performance of sacred mystery plays in Paris and its environs. Though often challenged and considerably weakened, the *Confrérie*'s official monopoly ended only with its abolishment by Louis XIV in 1676.

The text of the 1548 decree does not explicitly indicate the reason for the ban. Rather, suggestive wording is used to imply that the

Confrérie's performance practices had somehow changed or, more to the point, that the environment in which those performances occurred was no longer the same:

> [P]ar temps immemorial et par privileges a eulx octroyez et confirmez par les roys de France, il leur estoit loisible fere jouer et representer par personnaiges plusieurs beaulx misteres a l'edification et joye du commun populaire, sans offense generalle ne particuliere, dont ils avoient cy devant tousjours jouy, ils requeroient, d'autant plus puis trois ans la salle de lad. confrairie, appellee salle de la Passion, avoit esté par ordonnance de lad. court, prinse, occupee et employee en l'hebergement des pauvres, et que depuis lesd. suppliants auroient recouvert aultre salle pour y continuer, suivant lesd. privileges, la presentation desdicts misterres, du prouffit desquelz estoit entretenu le service divin en la chapelle de lad. confrairie, qu'il leur fut permis faire jouer en la dite salle nouvelle, tout ainsi qu'ils avoient de coustume faire en celle de la Passion.

While the text thus refers in a positive manner to the mystery plays performed by the *Confrérie* in the past and takes note of the use of the proceeds from the plays for defraying the expenses incurred by the religious services held in its chapel, the ban makes it clear that, at least in the opinion of the Court, they can no longer be performed "sans offense generalle ne particuliere":

> Et sur ce oÿ, le procureur general du roy, ce consentant, la cour a inhibé et defendu, inhibe et defend ausd. supplians de jouer le mistere de la Passion Nostre Sauveur ne autres misteres sacrez sur peine d'amende arbitraire, leur permectant neantmoins de pouvoir jouer autres misteres prophanes, honestes et licites, sans offenser ne injurier aulcune personne; et defend lad. court a tous aultres de jouer ou representer doresnavant, tant en la villle, faulxbourgs que banlieue de Paris, sinon soubs le nom de ladicte confrairie et au proufict d'icelle.[11]

To understand how the hapless *Confrères de la Passion* had run afoul of the king's justice, we must now turn to the earlier 1541 parliamentary case.

First of all, we see from the presentation of the parties in the case that it is not the result of civil action undertaken by a *particulier* but that it has been brought forward by the *Procureur-Général* in the name of the poor people of Paris. The economic rationale for this argument will be provided in the body of the petition, but it should be noted that the *Procureur-Général*, in addition to seeing that the king's law was respected and public order maintained, was also called upon to intervene in cases where minors or "faibles et misérables personnes" were concerned.[12] As for the four defendants, "maistres entrepreneurs" of the *Confrérie de la Passion*, it is certainly not without interest that two of them occupied positions in the royal judicial administration: François Hamelin was a notary in the Châtelet, and Jehan Louvet, a *sergent a verge*. This is, of course, the same Jehan Louvet known to us as the author of twelve mystery plays, composed and performed in Paris from 1536 to 1550—small-scale productions that were clearly not the target of the *requête* nor affected by the subsequent ban.[13] The *Procureur-Général* begins his case against the *Confrères* with reflections on the proper place of "jeulx publicques" in civil society. Citing the condemnations of theatrical performances quoted by the Roman historian Livy, the Roman grammarian Sextus Pompeius Festus, and the Italian humanist Blondus Flavius, he notes that, among the Romans, games or plays were not ordinary but rather extraordinary commemorative occasions—staged on the occasion of a victory, triumph, funeral, or other notable event. But, he goes on to say that, once the Romans saw that these "jeulx publicques" had become lascivious occasions, pernicious to the Republic, they became less popular.[14] He then cites a law from the Justinian code to the effect that the expenses for the staging of "jeulx publicques" were to be diverted to the cost of repairing and fortifying the city of Rome, that is, to an end which guaranteed the security and order of civil society. After evoking the uncompromising attitude of Roman lawmakers towards licentious public games, he lashes out at the "maistres de la Passion" for their recent production of the *Actes des Apostres*. This long paragraph contains the various arguments which will subsequently be elaborated upon, one by one, in the series of points, or *chefs d'accusation*, that follows.

The *Procureur-Général*'s chief points in this blistering attack are as follows: that the *Confrères* put on plays primarily in the interest of making money; that they are unlettered men of low social status; that their plays are corrupted by errors of execution, both in the *faintes* (stage business using mechanical devices or props) and in the acting itself; that they have diluted the biblical source text by adding apocryphal material and inserting "farces lascives" and "mocqueries," all as ways of making their plays longer; that they have caused the people to abandon both church services and sermons; and that even the priests of the Sainte-Chapelle—"de ce pallais," he notes—rush through their prayers so as to attend the plays. In support of this point, he cites one of the canons of the fourth-century Council of Carthage prohibiting the clergy from attending *spectacula* on pain of excommunication. Especially shocking to the *procureur* is the fact the plays have become the venue for all manner of sinful behavior and the object of scandal, derision, and mockery.[15] The latter term, or variants of it, occurs no fewer than four times in this passage, and it should come as no surprise that these were standard terms used in the prosecution of blasphemy and heresy.[16] Especially blasphemous is the audience's mocking of the failure of the Holy Spirit to descend, probably an allusion to a *fainte* that had misfired or, more slyly, to the muddled language of the *Confrères*, who had clearly not been touched by the gift of tongues.

In this passage, a remarkable amalgamation is effected through a series of slippages as the text moves from referent to referent. The ignorance of the *Confrères*—a socially inscribed ignorance that is horizontally linked, as it were, to their humble social station ("condition infime")—manifests itself in more than the textual corruption that characterizes their plays. Textual corruption is here presented in a relation of cause and effect, as contributing to the moral corruption of the *Confrères*' audience—an audience largely drawn, of course, from the same classes of society as the *Confrères* themselves.[17] Ignorance and moral corruption, in this perspective, threaten the society at large from the bottom up, and the inclusion of a *sergent a verge* (Jehan Louvet) and a notary from the Châtelet (François Hamelin) among the confraternity's governors, implies that the risk of moral corruption is so great that the integrity of the king's justice and the *Parlement* itself will be endangered if the *Parlement*'s agents are involved in the mystery plays. The movement of the argument thus neatly inscribes low social rank, manual labor ("artisans mecanicques"), ignorance, and vice in a fallen world whose corruption, unless rooted out by the *Parlement*, threatens to undermine society's moral and institutional foundations. The corollary to this point is that the message of salvation must be mediated by the clerical class, to whose members alone, "knowledgeable about such matters," can be entrusted the sources of sacred wisdom. The stakes involved in this polemic are extremely high since the outcome will determine, at least in principle, who will be allowed to propagate sacred texts and, hence, to control access to salvation itself.

After the various charges are passed in review, with the citing of further authorities (canon law, acts of church councils dating from the fourth to the fifteenth century, commentaries on ecclesiastical matters), the *Procureur-Général* returns to the specifics of the case at hand—that is, to the request that the *Confrères* be allowed to stage the *Viel Testament*. This is followed by the defense, the rebuttal, and the court's ruling, none of which was included in the Sainte-Beuve / Petit de Julleville transcription. We learn that the masters of the confraternity, when their initial request was blocked by the *Procureur-Général*, had produced a letter of permission, granted to them by the king, that they had first offered to the *Lieutenant criminel*, who had refused to receive it, and then, more appropriately, to the *Lieutenant civil*. It is not clear why the *maistres* would have first approached the *Lieutenant criminel* in what was clearly a civil affair, unless perhaps they thought they might receive a more sympathetic hearing from that officer.[18] In any event, the *Procureur-Général* rejects out of hand the claim that they wish to put on the *Viel Testament* "par zelle de devotion et l'eddification du peuple," returning to his first charge that it is rather "une negociation ou marchandise et pour le queste, gain et proffict qu'ilz en esperent." He forbids them to continue with their plan of staging the *Viel Testament* until such time as the king may allow and further demands that they pay 800 pounds from the profits they realized from the *Actes des Apostres* into the "boitte aux pauvres." This sum is to make up for the diminution by 3000 pounds in charity and alms which, he says, has resulted from the six-month-long staging of that play.

The advocate for the *Confrères*, Ryant, points out that he is not there to respond to charges against the *maistres* who had staged the *Actes des Apostres* but for the new masters who were now seeking permission to stage the *Viel Testament*. He refers to the king's pleasure two years before when he had attended a staging of the *Mystère de la Passion*, going on to invoke the king's alleged permission to proceed with the *Viel Testament* as well as the enormous sums that the *maistres* have already invested in the production, including payments to silk merchants for costumes. He notes that the *Confrères* have sent the text of the play to a theologian at the Sorbonne, a certain Piccart, so that inappropriate passages can be eliminated. Actors have been engaged, their roles prepared, and the production announced. Ryant allows that the "entrepreneurs" are not qualified to edify the people, but the staging of the *Viel Testament*, he argues, will allow the "rudes et non sçavans" a better understanding than they would have from simply hearing the Word. He denies the charges concerning "scandales" and "assemblees mauvaises" and even argues that alms are diminishing by the day for reasons that no one knows. Finally, after citing again the king's permission and its verification, the preparations already undertaken, and the great loss to the "pauvres gens"—for the court can order the *Confrères* to pay from their profits into the poor chest whatever sum it pleases—Ryant asks that the prohibition be lifted. Unfortunately for the *maistres*, the court found against them, ordered them to pay the 800 pounds to the poor that the *Procureur-Général* had demanded, ordered them to turn over their accounts to the court upon pain of arrest, and refused to lift the ban on the play until such time as it might please the king to order otherwise.[19]

A great number of points emerge from this petition, but here I will limit myself to the issue of heterodoxy, for, as I have already suggested, the condemnation of the sacred mystery plays must be read in the context of the religious quarrels of the time. One of the more dubious charges made by the *Procureur-Général* is that the common people, on seeing the portrayal of Jews on stage, might out of ignorance be converted to Judaism. What is most significant here is the linking of the performance of religious plays to the threat of religious heterodoxy. "Judaisme" functions here, to all intents and purposes, as a code word for reformist inclinations. As Raymond Lebègue remarked: "L'opinion, émise par le procureur général, que la représentation du *Viel Testament* allait convertir le peuple au judaïsme, ne me paraît ni fondée, ni sincère: comment la vue des Patriarches et des préfigurateurs du Christ aurait-elle induit les spectateurs à manger du pain azyme et à se faire circoncire?" And he continues: "Cette accusation n'est qu'un prétexte," going on to add that both Catholicism and Protestantism would use the mystery play as a means of propaganda but that this presented more dangers for the Catholic party than for the Protestant.[20] The immediate concern in the *arrêt* is clearly not mass conversions to Judaism but rather the undermining of the Christian cult, purportedly the direct result of the immense popularity of the plays. Ryant's remark to the effect that no one could say why attendance at mass and the giving of alms had diminished is suggestive. A number of other possible reasons come to mind: the quarrels over Eucharistic devotion that had divided the church for several decades, the attack on indulgences, and other inroads made by reform-minded Christians in the practice of piety. But it would surely not have served the *Confrères*' defense to evoke such factors in such a public—indeed, royal—context.

The full import of the ban of 1548 can thus only be appreciated if one places it in the context of the religious polemics of the time.

More specifically still, the censorship of the sacred mystery plays must be understood as participating in the much broader effort on the part of central authority in France to control the production and diffusion of sacred texts in an effort to counter the spread of reformist thinking. The connection between the banning of the sacred mystery plays in Paris and the religious troubles that beset France at this time has not, of course, been overlooked. Petit de Julleville, for example, in his discussion of the *Confrérie de la Passion*, speaks of the "intolérance littéraire des Protestants," without, however, offering any further development along these lines.[21] Nor has the question of censorship been neglected, but the discussion has tended to focus on the role of the ecclesiastical authorities, as opposed to that of the *Parlement*, which was in fact to be paramount.

In the sixteenth century, the censorship of religious texts, broadly defined, was in the first instance the preserve of the faculty of theology of the University of Paris, the Sorbonne, but the king and the *Parlement* of Paris were also intimately involved in matters of censorship from the 1520s on. The responsibility of the Sorbonne was to examine all works for religious heterodoxy, while the role of the *Parlement* was that of adjudication and enforcement.[22] The Sorbonne and the *Parlement* collaborated closely with each other in matters of censorship during the early years of François I's reign, when the king was frequently at odds with the Sorbonne owing to his sympathies and those of his sister, Marguerite de Navarre, for the evangelical movement.[23] Thus, in 1523, at the very time when the Sorbonne and the *Parlement* had condemned Luther's works, the king forbade those two bodies from taking any action against Erasmus and Lefèvre d'Etaples or their works.[24] This confusing situation came to an end with the "affaire des placards" of 1534. The king's initial reaction to the latter was the short-lived suppression of all printing in 1535. But in the years following this violent reaction and until his death in 1547, he rarely intervened directly in matters of censorship, leaving this to the Sorbonne and the *Parlement*.[25]

In the matter of heresy, according to the historian William Monter (1999), the prosecution and burning of "heretics" reached its zenith in these final years of François I's reign, and it was of course the *Parlement* that took the lead. Between the 1540 Edict of Fontainebleau, whose articles "constitute Francis I's most important legislation about heresy," and 1544, the number of heresy cases before the *Parlement* jumped on average from one to eight per month, and deaths by burning tripled.[26] The *Président* at the 1541 session, François de Saint-André, was, like the

Premier Président Pierre Lizet for whom he served as alternate, a leader of the conservative faction within the *Parlement*. In the actions of both Lizet and Saint-André, we see the same mix of formidable humanist erudition in the service of religious censorship and the repression of heterodoxy that we find in the 1541 case. Saint-André acquired the humanist Guillaume Budé's library,[27] and Lizet's personal library (inventoried after his death) had, according to Monter, comprehensive collections on both jurisprudence and theology, including Roman law, canon law, and patristics, although he owned no recent writings on theology or law, nor any collections of French royal edicts.[28] These are, of course, precisely the kinds of sources that were put to use in the 1541 petition.

Under François I's successor, Henri II, although prosecution of heresy let up at first, censorship continued unabated. The Sorbonne published six catalogues of prohibited books between 1544 and 1556, the last five of which appeared with the approval of the *Parlement* and the king.[29] Among the victims of the faculty's index were biblical translations, the publishing of which virtually ceased in Paris after 1543. A notable exception was Clement Marot's *Cinquante-deux Psaumes de David*, which continued to be published throughout this period, apparently because both François and Henri were partial to them in their own devotions.[30] In such a highly charged atmosphere, the banning of the sacred mystery plays seems inevitable, especially after the intensification of the censorship campaign under Henri II, for the plays also sought to bring the text and the spirit of the scriptures to the people in their own language, as the lawyer for the defense had explicitly stated in the 1541 case. We have noted Raymond Lebègue's skepticism regarding the effectiveness of the 1548 ban, but even he allows that it seems to have been respected in Paris and cites evidence indicating that, even before the ban, the campaign of censorship was having an effect on the publishing of mystery plays. For example, he notes that there was not a single printing of a mystery play in a fine, large format edition after 1541 and that, furthermore, no mystery play on any New Testament subject was published after 1542.[31]

It does not seem out of place, in light of the above, to adhere to the view that in the mid-sixteenth century the perception of the sacred mystery play became irrevocably altered, in both Catholic and Protestant circles, despite the abundant evidence that the plays continued to be performed in the provinces. It should also be noted that those sympathetic to the humanist or evangelical movements did not necessarily spurn the sacred mystery play. Marguerite de Navarre had a personal copy made of the *Actes des Apostres* and wrote plays on religious subjects that were very much inspired by the tradition of the *mystères*.[32] In 1543, less than two years after the disastrous judgment of 1541, Henri II attended a performance of *La Création de l'homme, la Conception et l'Annonciation de Marie* in Tours.[33] This was, however, apparently the last time a mystery play was performed before a French king. In addition to being ensnared in the religious controversies of the time, the mystery play had come increasingly to be regarded as a popular or low form of theater, as opposed to the new humanist theater that found favor among the elite, especially in Paris. If the 1548 ban did not kill the sacred mystery play, it certainly marks a passage in the history of French theater from which there was no turning back.

NOTES

[1] Lebègue, *La tragédie religieuse*, 60. Lebègue notes, however, that the decree seems to have been largely respected in Paris (61).

[2] Monter, *Judging the French Reformation*, 3. Monter remarks that even in the grave matter of heresy, "The numerous royal edicts [...] were rarely applied in uniform manner throughout the kingdom, and most of them proved completely ineffective" (5). On the complicated relationship between the *Parlement* of Paris and the provincial *Parlements*, see Shennan, *The Parlement of Paris*, 78, 82–84.

[3] Runnalls, "Confrérie de la Passion," 253. For a list of towns where mystery plays were performed after 1550, see Lebègue, *La tragédie religieuse*, 61–62.

[4] Shennan, *The Parlement of Paris*, 83.

[5] Chocheyras, *Le théâtre religieux en Savoie*; idem, *Le théâtre religieux en Dauphiné*. Other *Parlements*, however, enacted similar bans. On the banning of mystery plays by the Parlement de Bretagne in the 1570s, see Le Braz, *Le théâtre celtique*, 492–94. At Lille, in imperial Flanders, the plays also came under attack and were last performed in 1565. See Knight, "Faded Pageant," 3–14.

[6] The *Procureur-Général* in both cases was Noël Brulart (see Appendix, n. 3).

[7] Petit de Julleville, *Les Mystères*, Vol. 1, 423–24; Sainte-Beuve, *Tableau de la poésie française*, 246. Sainte-Beuve almost certainly borrowed his version from an earlier printed and incomplete source.

[8] Petit de Julleville, who doubtless never saw the original document, presents it in these terms: "[...] [les confrères] rencontrèrent dans le parlement de Paris une vive opposition; et eurent le chagrin de voir le procureur général lancer contre eux une requête foudroyante dont nous extrairons les passages les plus saillants" (Vol. 1, 423; emphasis mine).

[9] The best account of this group's history is contained in the 1939 École des Chartes thesis by Demartres, "Étude sur l'histoire." I would like to thank Mme

Demartres for allowing me to consult her unpublished thesis, a summary of which appears in *École Nationale des Chartes: Positions des thèses* 91 (1939), 43–52. On the early history of the Hôtel de Bourgogne, see also Deierkauf-Holsboer, *L'histoire de la mise en scène*, 11–20. For transcription and analysis of documents pertaining to the Confrérie de la Passion, including the letters patent, see Petit de Julleville, *Les Mystères*, Vol. 1, 417–18; and, more recently, Runnalls, "Confrérie de la Passion."

[10] As Bouhaïk-Gironès notes: "La confrérie a donc toujours eu un lieu fixe pour ses représentations. Il s'agit d'un théâtre permanent et fermé, cas de figure unique à Paris" (Bouhaïk-Gironès, *Les clercs de la Basoche*, 130).

[11] *Recueil des principaux titres concernant l'acquisition de [...] l'hostel de Bourgogne* (Paris, 1632), p. 33; and, more recently, Runnalls, "Confrérie de la Passion," 190–91.

[12] See Lot and Fawtier, *Histoire des institutions françaises*, Vol. 2, 367: "il a aussi le devoir d'intervenir dans les procès où sont intéressés des mineurs et de protéger les 'faibles et misérables personnes'." We have seen that the *Confrères* had been forced to abandon their hall in the Hôpital de la Trinité when the *Parlement* decided to use it for housing the poor children of Paris.

[13] Paris, Bibliothèque nationale de France, MS nouvelles acquisitions françaises 481.

[14] "Ils les laissairent" is the expression used in this passage, where there is perhaps a vague echo of Tertullian (d. ca. 220), the century Christian writer whose anti-theatrical diatribe, *De spectaculis*, though not cited by the *Procureur-Général*, was certainly well known.

[15] The *Confrérie*'s performances were in fact under police surveillance: "Deux ou trois sergents du Châtelet, nommés pour un an par le roi, étaient chargés de ce contrôle. Ils devaient, chacun à leur tour, assister à toutes les représentations, signaler les éventuels désordres et rendre compte au roi de l'effet produit par les spectacles sur le public" (Bouhaïk-Gironès, *Les clercs de la Basoche*, 137).

[16] See Monter's account of a 1528 trial at which Pierre Lizet, at that time a royal attorney, decried the "public mockery of the saints and even of the Eucharist" (62).

[17] According to Demartres, "La confrérie se compose d'environ 150 bourgeois parisiens, habitants du quartier Saint-Denis, d'instruction inégale, et de conditions très diverses" (Vol. 1, 9).

[18] The *Lieutenant criminel* could be called upon to intervene in cases involving the theater. Marie Bouhaïk-Gironès cites an unauthorized performance given at the Louvre by the law clerks of the Chatelêt in 1506 in which the *Parlement*'s *conseillers* were mocked. Not only did the *Lieutenant criminel* fail to prevent the performance, an act of negligence for which he had to appear before the *Parlement*, he had attended the performance and laughed (137–38). The *Lieutenant criminel* was also required to intervene in cases of *lèse-majesté* against the king or his family, as in Henri Baude affair of 1486 (143–49).

[19] The king did in fact intervene a few weeks later by renewing, on Dec. 18, 1541, the letters patent that Royer had sought to present to the *Lieutenants criminel* and *civil*. The *Parlement* was thus forced to reverse its ruling of December 1541 and allow the performance of the *Viel Testament*. But this authorization, dated January 27, 1542, imposes severe restrictions on the *Confrères*: they could perform only on Sundays and feast days (excepting high feasts) from one to five in the afternoon and could charge only two *sols tournois* per person and 30 *écus* per loge (Runnalls, "Confrérie de la Passion," 181–83).

[20] Lebègue, *La tragédie religieuse en France*, 57.

[21] Petit de Julleville, *Les Mystères*, Vol. 1, 430.

[22] Farge, "L'Université," 89.

[23] Farge, "Early Censorship."

[24] Farge, "Early Censorship," 174; "L'Université," 89–90. The Sorbonne would, however, take advantage of the captivity of François to censure the *Colloquia* of Erasmus in 1526 ("L'Université," 90).

[25] Farge, "Early Censorship," 174.

[26] Monter, *Judging the French Reformation*, 85–87.

[27] Roelker, *One King, One Faith*, 215. Roelker notes that Saint-André "had a reputation for intellectual cultivation."

[28] Monter, *Judging the French Reformation*, 57–58.

[29] Farge, "Early Censorship," 175.

[30] Aquilon, "Paris et la Bible française," 18.

[31] Lebègue, *La tragédie religieuse en France*, 60–61.

[32] Lebègue, *La tragédie religieuse en France*, 92, 98.

[33] Lebègue, *La tragédie religieuse en France*, 51 n. 1.

Appendix

THE FOLLOWING TRANSCRIPTION AND notes are the result of a collaborative project undertaken with the late Graham A. Runnalls of the University of Edinburgh. Professor Runnalls shared his transcription with me before the publication of his article, "La Confrérie". The notes here are my own with the exception of those attributed to Professor Runnalls, indicated by his initials, GAR. The numerous Latin abbreviations, often quite difficult to interpret, are given as in the original with expansions in brackets. I would like to thank Dr. Françoise Hildesheimer, *conservateur général du patrimoine aux Archives nationales*, for granting me access to the document; and to my colleague at Kansas State University, Dr. Albert Hamscher, an authority on the *Parlement de Paris*, for sharing with me his vast knowledge of that body and its archives.

Archives Nationales de France, X^{1A} 4914, ff. 80–82.

[fol. 80r] Jeudi viij^e Vendredi ixe Samedi x^e Dimenche xj^e Lundi xij^e

Es jours de decembre mil cinq cens quarente ung. Sainct André president.[1]

Hostiis clausis.

Entre le procureur general du Roy,[2] prenant le faict en main pour les pauvres de Paris, demandeur et requerant l'enterinemant d'une requeste par luy presentee a la court, d'une part; et maistre Françoys Hamelin, notaire ou Chastellet de Paris, Françoys Pouldrain,[3] Leonard Choblet et Jehan Louvet,[4] maistres antrepreneurs du jeu et mistere des Actes des Apostres naguieres executé en ceste ville de Paris, deffendeurs a l'enterinement de ladicte requeste, d'aultre.

Le maistre pour le procureur general du Roy dict que anciennement les Romains instituerent pleusieurs jeulx publicques, de la pluspart desquelz parle Tite-Live[5] et les recite tous Flavius, qui a escript De Roma triumphante.[6] Mais, quelzques jeux que ce feussent, ilz n'y en avoit auchuns qui feussent ordinaires; ains ne se faisoient sinon les occasions occurantes et pour quelque cause notable et insigne, comme pour quelque victoire ou triumphe, ou pour quelque pompe funebre, ou aultre notable cause. Vray est que Festus Pompeius[7] conte une maniere de jeulx qui se faisoient sans occasion et dicebantur ludi seculares, mais ilz ne se faisoient nisi centesimo quoque anno.[8] Et encores, aprés que les Romains feurent atte[n]duz de telz jeulx publicques et qu'ilz congnurent qu'il tournoient en lascivité et in pernicione de la Republicque, ilz les laissairent; et y eust loy expresse que les fraiz et impenses qui se faisoient es jeulx publicques seroient employees es reparations et fortifications de la ville de Rome; et encores est aujourdhuy ceste loy escripte in l[ibro] unico C[onstitutione] de expensis ludorum, lib[ro] xi°.[9]

Pour le faict dict que, puis troys ou quattre ans *[fol. 80v]* en ça, les maistres de la Passion ont entrepris de faire jouer et representer le Mistere de la Passion, qui a esté faict. Et par ce qu'il s'est trouvé qu'ilz y ont faict gros gain, sont venus aucuns particuliers, [[[10] gens non lettrés ny ente[n]dus en telz affaires, et gens de condition infime,[11] comme ung menuisier, ung sergent a verge, ung tappissier et aultres semblables, qui ont faict jouer les Actes des Apostres, en iceulx commis plusieurs faultes, tant es fainctes que au jeu. Et pour allonger le temps on[t] faict composer et dicter et adjouster plusieurs choses apocriphes, quoy que soit non contenues es Actes des Apostres; et faict durer troys et quattre journees ce qu'ilz devoient jouer en une journee, affin d'exiger plus d'argent du peuple, en entremettant en la fin ou au commancement du jeu farces lascives et de mocqueries; et ont faict durer leur jeu l'espace de six ou sept moys, dont sont advenus et adviennent cessations de service divin, refroidissement des charités et aulmousnes, adultaires et fornications infinies, scandales, derisions et mocqueries.]] Et pour les declairer par le menu, en premier lieu dict que, [[pendant lesdictz jeulx et tant qu'ilz ont duré, le commun peuple des huit et neuf heures du matin es jours de festes deloissoit sa messe parrochial, sermon et vespres pour aller esdictz jeulx garder sa place et y estre jusques a cinq heures du soir; ont cessé les predications, car n'eussent eu les predicateurs qui les eust escouttez. Et retournans desdictz jeulx se mocquoient haultement et publicquement par les rues desdictz jeulx et des joueurs, contrefaisant quelque langaige impropre qu'ilz avoient oyz esdictz jeux ou aultre chose malfaicte, cryans par derision que le Sainct Esperit n'avoit poinct voulu descendre et par aultres mocqueries. Et le plus souvent les presbtres des paroisses pour avoir leur passetemps d'aler esdictz jeulx ont delaissé dire vespres es faictes [= festes], ou les ont dictes tous soulz de l'heure du mydi, heure non acoustumee. Et mesmes les chantres ou chappellains de la Saincte Chappelle de ce paillais, tant que lesdictz jeulx ont duré, ont dict vespres les jours des festes a l'heure de midy, et encores les dissoient en poste et a la ligiere pour aller esdictz jeulx]], chose indecente, non accoustumee et de mauvais exemple et contre les sainctz consilles de l'eglise, mesmes contre le consile de Cartaige in c[apitulo] quid [?] De consecra[tione], distinctio I[a] ou est dict que: Qui die solenni, praetermisso ecclesie conventu, ad spectacula vadit, excommunicetur.[12]

Secundo: les predications sont plus decentes pour l'instruction du peuple, anctandu qu'elles se font par theologiens, gens doctes et de sçavoir, que ne sont les actes ou representations que appellent jeulx que font gens ignares et indoctes; et qu'ilz n'enctendent ce qu'ilz font, ne ce qu'ilz dient representer des Actes des Apostres, du Viel Testament et aultres semblables histoires qu'ilz s'efforcent representer.

Tertio: il est certain et indubitable par jugement naturel que fiction d'une chose n'est possible sans prealable intelligence de la verité. Car fiction n'est aultre chose qu'une aproche que l'on s'efforce faire au plus prest que l'on peult de la verité. Et [[tant les entrepreneurs que les joueurs sont gens ignares non lectrés qui ne sçaivent ny A ny B]], qui n'ont intelligence non seullement de la saincte escripture immo ny d'escriptures prophanes. Sont les joueurs [[artisans mecanicques]] comme cordonniers, savetiers, crocheteurs de greve de toux estatz et ars mechaniques, qui ne sçavent lyre ny escripre, et [[qui oncques ne furent instruictz ny exercitez en theatres et lieux publicques a faire telz actes. Et daventaige n'ont langue diserte, ny langaige propre, ny les accentz de pronunciation decentes, ny auchune intelligence de ce qu'ilz dient, tellement que le plus souvent advient que d'un mot ilz en font troys, font poinct ou pause au meilleur d'une proposition, sans ou oraison imparfaicte, font d'un interrogant ung admirantz, ou aultre geste, prolation ou accentz contraire a ce qu'ilz dient, dont souvent advient derision et clameur publicque dedans le theatre *[fol. 81r]* mesmes, tellement que, au lieu de tourner a edification, leur jeu tourne a scandale et derision.]]

Quarto: ilz meslent le plus souvent des farces et aultres jeux impudicques, lasciz ou derisoires qu'ilz jouent en la fin ou au commencement pour allicer le commun peuple a y retourner, qui ne demande que telles voluptés et folies, qui sont choses deffendues par tout [sic] les sainctz consiles de l'eglise de mesler farces et commedies derisoires avec les misteres ecclesiasticques, ainsy qu'il a esté traicté par tous les docteurs in c[apitulo] cum decorem de vita et honesta[te] cleric[orum], et per hoc in summo eodem titu[lo] d[istinctio] ex quib[us] usus [?]: Item: Ludi theatrales,[13] et par le consile de Basle au decret De spectacu[lis] in eccles[ia] non faciendis.[14]

Quinto: l'on congnoist oculairement que se qu'il en font est seullement pour le queste et pour le gain, comme ilz feroient d'une taverne ou negociation, et qu'ilz veullent devenir hystrions, joculateurs et battelleurs. Car, comme dict Pannor[mitanus] in c[apitulo] Cum decorem,[15] ung personnaige est reputé hystryon, battelleur et joculateur, quant par deux fois il retourne causa questus a faire jeux ou spectacles publicques; et ainsy en propres termes le declaire Pannor[mitanus] in e[odem] c[apitulo] Cum decorem divine domus. Or l'on veoit que ja par deux fois ilz y sont venuz pour le queste et prouffict seullement, et d'an en an ilz haulssent le pris. Car la premiere annee ilz faisoient payer vingt cinq escuz pour chacune loge. La seconde ilz en ont faict payer trente et trente six escus et maintenant ilz les mecttent a quarente et cinquante escus sol[eil]. Ainsy l'on congnoist occulairement qu'il n'y a que le queste et prouffict particulier qui les meine, et ne sont que inventions pour tirer subtillement argent du peuple.

Sexto: il advient mille inconveniens et maulx, car soubz couleur de ses jeulx se font plusieurs parties et assignations, infinies fornications, adultaires, macquerellaiges, et pour ceste cause est ea[dem] rubrica seu titu[lus] in libro XI° [undecimo] C[odicis] De Spectaculis et senicis et lenonibus.[16] Se font esdictz jeux commessations et despens extrordinaires par le commun peuple, tellement que ce que ung pauvre artisan aura gaigner [sic] toute la sepmaine il le y va despendre en ung jour esdictz jeux, tant pour payer a l'entree que en commessation et yvrongnise; et fauldra que sa femme et enffans en endurent toute la sepmaine.

Octavo [sic]: l'on a congnu par experience que lesdictz jeux ont grandement diminué les charités et aulmousnes, tellement que en six moys que ont duré lesdictz jeux les aulmosnes ont diminué de la somme de troys mille livres, et en appert promptement par certification signee des commissaires sur le faict des pauvres.

Ce neantmoins, ung nommé Le Royer[17] et [sic] vendeur de poisson, ung tappicier, ung menuysier et quelques aultres leurs compaignons ont de nouvel entreprins faire encores jouer l'annee prochaine le Viel Testament, et veulent faire desormais ung ordinaire desdictz jeulx pour exiger argent du peuple; dont adverty le procureur general du Roy a presenté requeste pour leur faire inhibitions et defences de non passer oultre a leur entreprinse. Ilz luy ont apporté unes lettres de congié qu'ilz dient avoir obtenu du Roy, qu'ilz ont presentees avec unne requeste au lieutenant criminel, qui ne leur a voulu respondre; au moyen de quoy ilz se sont retirez au lieutenant civil, qui leur a respondu leur requeste. Et pour ce que par lesdictz lettres ilz ont donné a entendre au Roy qu'il le font par zelle de devotion et pour l'ediffication du peuple, qui est chose non veritable, et y repugne leur qualité et encores plus leurs facultez; mays le font seullement pour unne negociation ou marchandise et pour le queste, gain et profflct qu'ilz en esperent, et aultrement ne le feroint. [[Daventaige y a plusieurs choses au Viel Testament qui n'est expedient declairer au peuple comme gens ignares et imbecilles, qui pourroient prandre occasion de judaisme a faulte d'intelligence.]] Pour ces causes et aultres considerations qui seroint de long recit, conclud a l'enterinement de sa requeste, et en ce faisant *[fol. 81v]* que deffenses leur soient faictes de non passer oultre a leur entreprinse desdictz jeulx du Viel Testament jusques au bon plaisir, vouloir et intention du Roy, les choses susdictes par luy entendues.

Aussy ledict procureur general presente autre requeste a ce que, pour les causes susdictes, les auteurs entrepreneurs soient tenuz mectre et delivrer de leur gain et deniers proceddans desdictz jeulx des Actes des Apostres la somme de huyt cent livres parisis en la boitte aux pauvres par provision, et, sauf aprés avoir veu par la court l'estat de leurs fraictz et de leur gain, en ordonner plus grande somme, sy faire ce doibt, ainsy qu'il fust en pareil cas ordonné contre les maistres de la Passion. Et requiert que a ce faire ilz soient contrainctz chacun d'eux seul et pour le tout par vente et exploictation de leurs biens et mesmes par emprisonnement de leurs personnes. Et conclud.

Ryant[18] dict qu'il n'a charge de defendre a la requeste du procureur general du Roy pour le regard des maistres entrepreneurs du Mystere des Actes de[s] Apostres, mais seullement a charge, pour les nouveaulx maistres entrepreneurs du Mystere de l'Ancien Testament, remonstrer a la court les causes qui les ont meus entreprandre faire executer ledict Mistere de l'Ancien Testament, c'est que le Roy ayant veu jouer quelque foys le Mystere de la Passion y a deux ans, et pour le rapport qui luy a esté faict de l'execution du Mistere des Actes des Apostres; et adverty qu'il fairoit bon veoir la representation de l'Ancien Testament, ung nommé Le Royer s'estoit retiré vers luy et luy avoit donné a entendre que soubz son bon plaisir il entreprendroit voulontiers faire representer cest Ancien

Testament par mystere; a quoy vouluntiers le Roy avoit incliné, tellement qu'il avoit permis audict Le Royer faire representer ledict Ancien Testament par mistere. Et a ceste fin luy avoit faict expedier ses lettres patentes adressantes au prevost de Paris, juge ordinaire. Le Royer, ayant lesdictz lettres, en demande en Chastellet la verification, appellez les gens du Roy de leur consentement; ledict prevost de Paris ou son lieutenant en ensaisinent lesdictz lettres permect audict Le Royer qu'il commence a faire fere quelques preparatifz pour l'execution. Et congnoissant que luy seul il ne pourroit subvenir aux fraiz necessaires pour la grandeur de l'acte et magnificence qu'il ly failloit garder associé avec luy quattre ou cinq honnestes marchans de ceste ville, et pour tant [?] que toux estoient ignorans des fraiz que l'on pourroit faire, prennent avec eulx ung des maistres antrepreneurs des Actes des Apostres pour les instruire de ce qu'il leur conviendroit faire, et eulx, se panssans assurés au moyen de la permission du Roy et de la verification du consentement des gens du Roy faicte, marchandent aux marchans de draps de soye et aultres pour les fournir des estophes qu'il leur failloit, et ont advencé grande somme de deniers, aux ungs deux mille livres, aux aultres sept cens, tellement qu'il y a obligation sur eulx de plus de sept mil livres; ont faict dresser le livre de l'Ancien Testament en rithme, icelluy communicqué au theologien Piccard[19] pour oster ce qu'il verroit n'estre a dire; ont choisy gens expers et entenduz pour executer le mystere, et sont quasi tous les rolles faictz et ja partout publié que l'on doibt jouer. Neantmoins, le procureur general du Roy, par une requeste baillee a la court, les avoit faict inhiber de passer oultre, dict qu'ilz ne veullent estre desobeissans a la cour; mais, enctendu les lettres patentes du Roy, la verification du consentement des gens du Roy, la court soubz correction doibt lever les defenses joinctz qu'il n'est question de ludis pertinentib[us] tantum ad ornatum urbis vel leticiam populi, qui encores ne seroient prohibés [fol. 82r] mais de l'edification du peuple en nostre foy. Il est vray que les entrepreneurs ne sont gens pour faire l'edification, mais par l'hystoire joue[e] sera representé l'Ancien Testament; et le pourront les rudes et non sçavans mieulx comprandre a le veoir a l'oiel que par la seulle parolle qui en pourroit estre faicte. Et de dire qu'il y a des scandales et des assemblees mauvaises et que les aulmosnes des pauvres en pourront estre refroidiz, cella n'est considerable; car ne s'est poinct trouvé qu'il y ayt eu des scandales ny mauvaises assemblees aux Mistaires de la Passion et Actes des Apostres. Et, quant aux aulmosnes, elles se refroidissent tous les jours pour aulcunes causes que chacun ne sçayt pas. A ceste cause, supplie la court, veu la permission du Roy, la veriffication d'icelle et consideré les preparatifz que les entrepreneurs ont faictz et que Res non est amplius integra,[20] il plaise a la court lever lesdictes defenses, aultrement pardroient les pauvres gens beaucoup. Et neantmoins ussent du gain qu'il pourront faire, la court en ordonne telle somme qu'elle verra pour les pauvres.

Le maistre dict qu'il n'y a poinct de permission du prevost de Paris; ains au contrere ledict prevost a ordonné qu'aucuns seroient appellez pour oyr, aprés ordinaire ordonné ce que de raison. A dict Ryant que si, et a leu la requeste presentee audict prevost, respondue et signee de mesmes.

A dit le maistre qu'il y avoit obreption, car premierement s'estoient adressez au lieutenant criminel, qui les avoit refusez. Et pour ce requiert les defenses tenir jusques a ce que le procureur general aura adverty le Roy et que sur ce il aura entendu son intention et vouloir.

Interpellé Ryant s'il vouloit riens dire pour les maistres des Actes des Apostres, a dict qu'il y en a ung ou deux presens, qui luy font dire qu'ilz sont prestz rendre compte.

La court dict que, en ayant esgard a la requeste faicte par ledict procureur general du Roy, elle a ordonné et ordonne que les anciens maistres bailleront la somme de huict cent livres parisis par provision pour [estre] employee a l'alimentation et nourritures

des pauvres de ceste ville de Paris. Et semblablement mectront par devers ladicte court leur estat et compte pour icelluy veu leur estre pourveu, ainsy qu'il apperttiendra par raison. Et a ce faire ilz seront contrainctz par prinse de corps, ung seul pour le tout. Et quant a la seconde requeste dudict procureur general, tandant a ce que defenses fussent faictes aux nouveaulx maistres entrepreneurs du Mystere de l'Ancien Testament, ladicte court a faict et faict inhibitions et defenses ausdictz nouveaulx maistres de proceder a l'execution de leur entreprinse jusques a ce qu'elle ayt sur ce le bon plaisir et vouloir du Roy pour icelluy, ou leur faire telle permission qu'il plaisra audict seigneur ordonner.

Apres lequel arrest prononcé, a requis Ryant delay estre donné ausdicts maistres anciens pour bailler ladicte somme de viii c livres, car ilz n'avoient presentem pecuniam.

A dict Brulart, procureur general, qu'il leur accordoit quinzaine.

Ladicte court a ordonné que lesdictz anciens maistres payeront la moictyé de ladicte somme dedans quinzaine et l'autre moictié dedans le quinzaine ensuivant.

APPENDIX NOTES

[1] François de Saint-André (d. 1571), *conseiller* in 1515, elevated by François I to the position of *Président Clerc des Enquêtes* in 1535, *second Président* in 1548 under Henri II (Edouard Maugis, *Histoire du Parlement de Paris*, 1:171; 3:189, 216, 355).

[2] Noël Brulart, named at the end of the document, had assumed his position under François I, on May 29, 1540, and remained in office under Henri II until his death on September 23, 1557 (Maugis, *Histoire du Parlement de Paris*, 2:328).

[3] A François Poultrain [sic] is named as co-owner of a rente in the *Confrérie*'s home, the Hôtel de Bourgogne, in the sum of 12 livres, 13 sols, 4 deniers, in a document dated March 11, 1553 (Archives Nationales, Minutier central, fonds X, registre 22, acte CXIX, mention; cited in Alice Demartres, "Étude sur l'histoire et l'organisation de la Confrérie," 1:147).

[4] Author of twelve unedited sacred mystery plays (BnF, n.a.f., 481).

[5] Perhaps a reference to Livy, *Ab urbe condita* 1:35: "Sollemnes deinde annui mansere ludi, Romani magnique varie appellati."

[6] Biondo Flavio (1388? –1463), Italian historian and archeologist. On *De Roma triumphante libri decem*, see Nogara, 149–157. According to Nogara (242), the work was written between 1457 and 1459.

[7] Festi, *De verborum significatu*, 420 (440): "<sae>culares appella<ti quod centum annorum 213 spatium> saeculi habetur. (Paul.) Saeculares ludi apud Romanos post centum annos fiebant, quia saeculum centum annos extendi existimabant." See also 440–41. From the work by the late second-century grammarian Sextus Pompeius Festus, an abridgment of the lost treatise by M. Verrius Flaccus, *De verborum significatu*, only the second part survives in a mutilated state, along with the epitome by Paulus Diaconus of the complete abridgement.

[8] Flavius, *De Roma triumphante*, 48: "Seculares ludi: Ludi etiam fuerunt seculares quos Festus dicit centesimo quoque anno fieri solitos" [GAR].

[9] Domini Nostri Sacratissimi Principis Iustiniani Codex Undecimus, CJ.11. 42.0. "De expensis publicorum ludorum": CJ.11.42.1pr.: "Imperatores Diocletianus, Maximianus. Cum praesidem provinciae impensas, quae in certaminis editione erogabantur, ad refectionem murorum transtulisse dicas, et quod salubriter derivatum est non revocabitur et sollemne certaminis spectaculum post restitutam murorum fabricam iuxta veteris consuetudinis legem celebrabitur" [http://www.thelatinlibrary.com/justinian/codex11.shtml]. (Accessed March 29, 2015)

[10] The passages between boldface double brackets are those first published by Sainte-Beuve, *Tableau de la poésie française au XVIe siècle* (Paris, 1828) 1:246, and subsequently reprinted by Petit de Julleville, *Les Mystères*, 1:423–24. In these works, the passages are not cited in the order in which they appear in the

original, and there are further inaccuracies (phrases dropped or reworded) which are not noted here.

[11] "Infime" and not "infame," as in Sainte-Beuve and Petit de Julleville.

[12] *Corpus juris canonici*, ed. E. Friedberg (Leipzig: Tauchnitz, 1879), vol. 1, *Decretum Magistri Gratiani, Tertia Pars: De consecratione*, Dist. I, c. lxvi (col. 1312): "Excommunicetur qui praetermisso ecclesiae conventu ad spectacula vadit. Item de Concilio Carthaginensi IV: Qui die solempni pretermisso a ecclesiae conventu ad spectacula vadit excommunicetur." For the condemnation at the Fourth Council of Carthage (398), see also Mansi, *Sacrorum Conciliorum*, Vol. 3, Col. 958, Cap. LXXXVIII: "Qui die solenni, praetermisso ecclesia conventu, ad spectacula vadit, excommunicetur."

[13] *Corpus juris canonici*, vol. 2, *Decretales Gregorii IX*, Liber III, Titulus I, *De Vita et honestate clericorum*, col. 452, cap. xii [n. 1]: "Ludi theatrales etiam praetextu consuetudinis in ecclesiis vel per clericos fieri non debent," and [n. 2]: "Quum decorem domus dei. Interdum ludi fiunt in eisdem ecclesiis theatrales, et non solum ad ludibriorum spectacula introducuntur in eis monstra larvarum, verum etiam in aliquibus anni festivitatibus, quae continue natalem Christi sequuntur, diaconi, presbyteri ac subdiaconi vicissim insaniae suae ludibria exercere praesumunt, per gesticulationum suarum debacchationes obscoenas in conspectu populi decus faciunt clericale vilescere, quem potius illo tempore verbi Dei deberent praedicatione mulcere. Quia igitur ex officio nobis iniuncto zelus domus Dei nos comedit, et opprobria exprobrantium ei super nos cadere dignoscuntur, Fraternitati vestrae per apostolica scripta mandamus, quatenus, ne per huiusmodi turpitudinem ecclesae inquinetur honestas, eos, etc., praelibatum vero ludibriorum consuetudinem vel potius corruptelam curetis a vestris ecclesiis taliter exstirpare, quod vos divini cultus et sacri comprobetis ordinis zelatores. [Dat. Rom. ap. S. Petr. VI. Id. Ian. Ao. IX. 1207.]"

[14] Mansi, vol. 29, *Concile de Bâle (Session XX, 1435)*, col. 108, cap. XI, "De spectaculis in ecclesia non faciendi." "Turpem etiam illum abusum in quibusdam frequentatum Ecclesiis, quo certis anni celebritatibus nunnullis com mitra, baculo, ac vestibus pontificalibus more Episcoporum benedicunt, alii ut reges ac duces induti, quod festum fatuorum vel innocentum, seu puerorum, in quibusdam regionibus nuncupatur, alii larvales & theatrales jocos, alii choreas & tripudia marium ac mulierum facientes homines ad spectacula & cachinnationes movent, alii comessationes & convivia ibidem praeparant: haec sancta Synodus detestans, statuit & jubet tam ordinariis, quam Ecclesiarum decanis & rectoribus, sub poena suspensionis omnium proventuum Ecclesiasticorum trium mensium spatio, ne haec aut similia ludibria, neque etiam mercantias seu negotiationes nundinarum in Ecclesia, quae domus orationis esse debet, ac etiam coemeterio exerceri amplius permittant, transgressoresque per censuram Ecclesiasticam, aliaque juris remedia punire non negligant. Omnes autem consuetudines, statuta ac privilegia quae his non concordant circa haec decretis, nisi forte majores adjicerent poenas, irritas esse haec sancta Synodes decernit."

[15] The abbreviation "Pannor" refers to Niccolò Tedeschi (1386–1445), archbishop of Panormitano, author of commentaries on the *Decretales* of Gregory IX and on the Council of Bâle. Graham A. Runnalls has identified the work quoted here as a commentary on the previously cited canon from the Council of Bâle: *Lectura super quinque libros decretalium* (Venice, 1477), Bibliohèque Nationale de France, Rés. E 916, vol. III, fol. a vii, col. 4: Cum decorem. "Ludi theatrales etiam praetextu consuetudinis in ecclesiis vel per clericos fieri non debent. [...] Idem dicit si in publico semel vel pluries hoc fecerit: dummodo non assuefecerit se: quod infamia ex illa quod prohibet eos a promotione. Hoc ultimum dictum non puto simpliciter verum. Unde credo quod si saltem bis in publico exercuerit illam artem causa questus efficitur infamis [...] ut dicantur histriones et buffones, si causa questus bis exercuerint illam artem [...] ."

[16] Domini Nostri Sacratissimi Principis Iustiniani Codex Undecimus, CJ.11.41.0.: "De spectaculis et scaenicis et lenonibus." CJ.11.41.1: "Imperatores Valens, Gratianus, Valentinianus: Non invidemus, sed potius cohortamur amplectenda felicis populi studia, gymnici ut agonis spectaculare formentur. verumtamen cum primates viri populi studiis ac voluptatibus grati esse cupiant, promptius permittimus, ut integra sit voluptas, quae volentium celebretur impensis." [http://www.thelatinlibrary.com/Justinian/codex11.shtml]. (Accessed March 29, 2015.)

[17] Charles Le Royer was named as an "ancien maistre de la Confrarie" in 1548 at the time of the acquisition of the Hôtel de Bourgogne [GAR].

[18] A Denis Riant or Ryantz was a royal attorney in the *Parlement* before becoming *huitième président* in 1556 (Maugis, 3:190).

[19] A Pierre Picart was, in 1541, regent of the Faculté en Théologie, *boursier* at the Sorbonne and *curé* of S. Remy-en-l'Eau (E. Coyecque, *Recueil d'Actes Notariés relatifs à l'histoire de Paris et de ses environs au XVIe siècle*, Histoire générale de Paris et de ses environs [Paris: Imprimerie Nationale, 1905], vol. 1:853).

[20] "C'est un élément nouveau, qui n'a pas encore fait l'objet d'une décision juridique. L'avocat Riant soutient que les arguments de son adversaire ne présentent rien de neuf et doivent être refusés par le Parlement" [GAR].

Select Bibliography

Aquilon, Pierre. "Paris et la Bible française, 1516–1586." In *Censures: De la Bible aux "Larmes d'Eros"; Conception et réalisation Martine Poulain et Françoise Serre*. Paris: Bibliothèque Publique d'Information, Centre Georges Pompidou, 1987.

Bouhaïk-Gironès, Marie. *Les clercs de la Basoche et le théâtre comique (Paris, 1420–1550)*. Paris: Champion, 2007.

Chocheyras, Jacques. *Le théâtre religieux en Dauphiné du Moyen Âge au XVIIIe siècle*. Geneva: Droz, 1975.

Chocheyras, Jacques. *Le théâtre religieux en Savoie au XVIe siècle*. Geneva: Droz, 1971.

Coyecque, E. *Recueil d'Actes Notariés relatifs à l'histoire de Paris et de ses environs au XVIe siècle*. Paris: Imprimerie Nationale, 1905.

Deierkauf-Holsboer, S. Wilma. *L'histoire de la mise en scène dans le théâtre français à Paris de 1600 à 1673*. Paris: Nizet, 1960.

Demartres, Alice. "Étude sur l'histoire et l'organisation de la confrérie parisienne de la Passion, 1402–1677." 2 Vols. Unpublished PhD thesis, École Nationale des Chartes, 1939.

Demartres, Alice. Summary of "Étude sur l'histoire et l'organisation de la confrérie parisienne de la Passion, 1402–1677." *École Nationale des Chartes: Positions des thèses* 91 (1939): 43–52

Farge, James K. "Early Censorship in Paris: A New Look at the Roles of the Parlement of Paris and of King Francis I." *Renaissance and Reformation* 13, no. 2 (1989): 174–75.

Farge, James K. "L'Université et le Parlement: La censure à Paris au XVIe siècle." In *Censures: de la Bible aux "Larmes d'Eros,"* edited by Martine Poulain and Françoise Serre, 88–95. Paris: Bibliothèque Publique d'Information, Centre Georges Pompidou, 1987.

Festi, Sexti Pompei. *De verborum significatu*, edited by W. M. Lindsay. Paris: Les Belles Lettres, 1930.

Flavius, Blondus. *De Roma triumphante libri decem*. Bâle, 1531.

Friedberg, E., ed. *Corpus juris canonici*. Leipzig: Tauchnitz, 1879.

Knight, Alan E. "Faded Pageant: The End of the Mystery Plays at Lille." *Journal of the Midwest Modern Language Association* 29 (1996): 3–14.

Lebègue, Raymond. *La tragédie religieuse en France: Les débuts (1514–1573)*. Paris: Champion, 1929.

Le Braz, Anatole. *Le théâtre celtique, 1905*. Geneva-Paris: Slatkine, 1981.

Livi, Titi. *Ab urbe condita*. 4 vols. Oxford: Clarendon, 1960–61.

Lot, Ferdinand and Robert Fawtier. *Histoire des institutions françaises au Moyen Âge*. 3 vols. Paris: Presses Universitaires de France, 1958.

Mansi, G. D. *Sacrorum Conciliorum*. Paris and Arnhem: 1901–1927.

Maugis, Edouard. *Histoire du Parlement de Paris*, 3 Vols. Geneva: Slatkine, 1977.
Monter, William. *Judging the French Reformation: Heresy Trials by Sixteenth-Century Parlements*. Cambridge, MA: Harvard University Press, 1999.
Nogara, Bartolomeo. *Scritti inediti e rari di Biondo Flavio*. Rome: Vatican, 1927; rev. ed. 1973.
Petit de Julleville, Louis. *Les Mystères*. 2 Vols. Paris: 1880.
Roelker, Nancy Lyman, *One King, One Faith: The Parlement of Paris and the Religious Reformations of the Sixteenth Century*. Berkeley: University of California Press, 1996.
Runnalls, Graham A. "Confrérie de la Passion." *Medieval France: An Encyclopedia*. New York: Garland, 1995.
Runnalls, Graham A. "La Confrérie de la Passion et les mystères: Recueil de documents relatifs à l'histoire de la confrérie de la Passion depuis la fin du XIVe jusqu'au milieu du XVIe siècle." *Romania* 122 (2004): 135–201.
Sainte-Beuve, C.-A. *Tableau de la poésie française au XVIe siècle*. Paris, 1828.
Shennan, J. H. *The Parlement of Paris*, 2nd ed. Thrupp, Stroud, Gloucestershire: Sutton, 1998.

Robert L. A. Clark (Kansas State University) is a Professor of French whose research addresses medieval conduct literature, visual culture, medieval sexuality, performance and medieval theater.

Résumé Le contexte de l'interdiction des mystères par le Parlement de Paris est examiné de nouveau à la lumière d'une nouvelle transcription complète d'un décret promulgué par cette institution en 1541. Cet arrêt, émis dans un procès porté contre la Confrérie de la Passion par le Procureur-Général du roi, met en relief diverses questions concernant la performance de la pièce sacrée. Principales entre elles sont l'emploi approprié des textes sacrés et les défis hétérodoxes de l'autorité et des pratiques de l'Église catholique. L'interdiction de 1548 n'a pas mis fin aux mises en scène des mystères en France, mais l'arrêt de 1541 révèle qu'elles avaient été définitivement compromises par les troubles religieux de l'époque et entrèrent ainsi dans une période de déclin abrupt.

The Construction of Electoral Saxon Identity in the Court Festivities of 1548

Mara R. Wade

DURING THE EARLY MODERN period the Saxon Electoral Court at Dresden was renowned for its splendid court festivities that flourished from the reign of Elector August (1526–1586) to that of Elector Friedrich August I (1670–1733), known as August the Strong, who also reigned as King August I of Poland (1697–1706 and 1709–1733).[1] The initial blossoming of Dresden court culture around 1550 coincides with the concerted effort on the part of the court to preserve the artifacts of its court festivals, culminating in the establishment of a special administrative office at court, the *Oberhofmarschallamt,* one of whose duties was to record all spectacles and preserve all documents pertaining to festivals.[2] As early as the seventeenth century a registry of the contents of the *Oberhofmarshallamt* was kept, attesting to the significance of these artifacts of court festivals to the ruling house and their extremely important role in shaping the dynastic identity. The diligence with which the Saxon Electors recorded, documented, archived, and, in some cases, published their festival culture demonstrates a clear effort to create and disseminate their political and religious identity not only to other German-speaking lands, but also to all of Europe.[3]

Saxony was the cradle of the Reformation and the Ernestine line of the Saxon Electors harbored Martin Luther when he was in hiding at the Wartburg. When the Albertine line of Saxony succeeded to the Electorship, they took decisive measures to define their new political and religious identity vis-à-vis the ousted Ernestine line. Moreover, the Albertines were keen to confirm their new rank of the Electorate both within the Holy Roman Empire and beyond. Thus, from the outset the Albertine line of Electoral Saxony vigorously pursued the presentation of themselves as belonging to the highest-ranking princes of the empire and, in contrast to the empire they served, as staunchly Lutheran. Their brilliant festival culture, initiated concurrently with their elevation in rank, was assiduously documented, resulting today in one of the best preserved collections of documents recording Early Modern court festivals in all of Europe. Today several institutions in Dresden preserve considerable holdings of pictorial and textual materials that were once part of the *Oberhofmarschallamt*, documenting a continuous tradition of splendid spectacles from around 1550 until the late eighteenth century.[4]

By focusing on the wedding of the Elector August to the Danish Princess Anna (1532–1585) at Torgau in 1548, it is possible to examine the time around 1550 when the court first perceived the compelling need to document itself in both texts and images, to establish an archive and a library attesting to its own burgeoning festival traditions and their artifacts, and to preserve these documents and objects as references for future spectacles.[5] Examining a key festival from the inception of the collections of the *Oberhofmarschallamt*, its functions, and its goals demonstrates the role of the court in constructing the Electoral, and later royal, identity. The Albertine Electors were adept at the art of shaping the image of the ruler in German-speaking lands.[6]

The wedding of August and Anna in 1548 initiated a series of Danish-Saxon dynastic alliances that continued for over 150 years and included Danish-Saxon weddings in 1602, 1634, and 1666.[7] This magnificent series of festivals culminated in the state visit of King Frederik IV of Denmark to Dresden in 1709. At the time of the betrothal and wedding in 1548, however, August was not yet Elector, and his marriage negotiations were carefully orchestrated by the recently created Elector, his elder brother Moritz (1521–1553). The 1548 wedding was a momentous occasion in several respects. The choice of bride, location, and officiating cleric all sent clear signals concerning their new identity as Protestant Electors.

The negotiations for August's wedding presented a critical opportunity to forge both a Lutheran and an Electoral identity. While there had been Danish-Saxon marriages before 1548,[8] the wedding of August and Anna was the first dynastic alliance between the two houses since the Reformation, uniting the two most staunchly Lutheran rulers in continental Europe. Their wedding was also the first major dynastic event involving Denmark and Saxony since Moritz had been elevated to the rank of Elector in 1547, and thus was Denmark's first dynastic alliance with the Albertine line of Electoral Saxony.

Moritz, who had one living daughter but no surviving sons with his wife Agnes of Hessen (1527–1555), orchestrated his brother August's wedding with great care.[9] August reported his betrothal on 7 March 1548 in Kolding, Denmark, to his brother Moritz, asking him to set a location for the event. He also included a document concerning the terms of the marriage in his letter.[10] Moritz set the wedding for October 7, 1548, in Torgau.[11] The choice of location was highly political, as Torgau and the surrounding territory was part of the land recently acquired along with Moritz's rank of Elector.[12] Moreover, Torgau had been the favorite residence of the recently ousted Ernestine Duke Johann Friedrich. By situating this Lutheran marriage ceremony and the concomitant wedding festivities in the former Ernestine lands, Moritz was sending a strong message to both the defeated Ernestine line of Saxony and the rest of the empire. These acts were all intended to emphasize the new Protestant and Electoral identities of Moritz and his family.

In his letter to King Christian III of Denmark concerning August and Anna's wedding, Moritz promised "eyne erliche vnd solche Haimfort machen wollen, dergleichen ein Fürst von Sachssen nemlichen nicht sol gehabt haben" (to hold such a wedding, the likes of which a Saxon prince has never yet had).[13] Moritz seems to have been true to his word, for the celebrations were more splendid than any other Saxon festivity up to that time, including those marking his own elevation in rank. He, his wife, and the entire court went to Torgau on September 28, 1548. Among the high-ranking guests in attendance were the Queen of Denmark, Dorothea (1511–1571); Duke Hans of Holstein (1521–1580), half-brother to the Danish king Christian III (1503–1559); Joachim II, Elector of Brandenburg (1505–1571); and the sister of the King of Denmark.[14] The guests in attendance comprised representatives of all the leading Protestant ruling houses in German-speaking lands and Denmark. Thus, the event had a strong international as well as domestic political character, and the high status of the assembled guests underscored the Saxons's own elevation in rank. The assembly of prominent guests emphasized the new distinction of the Albertine line as both Electors and Protestants.

The spectacles at the castle of Hartenfels at Torgau lasted a week and included, in addition to the wedding in the castle chapel, the entry of the bride, various kinds of tournaments held every day, banquets, dancing by torch light, a scrimmage on horseback, mumming, hunts, and the mock siege of a castle, and was concluded by fireworks on the Elbe.[15] Preserved manuscripts offer great detail about the planning and execution of the event, confirming that it was truly a splendid occasion. While few details concerning the themes of the mumming and the costumes for the pageants are available today, the sources do indicate that the entertainments included an aesthetic, theatrical dimension. It is noteworthy that tournaments were held each day of the week-long wedding festivities.[16]

The bride entered her new lands on Sunday, October 7, 1548. Her entourage included her mother, Queen Dorothea of Denmark; Princess Anna herself; the Duchess of Mecklenburg; Duke Franz of Sachsen-Lauenburg (1570–1581); two young Duchesses of Sachsen-Lauenburg; the king of Denmark's half-brother Duke Hans of Holstein; and Duke Hans of Mecklenburg (Johann Albrecht, 1525–1576). The entire group included 1,000 horses. Particularly impressive were the six gilded wagons of the bride, which together with the queen's coach, were of special Danish production and much desired in court circles. The entourage meeting the bride was equally illustrious and mustered over 2,000 horses. In addition to the Elector Moritz and his brother, the groom August, were Elector Joachim II of Brandenburg, his son Markgrave Hans Georg (later Elector Johann Georg, 1525–1598) of Brandenburg, the ambassadors of Archduke (later Emperor) Ferdinand of Austria (1503–1564), Markgrave Hans of Küstrin (Johann, 1513–1571), the ambassadors of the Duke of Prussia, Duke Heinrich of Braunschweig (1498–1568) with his sons, Dukes Ernst, Wilhelm and Philip of Braunschweig, Markgrave Albrecht of Franken,[17] the Landgrave of Leuchtenburg,[18] and Duke Franz of Lüneburg (1508–1549). The two embassies met in an open field outside Torgau and then entered the city, riding through the town to the castle.[19] The spectacle of the royal entourage with over 3,000 horses entering Torgau, the splendid Danish coaches, and the numerous foreign guests progressing to the martial music of trumpeters and kettle drummers must have been impressive. Moreover, the assembling of representatives of all of Lutheran Europe in Torgau, which only recently had belonged to the rival Saxon line, contained a political message both to Duke Johann Friedrich of the ousted Ernestine line and to the Catholic Emperor himself. While Moritz's negotiations for his brother August's wedding were not widely publicized as Moritz was being enfiefed at the imperial Reichstag in Augsburg only six months earlier, the spectacular displays in the autumn for the wedding in Torgau could not be misinterpreted. The new Albertine line of Electoral Saxony was vigorously Protestant and was forging important new Protestant alliances. This important public display of wealth physically embodied by the large number of horses and sumptuous trappings, the gilded Danish wedding coaches, and the high-ranking guests, openly confirmed the new face of Electoral Saxony with the brothers Moritz and August. Both the elevation in rank and the new dynastic alliance were made visible in these splendid displays.

Immediately after the entry of the bride into Torgau, there was a tournament. While running at the ring later became a favorite event at the Saxon court, the knights jousted in the tournaments for August's and Anna's wedding.[20] The accounts record pairs of men who ran at each other and struck each other with lances across barriers. After the tournament, the bride and groom were literally "beigelegt," or ceremonially coupled. A splendid ceremonial bed swathed in golden cloth was placed in the Great Hall of the castle, and the bride and groom ceremonially sat there under a beautiful canopy. After the speeches and formalities were held, "confect" and wine was served, signifying the happy conclusion of the "Beilager." The symbolic union of the couple, and hence of the two most prestigious Protestant ruling houses was portrayed as a felicitous event. There followed a banquet and dancing.

The church ceremony on Monday, October 8 is essential to understanding the forces shaping the newly Protestant Electoral Saxony, as it was the first Lutheran wedding there, and like all aspects of this wedding was of considerable ceremonial and political significance. The learned Prince Georg III of Anhalt (1507–1553), canon of Merseburg, performed the ceremony.[21] Prince Georg was the only princely cleric of the Reformation period who not only embraced the new teachings, but also actively preached Lutheran doctrine. Georg personally knew Luther, who had an extremely high opinion of him and ordained him in the new teachings in 1544, and he was also greatly influenced by Melanchthon. Prince Georg had written the new liturgy implemented by Moritz for all of Electoral Saxony in 1544, and his wedding sermon for August and Anna is a milestone of the new teachings.[22] With the choice of Georg as the presiding cleric for August and Anna's wedding, Moritz and August reinforced the strongly Protestant orientation of Electoral Saxony in the Albertine line. That the key figure in the church ceremonies was a high-ranking convert to the new Protestant Church was part of a carefully conceived plan to shape the political and religious image of the new Electorship.

Also important is the fact that there was both figural vocal and instrumental music for the church ceremony and the royal musicians from Breslau played a beautiful composition for winds in six parts.[23] Moritz established the "Cantorei" in September 1548, thus assuring appropriately representative music for August and Anna's wedding. The manuscript "Cantoreiordnung" is dated September 22, 1548, and sets out the function of the twenty-one members of the *cappella* under the director Johann Walther (1496–1570), formerly the Capellmeister at Torgau. Walther was the musical adviser to Martin Luther and editor of the first Saxon Protestant hymnal, the Wittenberg *Gesangbuch* (1524).[24] The establishment of the court *cappella* and the choice of the leading Protestant musician from the former Electoral line are facts that all work together as an expression of the representation of Moritz and his brother. The role of music in portraying the new political and religious orientation of the Elector cannot be overstated, and it is no coincidence that the document establishing the new court music organization dates from the time of August and Anna's wedding.[25] While it is unclear whether this newly formed "Cantorey" would have been able to perform in early October, the fact is extremely significant that at the time of the wedding the need to establish a musical *cappella* was perceived as urgent. The immediate successor to the musical organization established under Moritz, and later maintained by August, is the world famous Saxon orchestra, the Staatskapelle Dresden.

After the church ceremony, the party returned to the castle where the bride received her gifts and there was a banquet. A tournament similar to that held on Sunday was also held on Monday. On Tuesday the first of two "Mummereien," or mummings, was held. Mumming was a very popular form of entertainment at royal weddings in sixteenth-century Europe, and the custom ranged from England to Saxony. Mummings were usually allegories performed in disguise and consisted of dances, scenes, and sometimes songs, performed by the members of court themselves. By definition, mummings entailed masks and disguise and were thus important theatrical forerunners of more elaborate court spectacles. In the first mumming the highest-ranking men at court performed: the Elector Moritz, his brother August, and other noblemen.[26] The same performers presented another mumming the following day, Wednesday, October 10, 1548.[27] We can assume that as hosts of the wedding Moritz and August staged these masques, although one of the entertainments may have been presented by their courtiers. While the court accounts do not record the conceit of the two Saxon mummings, they do record the participants. Despite the dearth of information, we do know that the highest-ranking men at court opened the theatrical events with allegorical entertainments performed in disguise and masks. It is essential to our later understanding of court spectacles to realize that these mummings occurred in a social, not a liturgical, setting – after the tournaments and banquets—and that they were integral to the dancing.[28] By engaging in the dancing and the mummings—in addition to the feasting and jousting – social activities appropriate for princes, Moritz and August confirmed their new status, physically demonstrating the courtly accomplishments of the highest-ranking nobility. That mummings were the prerogative of the princes is further underscored by a third masque, offered on Thursday by Markgrave Albrecht of Brandenburg (1490–1568), another high-ranking guest in attendance at the wedding. For their mumming, Markgrave Albrecht and his courtiers were clothed entirely in white, and the merriment continued nearly all night in the castle.[29]

An obligatory component of every court festival in both Denmark and Saxony was an elaborate fireworks display, and such a pyrotechnic event was not wanting in the spectacles commemorating August and Anna's wedding. While fireworks in Denmark and Saxony were technically advanced and later became pyrotechnic dramas, the 1548 fireworks were quite typical for the mid-sixteenth century.[30] On the main square in Torgau an imposing blockhouse was erected which was then stormed by four groups of knights on horseback.[31] The teams were color coded, with Moritz leading the red group, August the blue, and two other leading courtiers the yellow and the green teams. Ordnance was fired, and the teams skirmished before three other groups of knights stormed the castle on horseback and on foot.

The following evening the pyrotechnic displays continued with castle fireworks on the Elbe. From the manuscript and the printed description, it is clear that this was a costumed event, including knights dressed as "Turks" and "Tartars," and in traditional German dress. This event consisted of "Germans" storming a two-story castle with towers at each corner held by "Tartars" and "Turks."[32] A skirmish occurred and preliminary fireworks were shot off before the action of the pyrotechnic display began, which consisted of even more elaborate effects and several ships storming the castle in the river in three separate attacks, whereby the pyrotechnic effects increased with each attempt. The "Turks" wore red costumes with white trim, while the attackers were in white and carried little swords and lances. A court trumpeter blew "Turkish" trumpet calls.[33] This magnificent pyrotechnic display, in which the water's reflection enhanced the fireworks effects of over 2,000 charges placed in the castle alone, lasted over one and a half hours.

While the mock victory over the "Turks" was a common theme in fireworks displays, it nevertheless emphasized the success of Christianity—here the staunchly Lutheran Saxons—over the infidels. Only a few years earlier Moritz himself had fought in Hungary, defending the German Empire from Turkish invasions,[34] thus the fireworks were also a timely allusion to his military expertise and commitment to militant defense of the realm, and further underscored his legitimate right to his new title. The extravagant fireworks and the daily tournaments were spectacular aspects of the wedding entertainments with a direct practical application. These "Lustfeuer" and "Lustrennen" (literally, fireworks and tournaments for enjoyment) were courtly entertainments as opposed to aggressive warfare and demonstrated the ability of the newly created Saxon Elector to muster allies and showcase his military strength in a vigorous emphasis of Lutheranism.

The new Albertine Elector Moritz was a pivotal figure in Saxon history. While Saxony is generally considered the birthplace of the Reformation, the acceptance of Luther's beliefs by the neighboring Albertine and Ernestine lines differed considerably. The Ernestine line of Saxony had kept the Electorship with the so-called "Leipziger Teilung" in 1485, when the brothers Ernst and Albrecht agreed to divide Saxony into two ruling houses. The Reformation was immediately introduced into the then Electoral Saxony, the Ernestine line, ca. 1525, while the Albertine line of then ducal Saxony became Lutheran only in 1539. Of the two Albertine brothers, the ruling Duke Georg was Catholic and his younger brother Heinrich (Moritz's and August's father) was only formally Catholic until 1536, when, with full support of his Protestant wife Katharina von Mecklenburg, he introduced Lutheran church services into Freiberg and became a member of the Schmalkaldic league. Moritz himself was sent at the age of sixteen to his Ernestine uncle's court in Dresden for a Lutheran education.[35]

While both lines had accepted the Reformation by 1539, the Albertine line long remained politically, if not religiously, close to the Emperor. As the sons of the secondary Albertine line, both Moritz and especially his younger brother August were initially politically insignificant. As son of the younger brother of the ruling Albertine Duke of Saxony, Moritz was destined to become neither Duke nor Elector, and should have had no voice in imperial politics. As the even younger son, August seemed irrelevant to political strategy. Their uncle, the ruling Albertine Catholic Duke Georg (1471–1539), produced two sons,

Johann (1498–1537) and Friedrich (1504–1539), both of whom predeceased him, however, and thus Georg's younger brother Heinrich (1472–1541), Moritz's and August's father, succeeded him and introduced Lutheranism to then ducal (later Electoral) Saxony. Rule passed to Moritz at his father's death in 1541.[36] When Moritz died as a result of injuries sustained in battle in 1553, August succeeded him.

While this situation accounts for the succession in the Albertine line to the sons of the younger son, the change in the Albertine line from ducal to Electoral Saxony lay in conquest, not chance. As a descendant of the Albertine line, Duke Moritz did not succeed to the Electorship, but gained it on the battlefield, fighting on the imperial, that is, Catholic side, against his cousin, the Protestant Elector Johann Friedrich ("der Großmütige," 1503–1554), in the Schmalkaldic War. Albertine Saxony had always pursued a political course close to that of the emperor, and Protestant Moritz continued this practice, attempting to remain politically supportive of the Emperor, while maintaining religious independence. The Hapsburgs nonetheless hoped to reinstate the old faith in at least part of Saxony. In negotiations with the Emperor Charles V in 1546, for example, Moritz was promised the Electorship, the bishopric of Magdeburg, and a Hapsburg bride for his brother, August, if he were to return to Catholicism.[37] While Moritz did enter the battlefield against the Ernestine line of (at that time) Electoral Saxony in the Schmalkaldic War, he did not return to the Catholic Church nor did he negotiate a Catholic match for his younger brother, August. As a result of his armed support of the Catholic Emperor, Moritz was richly rewarded with the Electorship, it being transferred from the Ernestine to his own Albertine line.[38] Moreover, Moritz gained areas of Saxony around Wittenberg and Torgau, around Grimma and Leisnig and around Altenburg, and the Western Erzgebirge from Zwickau to Bohemia which had previously belonged to the Ernestine line, and the receipt of which now made Albertine Saxony a single, large contiguous territory.[39] The Emperor's bestowal of these lands and offices upon Moritz and his heirs further signified the new prestige of the (now Electoral) Albertine vis-à-vis the (formerly Electoral) Ernestine line of Saxony. While the issue of Moritz's enfiefment was decided on the battlefield near Wittenberg on June 4, 1547, the solemn ceremonies of his endowment with these offices occurred at the imperial diet in Augsburg in the spring of 1548. Furthermore, the imperial enfiefment in Augsburg acknowledged August as Moritz's heir in the event that the new Elector left no sons, which was to be the case.

Against this complicated background, it becomes clear that the marriage of August and Anna signaled Moritz's willingness to forge new Protestant alliances even as the Catholic emperor bestowed considerable favor on him for his support in the Schmalkaldic War.[40] Surviving letters show that while Moritz was attending the imperial diet in Augsburg, where he was formally enfiefed, he received letters concerning the Danish-Saxon match from his brother August, who was himself in Denmark.[41] The dynastic alliance with the royal house of Denmark underscored the Saxon's recent elevation in rank to Elector as Moritz's brother and potential heir August was now eligible to marry royalty. The Danish king and the Saxon Elector were thus forging a strong new Protestant alliance even as Moritz received the Electorship and lands from the Catholic Emperor.

The Saxon ties to Denmark did not end with the Torgau wedding. Anna's brother, Duke Frederik (1534–1588), who ascended the Danish throne as Frederik II, visited Saxony together with his brother Magnus in the late 1550s and in 1558 accompanied August and Anna to the coronation of Emperor Ferdinand I in Frankfurt. August and Anna returned to Denmark for Frederik's coronation in 1559, and on the engraving depicting that event the Elector is portrayed riding together with the newly crowned King in the procession from the church. Thus the dynastic ties initiated with the 1548 wedding grew to be close personal ties in the last half of the 16th century. The fact that in 1559 August, now as Elector, rode with King Frederik II of Denmark in his coronation procession and that an engraving depicting this scene was published further underscores the efforts of Denmark and Saxony to emphasize their close dynastic ties, their common religion, and their high rank within Europe. Both the wedding and the coronation highlight the role of the dynastic festival in shaping and maintaining the royal image.

The wedding of August and Anna ushered in a new age of court festivals in Dresden, festivals whose copious archival remains are today preserved in the Dresden State Archives and—for the many Saxon-Danish dynastic events—also in the Danish National Archives, Copenhagen. With the succession of August to the Electorate at Moritz's death in 1553, all of the records of Saxon court festivals for baptisms, weddings, funerals, carnival celebrations, and state visits were meticulously kept, organized, and later consulted, in what later became known as the archives of the *Oberhofmarschallamt*. It is estimated today that these records comprise some 4,000 files and thousands of illustrations.[42] August's new style of record keeping and collecting confirms the emerging consciousness of the new role for festivals and tournaments in court ceremony, the need for recording precedent, and the desire to represent the ruler in ever more splendid fashion. The *Oberhofmarschallamt* thus became a repository of Protestant precedent and Lutheran court ceremony, both shaping and defining the identity the dynasty.

These rich collections of manuscripts, drawings, and other artifacts not only document an uninterrupted tradition of court culture in Saxony over the centuries, but also allow comparative study with other European courts. For example, the foreign festival publications conscientiously collected by August the Strong in the late seventeenth and early eighteenth centuries demonstrate that both domestic and foreign accounts were used as inspiration for new festival designs. In his splendid pageant on the four parts of the world held for the state visit of King Frederik IV of Denmark in 1709, the African group was clearly based on Louis XIV's pageants from 1662 as preserved in Perrault's printed festival volume.[43]

Under August and Anna the foundation for all subsequent Dresden spectacles was laid. These carefully archived artifacts allow the modern researcher to investigate the continuous tradition of Saxon court festivals for the entire early modern period and to trace the representation of the Saxon court from the beginnings of the Albertine Electorship through later centuries to the Saxon monarchy. The Dresden Court festival, as established in this very early example from the rise of Albertine Saxony, was characterized by the desire to project the image of the devoutly Lutheran Elector and his family, to define their new rank as Electors vis-à-vis the rival Ernestine line, and to demonstrate their new dynastic ties to the most prestigious houses of the new Protestant order. By presenting a week-long programmatic festival display which established and reiterated these themes, the new Albertine line of Electoral Saxony seized the opportunity to present itself in a popular, emerging medium, the Renaissance court festival. That August was aware of the significance of these festivals and deliberately employed them in shaping the representation of Electoral Saxony as it emerged under his long rule is confirmed by the fact that, beginning with August's succession, all textual and pictorial documents as well as physical artifacts were carefully collected, inventoried, and preserved to a heretofore unprecedented degree. The establishment of the *Oberhofmarschallamt* can be demonstrated to be a response both to the Reformation and to the elevation of the Albertine line to the prestigious Electorate and a reflection of their vigorous attempts to establish their dynasty as the first Lutheran Princes of the empire. By collecting and preserving, August and his successors literally shaped history.

NOTES

[1] For an overview of Dresden court culture in this time period, see Watanabe-O'Kelly, *Court Culture*. The best general history of Saxony is still the 1936 study by Rudolf Kötzschke and Hellmut Kretzschmar, *Sächsische Geschichte*.

[2] See Meinert, "Oberhofmarschallamt," 244–45.

[3] For a list of printed festival books relating to Dresden court festivals, see Watanabe-O'Kelly and Simon, *Festivals and Ceremonies*. 52–63. Many festival books are now available at *Festkultur Online*: http://www.hab.de/de/home/wissenschaft/forschungsprofil-und-projekte/ festkultur-online.html

[4] For a study of the establishment of the Cabinet of Prints and Drawings in Dresden, an outgrowth of the *Oberhofmarschallamt*, see Schnitzer and Hölscher, *Eine gute Figur machen*.

[5] See Watanabe-O'Kelly, *Court Culture*, 71–99.

[6] Smart, *The Ideal Image*.

[7] For an overview of the dynastic festivals of Saxony and Denmark in this period, see Wade, "Politics and Performance," 41–56. See also the exhibition catalogue: Kappel and Brink, eds., *Mit Fortuna übers Meer*.

[8] Christine (1461–1521) of Saxony (Ernestine line) married King Johann of Denmark (1453–1513) in 1478, and Dorothea of Sachsen-Lauenberg (1511–1571) married Christian III of Denmark (1503–1559) in 1525. The Reformation was introduced into Denmark in 1537.

[9] The marriage of Moritz and the Landgravine Agnes of Hessen, which he concluded independently and initially against his parents' wishes, resulted in the birth of two children: Anna (1544–1561) and Albert (1545–1546). Anna married William (1545–1584), Prince of Orange, in 1574. See Blaschke, *Moritz von Sachsen*. 23 and Kötzschke and Kretschmar, *Sächsische Geschichte*. 194.

[10] See Bäumel, "Festlichkeiten," 20. See also *Politische Korrespondenz*. Item 1023 and Dresden, Loc. 7977, Erstes Dänisches Buch, fol. 17. For the marriage agreement and the widow's settlement, see also *Danmarks-Norges Traktater 1523–1560*, Items 71A-B.

[11] See Dresden, Loc. 7977, Erstes Dänisches Buch, fol. 50. See also Bäumel, "Die Festlichkeiten," and *Politische Korrespondenz*, Items 1048, 1974, 1078, and 1090.

[12] Blaschke, 65.

[13] Quoted according to Bäumel, "Festlichkeiten," 21. See Staatsarchiv Dresden: Loc. 7977, Erstes Dänisches Buch, fol. 68.

[14] See Weck, *Der[...] Residentz- und Haupt-Vestung*, 350. The sister of the King of Denmark could have been either Elisabeth (1524–1586) or Dorothea (1528–1575), both Duchesses of Mecklenburg.

[15] My discussion of the festivities is based on an account in the Rigsarkiv (Danish National Archives), Copenhagen, TKUA (Tyske Kanzlei Udenrigske Afdeling), speciel del Sachsen, A II 20, Akter og Dokumenter vedr. det politiske

Forhold til Sachsen. Ægteskabet August og Anna, 1548–1554. These documents are unpaginated and I refer to them here by the heading of each document. See also Bäumel, "Festlichkeiten," 25–28; Sächsisches Hauptstaatsarchiv Dresden, Loc. 10550, Schrieften. . .; and Weck, 350.

[16] Weck, *Der [...] Residentz- und Haupt-Vestung*, 350.

[17] This man is possibly from the elder line of the Margraves of Franken who became rulers in Prussia, probably Albrecht of Prussia (1490–1568). He converted to Lutheranism in 1525. He is also probably identical to the person mentioned in another source as "Albrecht of Brandenburg" mentioned below who offered one of the mummings. The guest list for this wedding is a who's who of Protestant Germany.

[18] This is probably an error for "Leutenberg" in Thuringia. The guest was probably Johann Heinrich of Schwarzburg-Leutenberg (1496–1555).

[19] See *Vorzeichnus*. Dr. Dorothea Sommer, Universitäts- und Landesbibliothek Sachsen-Anhalt, Halle, kindly provided me with a copy of this text.

[20] See Bäumel, "De sachsiska kurfurstarnas torneringar," 350.

[21] The discussion below is based on "Georg III., Fürst von Anhalt," 595–96 and Lau, "Georg III. der Gottselige," 197.

[22] See *Christliche Vermanunge*.

[23] See *Vorzeichnus*, Aii^B-Aiii^A: "Also hat man etzlich schöne geseng figurirt/ auch zum teil mit instrumenten darein geblasen. [...] Nach gescheener predigt haben der Königlichen Stat Breslaw Musici ein herlich stück sex vocum geblasen."

[24] See Becker-Glauch, *Die Bedeutung*, 8.

[25] Sächsisches Hauptstaatsarchiv Dresden, Loc. 8687, Nr. 1, "Cantorey-Ordnung" For an overview of music under Moritz, see Steude, "Die Hofmusik," 57–64. See also Kötzschke and Kretschmar, 193.

[26] Rigsarkiv, Copenhagen, Denmark, TKUA, *Akter og Dokumenter*. "Die erste Mumerei am Dinstag [...]."

[27] Rigsarkiv, Copenhagen, Denmark, TKUA, *Akter og Dokumenter*. "Die ander Mumerei folgendes Tags [...]."

[28] The printed description emphasizes that the mummings were components of the dance: "Auch seind zwo Mummereyen am tantz furbracht worden/ vnd die dritte/ wie die briefzeiger zu berichten wissen." See *Vorzeichnus*, Aiii^A.

[29] Rigsarkiv, Copenhagen, Denmark, TKUA, "Dornestags hat Marggraff Albrecht ein Mumerei weis gekleidet mit seinen Hoffjunckern angericht [...]."

[30] For an overview of the culture of firework displays, see Salatino, *Incendiary Art*. 1–46.

[31] Rigsarkiv, Copenhagen, Denmark, TKUA, "Sturm eines Hauses/ am platz tzu Torga[u] [...]."

[32] Rigsarkiv, Copenhagen, Denmark, TKUA, "Welcher gestalt vff Churfürstlichem Bevelch Hertzog Moritzen zu Sachsen der Oberzeugkmeister Caspar Vogt den Sturm zu Wasser vff [...] türckisch bestelt hat [...]." The following

description is based on this account.

[33] See especially Schnitzer, "Das Türkenmotiv," 227–34.
[34] See Kötzschke and Kretzschmar, 196.
[35] See Blaschke, 14–18 and Kötzschke and Kretschmar, 187.
[36] See Blaschke, 19–20 and Kötzschke and Kretschmar, 188–89.
[37] See Blashcke, 54.
[38] The Saxon elector was also *Reichsmarschall*, and in this capacity he was the first prince of the empire in the absence of an emperor. August was later to exercise this office three times: after the abdication of the Emperor Charles V (1556) and the deaths of Emperors Ferdinand I (1564) and Maximilian II (1576).
[39] Blaschke, 65 and Kötzschke and Kretschmar, 199–200.
[40] See Blaschke, 43.
[41] Bäumel's article, "Festlichkeiten,"is the best study on this topic. See also Staatsarchiv Dresden: Loc. 10550, Der Churfürstin Anna Verheyrathung, Heimführung und Leibgedinge betrf. 1548–1554, fol. 25.
[42] See Meinert, 244–45.
[43] See Schnitzer and Hölscher, 10–11.

Select Bibliography

Bäumel, Jutta. "Die Festlichkeiten zur Hochzeit Herzog Augusts von Sachsen mit Anna von Dänemark 1548." *Dresdner Hefte* 21 (1990): 19–28.
Bäumel, Jutta. "De sachsiska kurfurstarnas torneringar under 1500-talet/Tournaments of the Electors of Saxony in the 16th Century." In *Riddarlek och Tornerspel/Tournaments and the Dream of Chivalry*, edited by Lena Rangström, 96–100 (Swedish) and 350–51 (English). Stockholm: Royal Armory, 1992.
Becker-Glauch, Irmgard. *Die Bedeutung der Musik für die Dresdener Hoffeste bis in die Zeit August des Starken*. Kassel: Bärenreiter, 1951.
Blaschke, Karlheinz. *Moritz von Sachsen. Eine Reformationsfürst der zweiten Generation*. Göttingen and Zürich: Musterschmidt, 1983.
Christliche Vermanunge aus dem CXXVIII Psalm zur Einsegunge des Durchlauchten Hochgebornen Fuersten Hertzogen Augustn zu Sachssen Vnd seiner Fürstl. Gemahel Fraw Anna geborne aus Kön. Stam zu Dennemarck etc. Durch Fürst Georg zu Anhalt... geschehen zu Thorgaw/ Montags den achten Octobris 1548. Leipzig: Valentin Babst, 1548.
Danmarks-Norges Traktater: 1523–1750 med dertil hørende aktstykker paa Carlsbergfondets bekostning udgivne af Laurs Laursen. Vol. 1: *1523–1560*. Copenhagen: Gad, 1907.
"Georg III., Fürst von Anhalt," *Allgemeine Deutsche Biographie*, herausgegeben

durch die Historische Commission bei der Königl. Akademie der Wissenschaften. VIII, 595–96. 1878; repr. Berlin: Duncker & Humblot, 1968.

Herzog August Bibliothek, Wolfenbüttel. "Festkultur Online," <http://www.hab.de/de/home/wissenschaft/forschungsprofil-und-projekte/festkultur-online.html>

Keppel, Jutta and Claudia Brink, eds. *Mit Fortuna übers Meer. Sachsen und Dänemark—Ehen und Allianzen im Spiegel der Kunst (1548–1709)*. Staatliche Kunstsammlungen Dresden, Residenzschloss, 24. August 2009 bis 4. Januar 2010; vom 13. Februar bis 24. Mai 2010 in Schloss Rosenborg. Berlin: Deutscher Kunstverlag, 2009.

Kötzschke, Rudolf and Hellmut Kretzschmar. *Sächsische Geschichte*. Frankfurt, 1936; repr, Würzburg: Weltbild Verlag, 1995.

Lau, Franz. "Georg III. der Gottselige, Fürst von Anhalt, Bishof von Merseburg." *Neue Deutsche Biographie*, Vol. 6. Berlin: Duncker and Humblot, 1964.

Meinert, Günther. "Oberhofmarschallamt." In *Übersicht über die Bestände des sächsischen Landeshauptarchivs und seiner Landesarchive*; herausgegeben unter Mitwirkung der Historischen Kommission bei der Sächsischen Akademie der Wissenschaften, 244–45. Leipzig: Koehler & Amelang, 1955.

Politische Korrespondenz des Herzogs und Kurfürsten Moritz von Sachsen, Vol. 3. Abhandlungen der sächsischen Akademie der Wissenschaften zu Leipzig, 68. Berlin: Akademie-Verlag, 1978.

Rigsarkiv, Copenhagen, Denmark, Tyske Udenrigske Afdeling (TKUA, Deutsche Kanzlei), speciel dell Sachsen, A II 20, *Akter og Dokumenter vedr. det politiske Forhold til Sachsen. Ægteskabet August og Anna, 1548–1554*.

Sächsisches Hauptstaatsarchiv. *Schriftenreihe des Staatsarchivs Dresden,* edited by Reiner Gross. Weimar: H. Böhlaus Nachfolger, 1955–

Schnitzer, Claudia. "Das Türkenmotiv im höfischen Fest." In *Im Lichte des Halbmonds*, edited by Claudia Schnitzer and Holger Schuckelt, 227–34. Dresden: Staatliche Kunstsammlungen, 1995.

Schnitzer, Claudia and Petra Hölscher. *Eine gute Figur machen. Kostüm und Fest am Dresdner Hof.* Dresden: Verlag der Kunst, 2000.

Smart, Sara. *The Ideal Image: Studies in Writing for the German Court 1616–1706*. Amsterdamer Publikationen zur Sprache und Literatur, 160. Berlin: Weidler, 2005.

Steude, Wolfram. "Die Hofmusik unter Kurfürst Moritz," *Dresdner Hefte* 52 (1997): 57–64.

Vorzeichnus was vor Chuer und Fuersten etc. Auff dem herlichen beylager und freud des hochlieblichen Fuersten Herrn Augusten Hertzogen zu Sachsen etc. mit der deuchlauchten Fuerstin freulein Anna etc. Koe. Wirde zu Dennemarck etc. Tochter gescheen den siebenden tag Octobris anno etc. XLVIII zu Torgaw gewesen. n.p., 1548.

Wade, Mara R. "Politics and Performance: Saxon-Danish Court Festivals

1548–1709." In *Musical Entertainments and the Politics of Performance*, edited by Marie-Claude Canova Green, 41–56. London: Goldsmiths College, 2000.

Watanabe-O'Kelly, Helen. *Court Culture in Dresden From Renaissance to Baroque*. Houndsmills, Basingstoke: Palgrave, 2002.

Watanabe-O'Kelly, Helen and Simon, Anne. *Festivals and Ceremonies. A Bibliography of Works relating to Court, Civic and Religious Festivals in Europe, 1500–1800*. London: Mansell, 2000.

Weck, Anton. *Der Chur-Fürstlichen Sächsischen weitberuffenen Residentz- und Haupt-Vestung Dresden Beschreib: und Vorstellung: auf der Churfürstlichen Herrschafft gnädigstes Belieben in vier Abtheilungen verfaßet, mit Grund: und anderen Abrißen, auch bewehrten Documenten erläutert*. Nürnberg: Hoffmann, 1680.

Mara R. Wade (University of Illinois, Urbana-Champaign) Professor of Germanic Languages and Literatures, researches texts and images in the early modern period and is Principle Investigator for the digital humanities project Emblematica Online. She has published extensively on German and Scandinavian court culture, investigates the interstices between literature and the other arts and has published extensively on literature and music, theater, and the visual arts, with a focus on gender studies.

Résumé Un mariage danois-saxon célébré en 1548 lança une série d'aliances dynastiques qui continuèrent pendant 150 ans. L'étude du mariage de l'électeur Auguste avec la princesse danoise Anne à Torgau permet une examination de la période vers 1550 où la court prit connaissance du besoin de se documenter en textes et en images, d'établir une archive qui témoignerait de la tradition bourgeonnante de ses fêtes ainsi que de ses souvenirs historiques. Les électeurs albertins étaient habiles à façonner l'image du seigneur dans les régions germanophones, et le règne d'Auguste et d'Anna posa les fondations pour tous les spectacles postérieurs tenus à la cour de Dresde.

Part III
Collection and Compilation
Reflecting and Constituting Authority

Les Bibliothèques privées en Angleterre: Livres et littérature politique

Jean-Philippe Genet

L'HISTOIRE CULTURELLE, EN PLEIN essor et renouvellement aujourd'hui, nous conduit de plus en plus à collaborer avec nos collègues littéraires, ce qui permet des échanges d'autant plus fructueux que l'étude de la littérature médiévale prend de mieux en mieux en compte l'environnement historique des textes qu'elle étudie, comme en témoignent les travaux des tenants du *new historicism*. C'est cependant vers une zone peu fréquentée de l'histoire culturelle que je souhaite m'orienter dans cet article, en présentant une statistique (très provisoire, j'y reviendrai) des livres que l'on peut qualifier de « politiques » figurant dans les bibliothèques individuelles anglaises depuis que l'on commence à pouvoir en saisir le contenu au XIIIe siècle jusque vers 1550. Nous nous expliquerons plus loin sur ce que recouvre précisément ce terme: mais la période étudiée est bien celle où la littéracie gagne progressivement les milieux laïcs et où le processus de développement de l'État moderne donne naissance à une société politique dans laquelle les individus sont de plus en plus des agents autonomes, au fur et à mesure de l'affaiblissement des liens féodaux. Entendons-nous bien: nous ne pourrons ici parler que de « tendances » ou de « dynamiques », car tout travail dans les bibliothèques médiévales du début de la période médiévale se heurte nécessairement à deux obstacles structurels qui sont incontournables.

Tout d'abord, un livre possédé n'est pas forcément un livre lu et un livre lu n'est pas forcément un livre apprécié, voire simplement compris. Seuls remèdes ici, la marque laissée par l'influence exercée par le livre sur les productions textuelles du lecteur quand celui-ci est lui-même un auteur, ou les annotations et notes marginales s'il en existe.[1] Ensuite, s'agissant de personnes privées, et c'est peut-être encore plus grave, nous ne connaissons pour ainsi dire jamais des « bibliothèques » au sens strict: l'usage qui sera fait par la suite de ce terme est purement conventionnel. Ne parlons pas des volumes isolés qui subsistent, qui ne permettent évidemment pas de deviner quels pouvaient bien être leurs voisins dans les coffres ou sur les rayonnages! Pour l'essentiel, nos informations proviennent de différentes sources, dont la plus riche est les testaments: or, dans ces testaments, on lègue certains livres, soit parce qu'ils possèdent une grande valeur affective (une bible, un *portos*, un roman) ou économique (les livres liturgiques), soit parce qu'il s'agit d'une œuvre pie (distribution de livres aux autels des églises paroissiales ou des chapelles). Les inventaires, plus rares, donnent une image plus complète des livres possédés par un individu, mais en général ils ne concernent qu'un seul lieu: or les universitaires et les ecclésiastiques comme les nobles sont des gens qui possèdent des résidences multiples et il est rare que l'on possède tous les inventaires d'une même personne.[2] Enfin, les titres donnés par les testaments et par les inventaires sont peu significatifs. Le titre indiqué est en général celui du premier texte contenu dans le volume, éventuellement du plus long. Mais, c'est l'évidence, les manuscrits contiennent souvent derrière une même reliure un grand nombre de textes, parfois plusieurs centaines. De même, une seule reliure peut réunir plusieurs livrets imprimés.

Malgré tout, nous avons des testaments, des titres, des auteurs. Ces indications sont utilisables, et il s'agit pour nous de les exploiter au mieux, en gardant en mémoire les défauts et les limites de la documentation. Nous visiterons un rayon bien particulier des bibliothèques anglaises, celui du politique. Toutefois, avant d'entreprendre cette visite, il convient de commencer par deux préliminaires: présenter les bases de données qui ont servi à ce travail, et expliciter ce que j'entends par politique.

* * *

Les bases de données qui ont permis ce travail sont loin d'être terminées, et les chiffres qui sont cités ici n'ont pas de valeur définitive et doivent donc être considérés comme provisoires. Remarquons tout d'abord qu'il est possible de construire de telles bases dans le cas de l'Angleterre parce que l'on dispose de travaux qui, sans toutefois être exhaustifs, fournissent une base de départ acceptable et permettent d'avancer rapidement. Les données sont pour l'instant regroupées dans deux bases de type DBase® ou ACCESS®.[3] L'une contient les livres qui ont été possédés à un moment quelconque de leur existence par des universitaires: la base est dénommée UNIVBOOK, et repose, pour l'essentiel, sur les données rassemblées à Oxford par Alfred B. Emden pour la rédaction de ses monumentaux dictionnaires biographiques d'Oxford et de Cambridge; l'exemplaire de ces dictionnaires que l'on peut consulter à la Duke Humphrey's Library à la Bodléienne d'Oxford comporte d'ailleurs un grand nombre d'additions et de précisions manuscrites dont il a été fait usage.[4] Pour le seizième siècle, on dispose entre autres de la publication des inventaires (en général, il s'agit d'inventaires après décès) des biens des membres de l'université de Cambridge[5] et de celle d'Oxford:[6] ces inventaires sont en général complets et bien faits, donnant souvent des indications de prix et plus rarement des indications sur les supports et les impressions, mais ils ne couvrent que les biens trouvés dans les logements des *alumni* défunts à l'Université, si bien que, par exemple, les collections des dignitaires ecclésiastiques qui disposaient d'autres résidences risquent d'être minimisées. J'ai bien sûr enrichi ces données en puisant à toutes sortes de sources.[7] Pour l'heure, cette base comporte un peu plus de 21.000 mentions de « livres » (alors qu'il devrait y en avoir d'après mes prévisions environ 22.000) et peut donc être considérée comme donnant des indications statistiques qui ne risquent guère d'être complètement bouleversées.

La base consacrée aux non universitaires, GENERAL, est, dans l'état actuel des choses, beaucoup plus disparate et loin d'être complète, avec seulement un peu plus de 4800 références, concernant 406 clercs et 650 laïcs, sans oublier une centaine de personnes dont le statut est incertain. Elle repose sur des données publiées,[8] auxquelles viennent s'ajouter celles qui sont issues de trois enquêtes spécifiques: la première est le dépouillement systématique des *Testamenta Eboraciensa* et des testaments du Nord de l'Angleterre[9] (tels qu'ils ont été publiés: un sondage rapide, grâce à l'accueil de David Smith, au Borthwick Institute à York, sur la collection des testaments manuscrits d'York m'a montré que les collections publiées ont assez systématiquement sélectionné les testaments dans lesquels figuraient des livres) que j'ai enrichi en ayant recours aux données rassemblées de son côté par John B. Friedman;[10] les deux autres sont liées à mes propres recherches sur les manuscrits des œuvres politiques et historiques anglaises de la fin du Moyen Âge,[11] d'une part, et sur les manuscrits subsistants des Statuts parlementaires, dont le nombre recensé dépasse aujourd'hui 430.[12] Toutes ces informations ont été structurées dans une base de données permettant de classer sommairement les propriétaires en fonction de leur niveau social pour les laïcs (rois et princes de sang royal, nobles, *gentry*, commun ou niveau ignoré) et de leur statut d'ecclésiastique (évêque ou plus, chanoine, prêtre ou régulier). Le sexe est également pris en compte, encore qu'il soit souvent difficile de déterminer avec certitude si un livre appartient à un homme, à une femme ou à un couple. Pour chaque volume, outre le nom du propriétaire et ses qualités, sont indiquées la cote du volume, lorsque celui-ci subsiste encore aujourd'hui, et les relations qui le lient à son propriétaire (marque de propriété, mention dans un inventaire ou dans un testament, indication du donateur ou du destinataire, voire mise en gage dans un *chest* universitaire). Dans le cas des testaments ou des donations, on dispose parfois de notations précieuses tant sur la façon dont le propriétaire ne considérait ses propres livres que sur la nature de ses relations avec les personnes ou les institutions bénéficiaires. Les classes chronologiques sont définies par périodes de vingt-cinq ans, en affectant, lorsque cela est possible, chaque individu à une période en fonction de sa date médiane d'activité (médiane entre l'âge de 25 ans ou, pour les universitaires, la date d'obtention du grade de maître ès arts d'une part, et la date de décès ou la date de la dernière mention connue de l'autre).

Quant au mot « livre », il ne doit pas être pris au pied de la lettre, mais il serait hors de propos d'entrer ici dans des détails: j'ai simplement considéré que chaque manuscrit ou chaque cahier (*quaternus, quayre*) qui était catalogué comme une unité indépendante était « un » livre; s'il était spécifié qu'une œuvre était contenue en un certain nombre de volumes, à ce nombre j'ai fait correspondre autant de livres; les *Décrétales* de Grégoire IX sont ainsi en général comptées pour deux volumes, et un *Corpus juris civilis* pour cinq, alors que dans la réalité il peut exister des manuscrits exceptionnellement volumineux qui regroupent ces textes. Quand deux textes importants par leur taille sont reliés ensemble, comme le *De trinitate* et le *De civitate dei* de Saint Augustin qui forment le socle de base de toute bibliothèque d'« intellectuel » médiéval (au sens de Jacques Le Goff[13]), ils sont comptés séparément. Pour les imprimés subsistants, la même opération s'est imposée, d'autant qu'à l'intérieur d'une seule reliure on trouve souvent des impressions variées qui ont donc été comptées ici comme autant de livres.

Le travail de construction des bases de données est loin d'être achevé, et les informations d'ensemble (voir figures 6.1, 6.2 et 6.4) données ici sont provisoires. Notamment, la base GENERAL est dépourvue de toute valeur pour les deux classes 1501–1550, car les dépouillements sont encore trop insuffisants pour qu'émerge une structure de distribution fiable. De toute façon, le point essentiel n'est pas contestable, c'est l'augmentation du nombre des livres repérables. En gros, trois paliers sont clairement visibles sur les figures 6.2 et 6.4: chez les universitaires, le nombre des livres repérés jusqu'à 1350 se situe aux environs de 500 pour chaque classe de 25 ans. Ce nombre double ensuite et l'on a alors un palier d'environ 1000 livres pour chaque classe de vingt-cinq ans de 1351

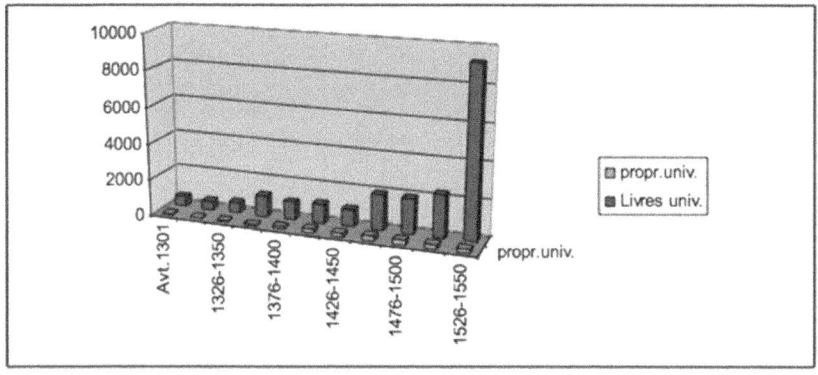

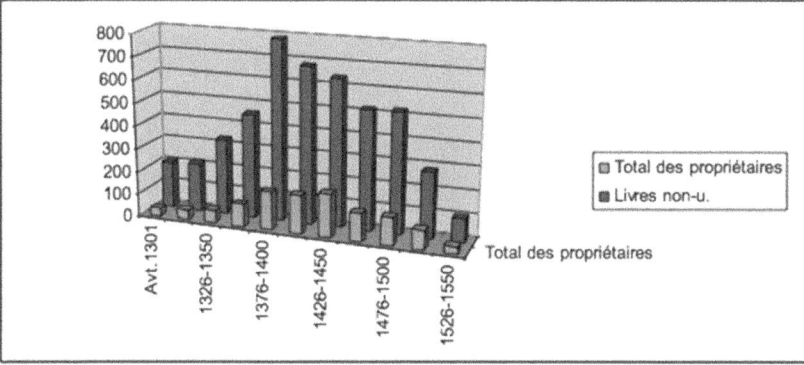

Figure 6.1. Évolution chronologique du nombre des livres et des propriétaires de livres (bibliothèques universitaires en haut, non universitaires en bas)

à 1450, avec un nouveau doublement à environ 2000 livres pour chaque quart de siècle de 1451 à 1526; le décollage consécutif à l'introduction de l'imprimerie n'est véritablement sensible qu'à partir du quart de siècle 1526–1550, avec cette fois un quadruplement, en conformité parfaite d'ailleurs avec ce que j'ai observé dans l'enquête, tout à fait indépendante, menée sur les auteurs actifs en Angleterre dans les champs de l'histoire et du politique.[14] Chez les non universitaires, l'accroissement est constant jusqu'à 1400, après quoi l'on observe un palier; mais ici l'état actuel des dépouillements limite la valeur des résultats pour le seizième siècle, et les chiffres des deux dernières colonnes de la figure 6.4 n'ont aucune valeur comparative. Néanmoins, il est visible qu'en ce qui concerne les universitaires, il n'y a pas de relation entre le nombre des propriétaires de livres et le nombre des livres, ou plus exactement, la relation n'est pas de même nature selon les périodes considérées. Jusqu'en 1450, l'augmentation des

Figure 6.2: Bibliothèque des universitaires.

Médiane d'activité	ant. à 1300	1301–1325	1326–1350	1351–1375	1376–1400	1401–1425	1426–1450	1451–1475	1476–1500	1501–1525	1526–1550
Livres religieux	351	201	311	441	413	588	464	1048	719	1203	3720
dont Bibles	95	31	53	48	60	75	35	124	94	151	516
dont comm. bibliques	46	17	36	86	48	97	98	224	135	191	895
dont livres de service	23	16	62	40	143	125	53	53	57	73	97
Philosophie	13	38	27	59	15	34	32	63	87	109	505
Rhét./Grammaire	12	11	13	38	20	31	15	74	85	114	825
Sciences	29	54	29	113	20	39	29	94	88	91	270
Médecine	7	27	7	63	19	24	31	48	46	48	563
Littérature	1	2		24	4	6	18	59	84	105	645
Droit	94	75	139	180	380	232	144	189	289	351	764
dont droit civil	24	21	45	48	123	67	36	54	62	118	318
dont droit canon	65	50	90	121	224	153	102	93	199	201	296
dont anglais	2	3	2	5	1		2	4	5	2	39
Histoire	17	20	18	51	31	28	32	120	101	103	555
Politique	11	17	14	20	14	29	25	66	42	66	209
Total des livres	551	457	576	1122	976	1064	944	1941	1919	2304	9219
Total des proprietaires	69	69	106	94	147	202	185	266	249	225	198

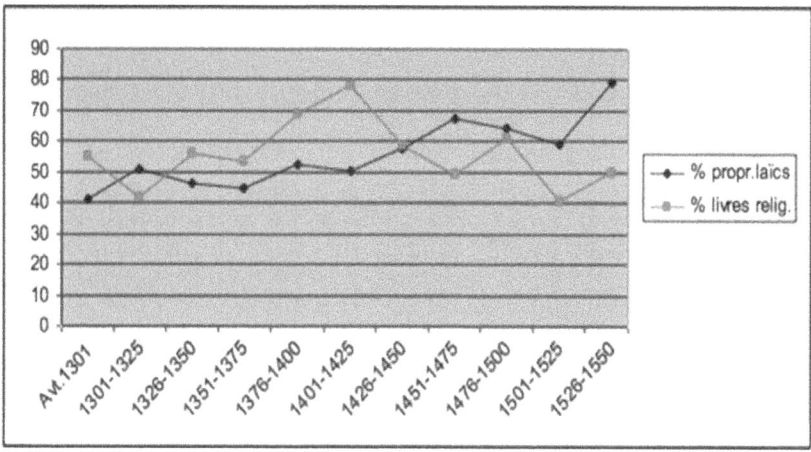

Figure 6.3. Évolution de la proportion des propriétaires laïcs
et des livres religieux dans les bibliothèques non-universitaires.

propriétaires connus ne correspond pas à l'augmentation du nombre des livres: l'amélioration des sources nous fait simplement découvrir des gens qui possèdent un très petit nombre de livres (un ou deux). Par contre, à partir de 1450, le nombre des propriétaires n'augmente plus, et a même tendance à décroître légèrement: mais le nombre des livres croît constamment, ce qui s'explique d'abord par la baisse des prix du livre entraînée par la diffusion (tardive) du papier en Angleterre, et puis, surtout, par la diffusion des livres imprimés. Pour ce qui est des non universitaires, la croissance du nombre des livres et celle du nombre des propriétaires sont étroitement liées jusqu'au début du quinzième siècle; par la suite, on observe un phénomène similaire à celui observé pour les universitaires: on découvre, grâce aux testaments, un nombre de plus en plus élevé de propriétaires d'un très petit nombre de livres, et de plus en plus d'ouvrages subsistants portent des marques de propriété mais restent les uniques témoins d'éventuelles bibliothèques. Je n'entrerai pas non plus dans les détails de la répartition sociologique des propriétaires de livres, mais un seul fait doit cependant être noté: c'est l'augmentation de la proportion des propriétaires laïcs, qui s'ils restent peu nombreux parmi les universitaires, passent de 41,2% avant 1300 à 64,5% en 1476–1500. Les effets de ce changement doivent cependant être évalués avec prudence: ainsi, l'augmentation des propriétaires laïcs entraîne une augmentation du nombre des livres religieux jusqu'en 1425, mais s'accompagne ensuite d'une baisse de la proportion de ceux-ci (figure 6.3).

Figure 6.4: Bibliothèque des non-universitaires

Médiane d'activité	ant. à 1300	1301–1325	1326–1350	1351–1375	1376–1400	1401–1425	1426–1450	1451–1475	1476–1500	1501–1525	1526–1550
Livres religieux	112	88	185	243	524	534	376	258	319	115	51
dont Bible et comment.	47	22	54	53	95	75	83	40	28	23	21
dont livres de service	15	23	69	159	307	344	186	132	217	47	4
Philosophie	3	2	14	7	4	4	14	8	2	4	2
Rhét./Grammaire	4	11	10	26	23	17	57	16	8	7	5
Sciences	13	8	14	3	15	3	10	5	10	1	1
Médecine	14	5	7	1	3	5	3	4	2	2	
Littérature	5	25	15	40	31	9	28	23	41	45	5
Droit	22	50	43	68	76	56	54	67	31	24	15
dont droit civil	2	22	5	15	11	9	1				
dont droit canon	11	13	31	44	43	34	5	9	1		2
dont droit anglais	8	11	6	5	12	9	42	53	28	21	8
Histoire	9	12	16	16	49	15	33	39	42	41	4
Politique	3	1	3	5	12	12	26	23	32	14	12
Total des livres	203	212	329	455	786	681	640	521	523	283	102
% de propriétaires laïcs	41,2	51	46,3	44,9	52,3	50,6	57,7	67,5	64,5	59,3	79,3
% de livres religieux	55,2	41,5	56,2	53,4	69	78,4	58,7	49,5	61	40,6	50
Total des proprietaries	34	43	54	98	168	168	189	123	121	81	29

En effet, et nous abordons là le problème de la définition du politique, chaque volume est attribué à un champ de production symbolique textuel en fonction du texte principal qu'il contient, la notion de champ étant reprise des travaux de Pierre Bourdieu.[15] La structure des champs oscille entre deux pôles, les institutions (en l'occurrence les différentes facultés du système universitaire) et le marché (champ émergent du littéraire), le champ du religieux étant considéré comme englobant et les champs de l'histoire et du politique étant au contraire définis comme transversaux et composites.[16] Chaque champ fonctionne comme un système, avec ses propres ensembles de références. Pour aller vite, je distingue un champ englobant, dont tous les autres sont en fait des composantes, mais qui ont cependant acquis une plus ou moins grande autonomie par rapport à lui: c'est le champ du religieux, régi par cette institution totale qu'est l'Église. Viennent ensuite une série de champs clairement institutionnalisés, même s'il s'agit en l'occurrence d'une sorte de « délégation » de l'autorité ecclésiastique, puisque l'institution déterminante est l'université. Ce sont donc les champs correspondant à la Faculté des Arts (philosophie et logique, grammaire, rhétorique et pédagogie, sciences naturelles), à la Faculté de médecine et à la Faculté de droit. Un champ de nature tout à fait différente est celui du « littéraire », qui est caractérisé par une structure de marché: cette formulation risque cependant d'être mal comprise, dans la mesure où sa connotation contemporaine est économique, précisons qu'il s'agit là d'un domaine où, comme aujourd'hui, le jeu du désir est fondamental, mais où les mécanismes de fonctionnement sont ceux d'un monde féodal où les relations personnelles–essentiellement des relations de patronage–sont prédominantes. Enfin, je distingue deux champs transversaux, en voie d'autonomisation de par leur sujet au sens large, mais qui sont encore institutionnellement dépendants en partie des champs précédemment évoqués, à savoir le champ de l'histoire et celui du politique. Une telle structuration pose de multiples problèmes, notamment au niveau de l'attribution de telle ou telle œuvre à un champ: je ne peux les traiter ici, mais n'oublions pas que les champs sont un outil analytique, dépendant donc du point de vue de l'observateur que nous sommes; les attributions n'ont donc pas à être univoques et elles peuvent être modifiées en fonction du point de vue de l'utilisateur.

Le champ du politique a commencé à émerger bien après celui de l'histoire. En Angleterre, les premiers textes qu'on peut lui rattacher apparaissent à la cour ou dans l'entourage des premiers Plantagenets, à commencer par le *Policraticus* de Jean de Salisbury.[17] Mais, j'y insiste, celui-ci n'est pas véritablement un Miroir au Prince et les véritables Miroirs sont nés à la cour Capétienne,[18] autour de la figure charismatique de saint Louis. Au reste, même si chaque roi anglais à partir d'Édouard III s'est vu offrir au moins un Miroir,[19] ces Miroirs n'ont eu aucune diffusion et le seul Miroir présent en nombre dans les bibliothèques est, en Angleterre, comme partout ailleurs, le *De regimine principum* de Gilles de Rome.[20] Comme ailleurs aussi, la théologie politique est très présente, et, à travers les traductions anglaises de l'œuvre de Richard Fitzralph ou les adaptations lollardes des traités de John Wyclif, elle déborde largement le milieu universitaire, concourant ainsi à l'autonomisation du champ du politique. Surtout, deux types de textes se répandent: les poèmes en langue anglaise, œuvres « littéraires » certes, mais qui en même temps sont soit des poésies politiques proprement dit (poèmes de célébration d'une part, ou « *literature of complaint* », pour reprendre l'expression de Janet Coleman,[21] de l'autre), soit des pièces de cette « *literature of estates* » définie et analysée par Ruth Mohl.[22] Et puis, les textes de la pratique, placard, lettres, discours, dossiers, dont certains sont copiés et acquièrent une vie autonome. C'est cette confluence qui définit progressivement le champ du politique, dans lequel vont bientôt naître des textes qui se veulent explicitement politiques, comme les œuvres de Sir John Fortescue, par exemple. Il faut néanmoins admettre la fragilité de cette classification: pour prendre un exemple évident, si le fleuron de la « *literature of estates* » que sont les *Canterbury Tales*, au-delà du plaisir poétique et littéraire que procure la lecture de l'œuvre, donne une vision critique de la société anglaise qui est politiquement porteuse de sens, cette vision perd de son adéquation et donc de son efficacité au fur et à mesure que passe le temps. Pour les lecteurs du seizième siècle–et Chaucer est alors suffisamment lu pour que l'on imprime encore ses œuvres–l'œuvre a sans doute quitté le champ du politique pour revenir à celui du littéraire.

L'un des avantages de cette division est qu'elle permet de réaliser l'importance relative de ces différents champs et d'analyser leurs évolutions respectives. Ainsi, avant d'en venir au politique proprement dit, il peut être utile de présenter les structures fondamentales de la répartition chronologique par champs des textes. Tout d'abord, la dominance du champ du religieux au sens strict est écrasante: 44,9% des volumes des universitaires et 58,7% de ceux des non-universitaires ressortent de ce champ. Un des éléments de la différence entre les deux chiffres tient à l'importance de ce que j'ai regroupé sous le nom de livres de service, où se retrouvent aussi bien les livres utilisés à des fins liturgiques dans les chapelles que ceux qui servent aux prières et aux dévotions privées. Il faut d'ailleurs peut-être invoquer ici les usages testamentaires (dons de livres pour les églises dont on est seigneur, attachement à son *portos* ou à son livre d'heures personnel, et pas seulement chez les femmes) qu'à la pratique constante de la lecture et de la prière individuelle. Cela dit, les évolutions sont ici à la fois fluctuantes et divergentes: si la part du religieux reste globalement stable chez les universitaires (46% pour la classe 1301–1325, 47% pour la classe 1526–1550, mais avec une poussée à 58% pour la classe 1401–1425), elle augmente fortement chez les non-universitaires, de 45% en 1301–1325 jusqu'à 81% en 1401–1425, pour redescendre ensuite lentement jusqu'à 65% en 1476–1500. L'augmentation du nombre des livres religieux chez les laïcs s'explique par le fait que nous n'avons plus ici seulement des livres appartenant à la littérature de service, mais bien des ouvrages de littérature dévotionnelle, qui se font de plus en plus nombreux dans les bibliothèques des laïcs (Richard Rolle et Walter Hilton, bien sûr, mais aussi Henri de Suso et Nicholas Love). Qu'il y ait une plus forte proportion de livres religieux chez les non universitaires que chez les universitaires s'explique aisément: les universitaires ont en moyenne beaucoup plus de livres, donc autre chose que des livres religieux, alors que les non universitaires en ayant beaucoup moins, on ne connaît souvent que le noyau de leur bibliothèque, où se retrouvent généralement un *primer* ou un bréviaire portatif (*portos*).

Le deuxième fait marquant (figure 6.5), et qui requiert une explication, tant il paraît de prime abord surprenant, est la diminution relative de la part du droit. Il reste en poids numérique le deuxième champ chez les non-universitaires, et ici l'on peut expliquer assez facilement cette évolution qui n'est négative qu'en apparence: en réalité, la population telle qu'elle est aujourd'hui constituée, comporte au fur et à mesure que l'on avance dans le temps de moins en moins d'ecclésiastiques, et notamment de réguliers, tout simplement parce que ceux-ci sont de plus en plus souvent universitaires. Le droit romain et le droit canon disparaissent donc des collections, remplacés par le droit anglais. Cette baisse relative des livres de droit cache donc au contraire une augmentation de la part relative du droit anglais. Quant aux universitaires, le phénomène est certainement accentué par la baisse très prononcée du droit canon dans le cadre de la réforme henricienne, qui n'est pas compensée par l'augmentation du nombre des livres de droit romain. Chez les non universitaires, on note par ailleurs une augmentation tendancielle des ouvrages de littérature, d'histoire et de politique; chez les universitaires, de ceux de littérature, de ceux qui appartiennent au champ « grammaire, rhétorique et pédagogie" (c'est la poussée humaniste) ou aux champs de la médecine et de l'histoire, le champ du politique reste pour sa part constant.

Par ailleurs, autre élément du contexte, la faveur changeante dont jouissent textes et auteurs, correspondant à l'évolution des goûts et des expectatives: une analyse factorielle[23] déjà ancienne (faite en mai 2001, donc avec moins de titres, surtout pour la dernière période) met en évidence la chronologie des changements de la demande culturelle. L'observateur attentif remarquera que les périodes (de 1 [1301–1325] à 10 [1526–1550]) se disposent sur une sorte de fer à cheval qui part du quatorzième siècle et se termine au milieu du seizième siècle. C'est autour de la position centrale d'Augustin, l'auteur le plus lu en toute période, que se structurent en opposition les auteurs typiques du XIVe siècle et de la période médiévale dans son ensemble (d'une part les juristes, Justinien en tant qu'« auteur » du Code Justinien, Gratien, le Grégoire IX des *Décrétales*, Giovanni d'Andrea, Hostiensis, Boniface VIII pour le *Sexte*, et les théologiens comme Thomas d'Aquin et Gilles de Rome), et les auteurs les plus caractéristiques de la Renaissance qui ne sont pas, comme l'on aurait pu s'y attendre, les humanistes, dont les œuvres sont numériquement trop faiblement représentées, mais d'une part les auteurs du seizième siècle qui ne pouvaient évidemment pas figurer dans les bibliothèques médiévales, comme Erasme, auteur phare de la période, Dionysius Carthusianus et Eckius, et de l'autre des auteurs grecs, les médecins (Dioscorides, Galien) et les Pères grecs (Basile et Théophylacte). Entre les deux, mais décalés du centre où trône Augustin (dans ce type d'analyse, le centre correspond à la moyenne, ce qui veut dire qu'Augustin est également présent–et dominant–à toutes les périodes), se trouvent les auteurs spécifiques du quinzième siècle, dans l'ordre chronologique de leur émergence, Duns Scot–qui prend le dessus sur Thomas d'Aquin au quinzième siècle, Jacques de Voragine, les commentateurs de la Bible Nicolas de Lyre et Hugues de Saint-Cher, Aeneas Sylvius Piccolomini, Jérôme, Chrysostome (retenu vers le médiéval par le pseudo-Chrysostome dont il est impossible de le distinguer quand l'on ne dispose pas du titre de l'œuvre), « Abbas » (Nicholas de Tudeschis) et Antonin de Florence, Rainier de Pise. On remarque l'échelonnement des pères de l'Église: Augustin au centre, Grégoire le Grand côté médiéval, Jérôme côté seizième siècle. On constate qu'aucun auteur proprement politique ne figure sur ces listes (si Gilles de Rome figure sur le graphique dans cette position, ce n'est pas pour le *De regimine principum*, mais pour l'en-

LES BIBLIOTHÈQUES PRIVÉES EN ANGLETERRE 109

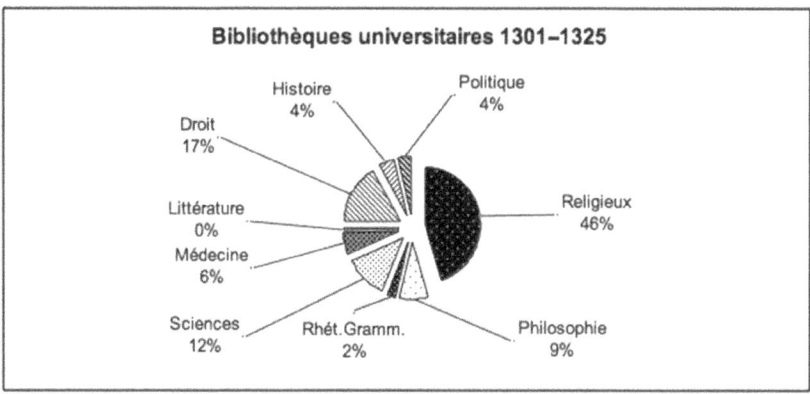

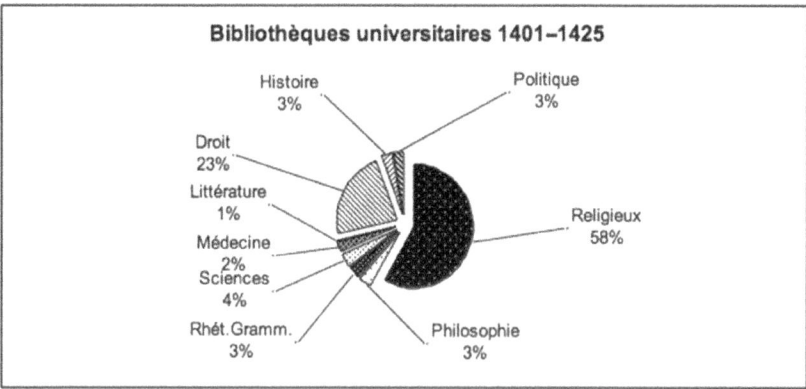

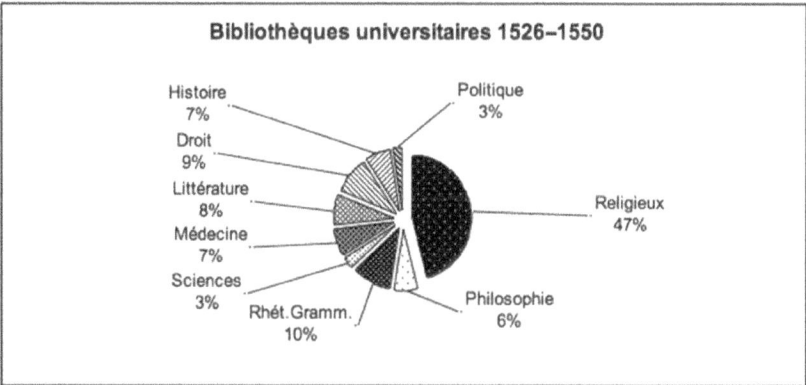

Figure 6.5. Évolution chronologique de la répartition par champs des bibliothèques universitaires.

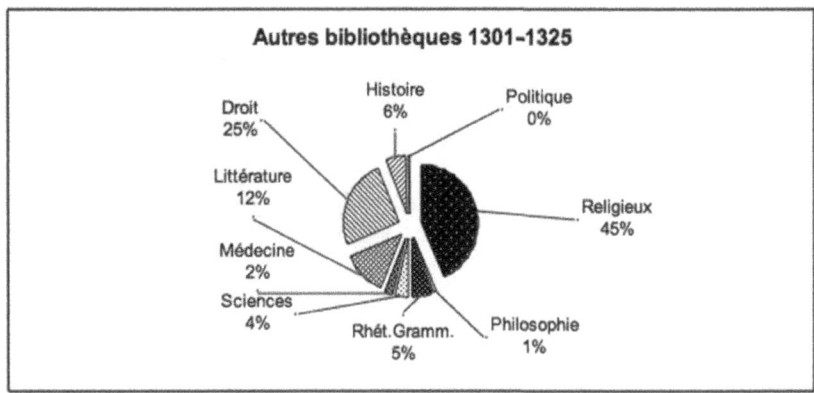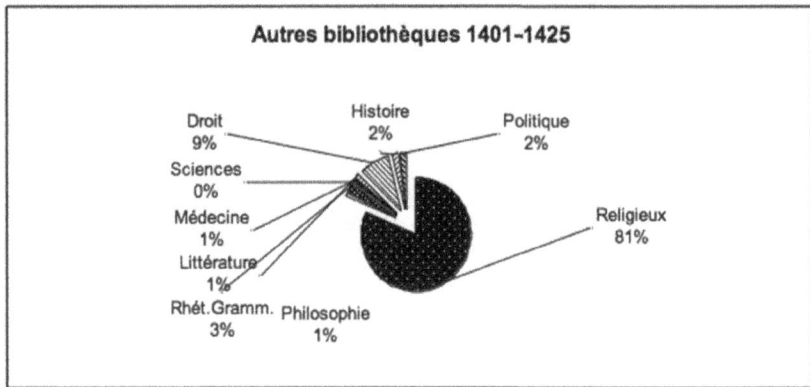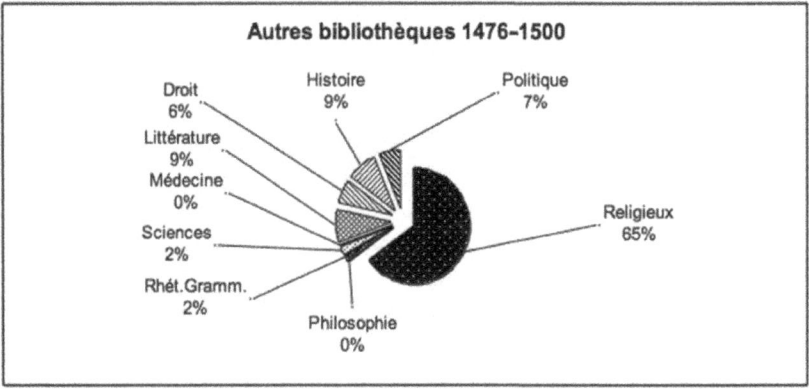

Figure 6.6. Évolution chronologique de la répartition par champs des autres bibliothèques.

semble de son œuvre scolastique, surtout présente au XIVe siècle), et ce pour la raison fort simple que le nombre de volumes qu'on peut leur attribuer reste toujours trop faible.

* * *

Cette présentation d'ensemble étant terminée, qu'en est-il des œuvres qui entrent dans le champ du politique? Le premier point frappant est l'absence de contact entre la base de données consacrée aux universitaires et celle qui concerne les non-universitaires. A la vue des figures 6.7a et 6.7b, nous sommes en face de deux cultures, dont les spécificités bien différentes sont immédiatement perceptibles à partir de distributions si éloignées l'une de l'autre. On observe un seul véritable point commun, c'est-à-dire un ouvrage qui se retrouve proportionnellement au même niveau dans les deux types de bibliothèques, à savoir le *De regimine principum* de Gilles de Rome (30 exemplaires chez les universitaires, 24 chez les autres, si du moins on accepte libéralement l'attribution à Gilles, loin d'être certaine dans bien des cas), mais on remarque aussi que ce texte disparaît pratiquement des bibliothèques avec la classe 1525–1550: il est vrai que la dissymétrie des deux bases de données interdit de vérifier la présence d'œuvres d'Érasme ou de Thomas More, par exemple, dans les bibliothèques laïques de la première moitié du seizième siècle. Examinons cela un peu plus en détail, en comparant plus précisément les détenteurs des manuscrits comportant les œuvres d'Aristote, d'Augustin, de Gilles de Rome et du *Secretum secretorum* du pseudo-Aristote.

Pour Aristote et Augustin, il y a bien quelques propriétaires dans la base de données sur les bibliothèques non universitaires. Ainsi Sir John Fastolfe a-t-il un *Liber etiques* en français, tandis que le duc Humphrey de Gloucester possède la *Politique* dans la version de Leonardo Bruni.[24] Mais les autres détenteurs sont des moines, comme Thomas de Salford, un bénédictin de Canterbury, ou Thomas de Cirencester. Quant à la présence d'un *boke decem libri eth[ic]orum* dans la bibliothèque de William Pownsett, steward de l'abbaye de Barking avant la dissolution des monastères, elle s'explique par le fait que les manuscrits de l'abbaye semblent avoir été récupérés par ce personnage, peut-être dans l'intention de les mettre à l'abri en attendant des jours meilleurs.[25] Pour le *De civitate dei*, c'est un peu le même schéma, avec pour les laïcs des exemplaires en français seulement et en deux volumes, l'un appartenant à Édouard IV,[26] et l'autre se trouvant dans la bibliothèque de Gerald Fitzgerald, Earl of Kildare, une bibliothèque connue par deux inventaires du début du seizième siècle mais dont la constitution est certainement antérieure.

Figure 6.7a: Principaux auteurs universitaires.

Médiane d'activité	ant. à 1300	1301–1350	1351–1400	1401–1450	1451–1500	1501–1550
Aristote + commentaires	6	17	8	13	23	74
Cicéron		1			9	53
Platon					4	3
Végèce			3		2	3
Orateurs attiques					5	26
Saint Augustin + commentaires	4	8	5	12	28	25
Augustin d'Ancône				1	5	2
Pierre d'Ailly					5	
Écrits sur le schisme			2	2	1	
Richard Fitzralph			2			
Marsile de Padoue				1	1	
Guillaume d'Ockham					1	1
Pierre de Palude				1	1	
Wyclif					1	
Gilles de Rome *De regimine principum*	1	3	4	10	7	1
De regimine principum Anonymes		1	1	1	1	1
Jean de Salisbury		1	5	2	2	7
Roger de Waltham			2	2	3	1
John de Bridlington			1		2	
Secreta secretorum			1		2	1
Simon Islip *Speculum regis*				1		1

Figure 6.7a *(suite)*

Médiane d'activité	ant. à 1300	1301–1350	1351–1400	1401–1450	1451–1500	1501–1550
Christine de Pizan						
Alain Chartier						
William Langland						1
John Gower						1
Thomas Hoccleve						
Geoffrey Chaucer				2	3	1
John Lydgate						
Sir John Fortescue						
William de Worcester						
Petrus Carmelianus						
Thomas More						11
Érasme					2	8
John Fisher						2
Stephen Gardiner						1
John Fox						2
Thomas Eliott						4
William Tyndale						1
Josse Clichtove						2
Leonardo Bruni					2	
Reginald Pole						1
Poggio						1
Valla						1

114 JEAN-PHILIPPE GENET

Figure 6.7b: Principaux auteurs non-universitaires. Les chiffres en italique indiquent le nombre des exemplaires possédés par des ecclésiastiques.

Médiane d'activité	ant. à 1300	1301–1350	1351–1400	1401–1450	1451–1500	1501–1550
Aristote + commentaires	2	2		2		1
Cicéron						2
Platon				3		
Végèce		1?	2	3	4	1
Orateurs attiques						
Saint Augustin + commentaires	*1*		*1*		1	2
Augustin d'Ancône						
Pierre d'Ailly						
Écrits sur le schisme				1		
Richard Fitzralph						
Marsile de Padoue						
Guillaume d'Ockham			1	1		
Pierre de Palude						
Wyclif						
Gilles de Rome *De regimine principum*			5+*1*	4+*1*	6	
De regimine principum Anonymes			1	4	2	2	1
Jean de Salisbury						
Roger de Waltham						
John de Bridlington						
Secreta secretorum			2	*1*	2	2	1
Simon Islip *Speculum regis*						

Figure 6.7b *(suite)*

Médiane d'activité	ant. à 1300	1301–1350	1351–1400	1401–1450	1451–1500	1501–1550
Christine de Pizan				4	6	1
Alain Chartier					1	
William Langland			*1*	1+*1*		
John Gower			1	3	2	2
Thomas Hoccleve				3	3	1
Geoffrey Chaucer				3+*1*	19+*2*	13
John Lydgate				1	3	
Sir John Fortescue					1	
William de Worcester					1	
Petrus Carmelianus					2	
Thomas More						1
Érasme						
John Fisher						
Stephen Gardiner						
John Fox						
Thomas Eliott						
William Tyndale						
Josse Clichtove						
Leonardo Bruni						
Reginald Pole						
Poggio						
Valla						

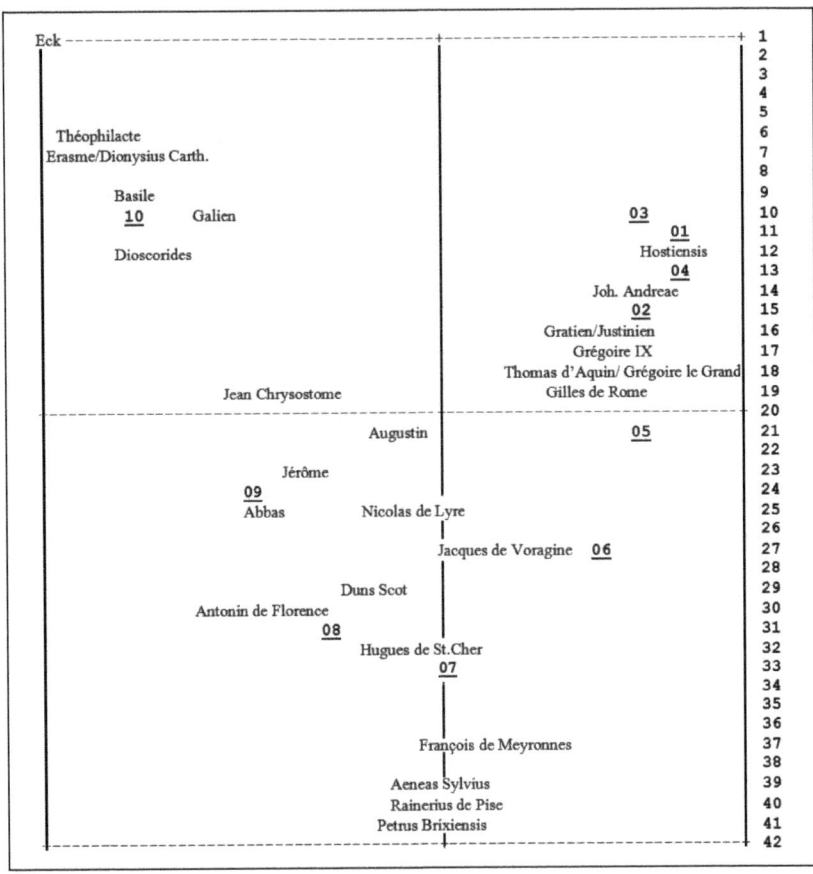

Figure 6.8. Proximité des auteurs et des périodes (Analyse factorielle des correspondances) dans l'Angleterre médiévale jusqu'en 1550.

Au contraire, pour Gilles de Rome, on trouve un nombre respectable de copies dans les mains des laïcs et, en dépit de la différence de taille des deux bases, les deux listes sont conséquentes. Il est vrai qu'il est difficile d'être sûr qu'il s'agit bien du *De regimine principum* de Gilles de Rome, car le titre fonctionne de façon générique: on ne peut avoir de certitude que lorsque les manuscrits subsistent et c'est pourquoi la liste ci-dessous s'appuie autant que faire se peut sur le remarquable travail de Charles Briggs;[27] elle comprend toutefois des textes classés dans la Figure 6.7 comme *De regimine principum* anonyme, à l'exception toutefois de ceux dont il est sûr qu'ils ne sont pas de Gilles (comme le *Tractatus de regi-*

mine principum ad regem Henricum Sextum,[28] par exemple). Elles couvrent l'une comme l'autre un large spectre social, allant des princes et des rois jusqu'à un *alderman* de Calais chez les laïcs, de plusieurs évêques à de simples *fellows* de collège chez les universitaires. Le livre n'est donc pas lu par les seuls futurs dirigeants, même s'il prétend leur être destiné! Il a d'ailleurs fait l'objet de commentaires à l'université, moins souvent qu'Aristote et qu'Augustin, mais un tel honneur est si rarement octroyé à un texte « moderne » que cela mérite une mention. Au reste, les universitaires possèdent uniquement la version latine, et le texte de Gilles est souvent accompagné par des commentaires sur la *Politique* d'Aristote: son « environnement » est donc très différent de celui des versions des propriétaires non universitaires. Ces derniers sont aussi plus nombreux à posséder des *De regimine* non attribuables à Gilles, et les *Secreta secretorum* pseudo-aristotélicien.

Les propriétaires privés non universitaires du De regimine principum et des Secreta secretorum en Angleterre jusqu'en 1525:

1. Édouard II: *Liber de regimine regum*, mentionné dans un inventaire de 1323.
2. Édouard III?: Paris, BnF, MS français 571: don de Philippa de Hainaut (version française d'Henri de Gauchy, aujourd'hui perdue).
3. Henry of Eastry, prieur de Christchurch Canterbury: il lègue aux moines de Christchurch en 1351 un *Liber de regimine principis*.
4. William Lord Thorp (mort en 1391): Oxford, Bodleian Library, MS Bodley MS 234.
5. Simon Burley, exécuté en 1388, version française.
6. Thomas de Woodstock, duc de Gloucester, assassiné en 1397; ce même exemplaire, ou un autre, légué par Eléonore Bohun, duchesse de Gloucester, à son fils Humphrey, mort avant elle en 1397.
7. Thomas Lord Berkeley: Oxford, Bodleian Library, Digby MS 233 (version anglaise de John Trevisa faite à sa demande), probablement pour sa fille Elisabeth et son mari, Richard Beauchamp, Earl of Warwick; plus tard à Mary, Lady Hastings et Hungerford.
8. John Carpenter, Town clerk de Londres, mort en 1442: *Speculum morale regum*, qu'il lègue à son clerc, Robert Langford.

9. John Bredhill, recteur de Kingwynsford (Staffordshire), fl. 1442: *De regimine principum nobilium.*

10. Humphrey of Gloucester: Cambridge, University Library, MS Ee.2.17, version française (cadeau de son cousin Sir Robert Roos), plus tard passée à Sir James Strangways; il a également donné un *De regimine principum* latin à l'Université d'Oxford en 1444, mais il est difficile de savoir si ce n'est pas un manuscrit acheté pour l'occasion.

11. Marguerite d'Anjou: Londres, British Library, Royal MS 15 E.vi, le magnifique cadeau de mariage offert à la reine par John Talbot, Earl of Shrewsbury, copié à Rouen en 1445; il s'agit d'un abrégé français.

12. Sir Thomas Charlton, Speaker of Parliament en 1454, une version anglaise (la traduction de Trevisa ou un des miroirs anglais?).

13. Sir Peter Arderne, chief baron of the Exchequer, mort en 1467.

14. John Broughton, esquire de Toddington (Bedfordshire) au milieu du XVe siècle: un abrégé latin, Londres, British Library, Royal MS 6 B.v.

15. Famille Garshall, milieu du XVe siècle: Chicago, University Library, MS. 533.

16. John Catesby, fils de Hugh Catesby (seconde moitié du XVe siècle?).

17. Henry Percy, Earl of Northumberland, mort en 1455: Oxford, Bodleian Library, Laud Misc. MS. 702, donné en 1419 à son confesseur William de Norham (voir infra).

18. Richard, duc d'York, puis Richard III (alors duc de Gloucester): Lambeth Palace Library, MS. 40/ L 26.

19. Sir Thomas Charlton, Speaker of Parliament, mort en 1465 (il avait donc récupéré ce livre qui lui avait été confisqué en 1461).

20. Édouard IV: *Le Gouvernement of Kings and Princes,* sans doute une version française.

21. William Sonnyng, *alderman* de Calais: New York, Pierpont Morgan Library, MS M 122, une version française.

22. George Fascet, O.S.B., prieur puis abbé de Westminster (mort 1500): Lambeth Palace Library, MS 184.

23. Famille Pert au début du seizième siècle: Cambridge, Jesus College, MS Q.B.9, antérieurement à Charles V et provenant de la bibliothèque du Louvre, donc peut–être « acquis » par le duc de Bedford.
24. X, catalogue de bibliothèque sur la page de garde d'Oxford, Bodleian Library, Fairfax MS 10.

Les propriétaires privés universitaires du De regimine principum et des Secreta secretorum en Angleterre jusqu'en 1525:

1. Ralph Baldock, évêque de Londres, mort en 1313, légué à la cathédrale Saint–Paul.
2. Walter Stapledon, D.Cn.C.L, évêque d'Exeter, massacré en 1336, avait deux exemplaires dans sa bibliothèque.
3. John Lecche, king's clerk, mort en 1361: Londres, British Library, Lambeth MS 150 (légué à Llanthony).
4. Thomas Paxton, fellow de King's Hall, mort en 1371, a donné un exemplaire à la bibliothèque de l'Université de Cambridge.
5. John Ufford, chanoine de Salisbury, un *magister* de Cambridge, lègue son *De regimine* à Master Henry de Thompson en 1375.
6. Cardinal Simon Langham, O.S.B., lègue un exemplaire à Westminster en 1376.
7. John Lenne, recteur de Kedington, mort en 1376.
8. Richard Bury, M.A., mort en 1413: Cambridge, University Library, MS Ii.2.8.
9. John Neuton, Trésorier d'York, lègue en 1414 un exemplaire à Peterhouse (Cambridge, Peterhouse MS. 233?).
10. John Kyngton, chanoine de St–Paul, puis O.S.B. à Christ Church Canterbury, mort en 1416, possédait Canterbury, Dean and Chapter Library, MS B.11.
11. John Clench, fl. 1418, vicaire de Saham Toney, don à Pembroke Hall de Cambridge.
12. William de Norham, D.Th., O.P. reçoit d'Henry Percy Oxford, Bodleian Library, Laud Misc. MS. 702 (cf. supra).
13. Roger Whelpdale, D.Th., évêque de Carlyle, légué en 1423 à Balliol College.

14. John Cranewys, O.S.B. Bury St–Edmund's, B.Cn.L., fl. 1424, possesseur de Cambridge, Gonville and Caius College, MS 113/182.
15. Thomas Lavenham, *fellow* de Pembroke Hall à Cambridge, mort en 1435, donne à son collège Cambridge, Pembroke College, MS 158.
16. Thomas Markaunt, fellow de Corpus Christi Cambridge, B.T., lègue un exemplaire à Corpus Christi en 1438.
17. Robert Alne, M.A., fellow de Peterhouse lègue en 1440 son *De regimine* à York Minster, en en laissant l'usage jusqu'à sa mort à un prêtre d'York, Robert Semer.
18. John Marshall, B.T., chanoine de Lincoln, mort en 1446, donne un exemplaire à Lincoln College.
19. Thomas Lay, *fellow* d'All Souls jusque vers 1450, a donné à son collège Oxford, All Souls College, MS 92.
20. Elias Holcotes, B.T., chanoine d'York, mort en 1464.
21. Christopher Forster (fl. 1481–1482) a déposé Glasgow, University Library, Hamilton MS 141 dans le Guildford Chest à Oxford en 1465.
22. Alexander Beletur, un prêtre, dépose son exemplaire au Warwick Chest en 1465.
23. Thomas Eborall; D.Th., maître de Whittington College à Londres, mort en 1471, index et liste des chapitres seulement dans un manuscrit composite acheté 27 sous 6 deniers: Londres, British Library, Royal MS 5 C.iii.
24. John Molet, D.Th., O.S.B. Norwich, lègue à sa mort en 1471 un exemplaire au prieuré cathédral de Norwich.
25. John Hurt, B.T., vicaire de Nottingham St. Mary, lègue à sa mort en 1476 un exemplaire à Godshouse, Cambridge.
26. Owen Lloyd, D.Ll, *archdeacon* de Totness, D.C.L., mort en 1478, offre Hereford, Cathedral Library, MS P.V.7 à la cathédrale d'Hereford.
27. Hugh Tapton, mort en 1481, *prebendary* de Stoke, possédait Oxford, Bodleian Library, Laud misc. MS 652.
28. Thomas Rotherham, archevêque d'York, mort en 1500, a donné Cambridge, University Library, MS. Ff.4.38 à la bibliothèque de l'Université de Cambridge.

29. David Rice, B.C.L., fl. 1508, Oxford, Jesus College, MS. 12: un abrégé alphabétique latin, acquis lors du concile de Constance par un propriétaire précédent.
30. William Clayton: peut–être le D.Cn.L. de ce nom, chapelain d'Henry VIII, mort en 1532, a-t-il possédé à son tour Glasgow, University Library, Hamilton MS. 141?

Le contraste joue tout à fait dans l'autre sens si l'on prend les textes des poètes anglais qui sont pris en compte ici, Chaucer, Gower, Lydgate et Langland: on ne trouve que quinze manuscrits de leurs œuvres (sur plus de 21000!) dans la base: les propriétaires, parmi lesquels deux laïcs, John Tiptoft, Earl of Worcester et le clerc du conseil Thomas Kent, sont surtout des juristes. A part Thomas Arundel, auquel John Gower a présenté un exemplaire de *Vox clamantis*[29] et William Gray, les propriétaires de ces textes appartiennent à la seconde moitié du quinzième siècle et au seizième siècle et se répartissent surtout entre deux classes, 1451–1475 (6 propriétaires) et 1526–1550 (4). D'ailleurs, il est remarquable que chez les universitaires possesseurs d'œuvres de Chaucer, *A Treatise on the Astrolabe* fait pratiquement jeu égal avec les *Canterbury Tales* (quatre exemplaires).[30] L'amateur le plus affirmé de littérature anglaise est un juriste, Geoffrey Blythe, Warden du King's Hall à Cambridge, qui possède des œuvres (non précisées) de Chaucer, la *Confessio amantis* de Gower, ainsi qu'*A dyalogue in ynglysshe* (il a aussi l'*Utopie* de Thomas More, mais sans doute en latin). Un *fellow* de King's, William Davy, possède ainsi un Chaucer (les *Canterbury Tales* cette fois). L'amateur de Langland est, curieusement, un *Reader in Greek* de Trinity Hall, Robert Pember, tandis qu'un des textes de Gower appartient à un étudiant de Trinity Hall, Henry Spring, mort très jeune en 1549, et dont la « bibliothèque » ne présente guère encore de caractères typiquement universitaires: on peut toutefois suspecter l'existence à Cambridge dans les années 1540 d'un petit cercle d'amateurs de poésie anglaise ancienne.

Au total, nous sommes donc bien en présence de deux cultures. Comment les caractériser? Chez les universitaires, les deux auteurs dominants sont Augustin et Aristote, l'œuvre d'Aristote lui-même faisant jeu égal avec les nombreux commentaires qu'elle a suscités, ici regroupés avec elle, mais distingués clairement dans la base. Les commentaires relevés le plus fréquemment sont ceux de Walter Burley, Thomas d'Aquin et Jean Buridan, et pour le seizième siècle, ceux de Lefèvre d'Étaples, Melanchton, Joachim Perionius et Eustratius. Ces commentaires

« modernes » conduisent à un renouvellement du stock textuel, et c'est la multiplication des copies de ces commentaires (imprimés) plutôt que de celles de l'*Éthique* et de la *Politique* qui explique le « boom » aristotélicien du début du seizième siècle. Il n'y a au contraire qu'un seul commentaire de l'œuvre d'Augustin, celui de Thomas Waleys et Nicolas Trevet et il ne semble pas y avoir eu de renouvellement majeur dans ce domaine. Par ailleurs, alors que les œuvres d'Aristote sont le plus souvent détaillées titre par titre, précisément en raison des commentaires qui les accompagnent, il y a au seizième siècle beaucoup de collections des œuvres complètes d'Augustin qui, selon toute vraisemblance, comprenaient le *De civitate dei*. Ces collections désignées génériquement comme *Opera Augustini* ne se rencontrant que chez les universitaires, les chiffres donnés ici sous-estiment donc largement le nombre d'exemplaires de cette œuvre dans les bibliothèques universitaires: il ne faudrait donc pas conclure hâtivement à un contraste entre l'évolution de l'œuvre d'Aristote et celle d'Augustin dans le domaine politique au début du seizième siècle; comme l'indiquait l'analyse factorielle, la lecture d'Augustin est une constante pour toute la période étudiée.

Ce qui frappe, par contre, si l'on scrute le reste de la liste pour les universitaires, c'est le fait que l'éventail des choix est relativement peu ouvert. Après Augustin, Aristote et Gilles de Rome, seuls quelques titres émergent: Jean de Salisbury, qui apparaît très lu à partir de la seconde moitié du seizième siècle du moins, et Végèce. Végèce, objectera-t-on, figure aussi dans les bibliothèques laïques: mais les universitaires le lisent sans doute comme un texte latin qui mérite d'être étudié en tant que tel, et non comme un traité d'art militaire pour les capitaines et les gouvernants. On observe la relative popularité d'un théologien augustinien, Augustin d'Ancône, qui semble connaître un regain d'actualité à la fin du quinzième siècle[31] et de Roger de Waltham, dont le *Compendium morale* est un recueil d'*exempla* moraux et politiques. Les auteurs qui occupent généralement le devant de la scène dans les manuels d'histoire politique comme Guillaume d'Ockham, Jean de Paris, Marsile de Padoue, Pierre d'Ailly,[32] Fortescue ou Machiavel brillent par leur rareté, voire leur absence! La liste des « théologiens politiques » est en particulier extrêmement brève, même si l'on y remarque un *De dominio civili* de Wyclif: ouvrage interdit, certes, mais qui était entre les mains avisées d'Henry Abingdon, probablement parce qu'il est l'un des délégués anglais au Concile de Constance où l'Église d'Angleterre a obtenu la condamnation de la doctrine de Wyclif.

Enfin, on ne peut que conclure à la lenteur de la diffusion des textes humanistes et caractéristiques de la Renaissance dans les bibliothèques anglaises. Seuls Thomas More avec son *Utopie* et Érasme, avec son *Institution du Prince Chrétien* et ses discours sur la paix et la guerre font une percée significative, rejoints *in extremis* par Sir Thomas Eliott et son *Gouvernour*. Les textes des humanistes italiens ne sont là qu'en quantité négligeable. En fait, les apports les plus visibles de la période 1450–1550 sont, beaucoup plus que quelques exemplaires de Platon, l'apparition et le succès majeur du *De officiis* de Cicéron, qui n'était pour ainsi dire pas lu auparavant[33] et des discours des orateurs attiques, qui viennent s'installer aux côtés du *De civitate dei* et d'Aristote pour constituer le fondement de la bibliothèque politique de la Renaissance: il est significatif que l'un des premiers livres imprimés achetés sur le continent par un Anglais (en l'occurrence John Russell, le 17 avril 1467 à Bruges où il se trouve pour négocier le mariage de Margaret d'York et de Charles le Téméraire) soit un *De officiis* imprimé par Fust et Schoeffer à Mayence en 1466.

En ce qui concerne les non-universitaires, les données sont encore trop incomplètes pour qu'il soit possible de dire quoi que ce soit pour le début du seizième siècle. Mais pour le reste, le choix est encore plus restreint que pour les universitaires. Ici, l'élément déterminant est très certainement la langue. Si les livres en latin ne sont pas rares, y compris chez les laïcs, les textes en français d'abord ou en anglais ensuite, pratiquement absents chez les universitaires, représentent une majorité, abstraction faite des livres liturgiques. Les différentes versions des *Secreta secretorum*, Végèce (mais surtout dans des traductions ou des versions « éditées »), Christine de Pizan (notamment *Le livre du corps de Policie* et l'*Épître d'Othéa*), les divers *De regimine* en langue vulgaire (peut-être des versions de Gilles de Rome, mais le titre tend à être utilisé comme un générique), forment un ensemble de textes disponibles dans les trois langues, le français paraissant (du moins dans l'état actuel de la base) la langue la plus fréquente. Chaucer, Gower et Hoccleve marquent l'arrivée en force de l'anglais et introduisent une toute autre vision du politique, essentiellement celle de la « *literature of estates* ».[34] Si Thomas Hoccleve démarque partiellement le *De regimine principum* de Gilles de Rome dans son *Regement of Princes*, le livre VII de la *Confessio Amantis* de Gower et, surtout, les *Canterbury Tales* de Geoffrey Chaucer témoignent d'une vision beaucoup plus originale. Toutefois, il ne faut pas perdre de vue que le poids numérique de ces auteurs est peut-être exagéré, dans la mesure où leurs manuscrits ont été généralement étudiés très en détail, si bien que l'on dispose de connaissances sur leurs propriétaires qui sont sans équivalents pour les autres textes.

Aussi est-il utile de revenir, pour terminer, sur le concept de bibliothèque. Si, au lieu de se contenter d'une observation des titres et des auteurs, on prend la « bibliothèque » (malgré toutes les réserves que nous avons émises sur l'utilisation du concept dans ce cas présent) comme une unité, il est alors possible de relativiser la place du politique par rapport aux autres contenus et d'analyser la façon dont il s'articule avec eux. Que l'on prenne à titre d'exemple les « bibliothèques » de Sir Thomas Chaworth,[35] d'Edmund Rede of Boarstall,[36] de Leo, Lord Welles,[37] ou celles, très hypothétiques, de familles comme les « Middleton » de Wollaton ou les Paston,[38] le constat que permettent ces listes assez proches et donc bien caractéristiques des lectures des membres de la *gentry* est toujours le même; leur premier intérêt est de révéler qu'elles ne comportent que fort peu de livres politiques: l'*Épître d'Othéa* de Christine de Pizan, et le *De regimine principum* de John Lydgate et Benedict Burgh, titre trompeur qui désigne en fait une version du *Secreta Secretorum* où l'accent est mis plus largement sur les aspects médicaux que dans les autres versions, le *Chess* de Caxton et les ouvrages militaires de la famille Paston font exception, avec le *Confessio Amantis* de Gower de la famille « Middleton ». Au total donc, fort peu de choses: ces « bibliothèques » particulières confirment donc bien la tendance donnée par la statistique générale sur les bases de données dans leur ensemble, même si l'on observe que la présence des *Statuts* et celle d'assez nombreuses chroniques montrent bien que l'on a affaire à des gens bien conscients du monde qui les entoure et qui cherchent à disposer d'une information minimale sur les événements et le fonctionnement de leur société.

Trois bibliothèques de la fin de notre période confirment et même accentuent cet éclairage. Une liste de 27 volumes, datable de 1499 et qui représente probablement le « catalogue » d'une bibliothèque appartenant à une famille de la *gentry* non identifiée à ce jour,[39] ne comporte que deux volumes « politiques » sur 27, un Hoccleve et un Gilles de Rome probablement en latin. Datant de 1503, l'inventaire d'un laïc, *clerk* de la comtesse Margaret de Richmond, James Morice[40] (mort en 1557), ne possède qu'un seul livre classable—et encore, pas de façon bien nette,[41] comme politique, les *Canterbury Tales* de Geoffrey Chaucer, alors qu'il est apparemment obsédé par la bonne conduite et les bonnes manières: à côté d'une bonne série de livres de littérature (*Love between Mars and Venus*, *Esope*, *Reynard the Fox*, le *Temple of Glass*, des poèmes de Gower), il possède une impressionnante collection de livres de comportement (*Book of Cookry, Book of Kervyng and Servyng, Litill John* avec *Stans puer ad mensam*). Enfin, la très intéressante bibliothèque des Fitzgerald, Earl of Kildare, très riche en littérature celtique mais aussi en titres français, livre sur une liste de 127 volumes (une collection qui semble s'être accumulée sur une période assez longue même si elle est connue par un inventaire de 1518) six titres qui sont politiques, du moins selon nos critères:[42] l'*Utopie* de Thomas More est déjà là, mais aussi Augustin en français, Végèce en latin et un *Songe du Virgi* qui, après tout, est peut-être bien un *Songe du Verger* plutôt qu'un exemplaire de la *Chastelaine de Vergi*.

* * *

Cette approche, me semble-t-il, présente à la fois des avantages et des inconvénients. Son principal avantage est de remettre en cause notre conception anachronique du politique au Moyen Âge. Même entre le quatorzième et le seizième siècle, au moment où s'opère la genèse de l'État moderne, la réflexion strictement politique n'occupe qu'une toute petite place dans une vision du monde qui est entièrement dominée par les préoccupations et les conceptions religieuses. En fait, au niveau de la réflexion abstraite, il n'en est qu'une partie, sans réelle autonomie même si, c'est vrai, ce n'est qu'un champ encore émergent et composite du politique qui peut être dessiné. L'avantage principal d'un tel champ composite est qu'il permet de bien faire apparaître les pôles autour desquels il s'organise, et cette polarisation apparaît très différente selon que l'on considère la culture latine savante des hommes passés par l'Université et celle des non-universitaires, qu'ils soient laïcs ou ecclésiastiques: les bibliothèques des universitaires sont dominées par Aristote et Saint Augustin auxquels viennent s'ajouter le Cicéron du *De officiis;* celles des non-universitaires le sont par des textes à forte connotation moralisante, provenant pour l'essentiel du champ littéraire, qu'il s'agisse de textes littéraires français (notamment les œuvres de Christine de Pizan) ou de textes littéraires anglais (Chaucer, Hoccleve, Gower, Langland). Seuls points de passage entre ces deux pôles, le *De regimine principum*, présent chez les uns et chez les autres (mais plus présent relativement chez les non-universitaires) et, très secondairement, Végèce et les *Secreta Secretorum*. Encore les universitaires et les non-universitaires ne lisent-ils pas les mêmes versions de ces œuvres, les non-universitaires ayant le plus souvent recours à des traductions ou à des adaptations vernaculaires, en français ou en anglais.

Par contre, il est clair qu'il faut corriger certaines déformations inhérentes à la méthode que nous avons employée. La taille réduite de certains textes fait qu'ils n'apparaissent pas dans les titres des volumes, réduits dans la base de données à deux ou trois: par exemple, un des manuscrits pris en compte comporte bien quelques œuvres de Sir John Fortescue, c'est le manuscrit de John Vale. Mais comment décrire par un titre autre que celui que lui ont donné ses éditeurs, à savoir « John Vale's book »[43] un volume qui comporte environ 450 textes différents? D'une façon générale, ce problème est crucial pour les *commonplace books*, dont le contenu historique et politique est souvent particulièrement riche. Il faudra donc compléter l'enquête dont nous venons de présenter certains aspects par une recherche portant sur le détail du contenu des manuscrits subsistants, ce qui devrait permettre de corriger au moins en partie les biais générés par le laconisme des catalogues, des inventaires et des testaments. Si l'on dispose de ce contrepoint, la bibliométrie et l'histoire du livre en général peuvent devenir, au même titre que l'histoire des idées, la lexicologie et la linguistique, d'excellents outils pour une meilleure connaissance de la culture de la société politique médiévale.

NOTES

[1] Voir Alston, *Books with Manuscript*.

[2] C'est le cas pour Henry, Lord Scrope of Bolton, condamné et exécuté en 1415 pour sa participation au complot contre Henri V: j'ai traduit et présenté les divers inventaires pour ce qui concerne les livres dans *Former, enseigner, éduquer*, edited by Gilli, II: 91–93; c'est aussi le cas pour Thomas de Woodstock, duc de Gloucester, exécuté en 1397.

[3] Chaque base est constituée de deux tables: une table principale contient les informations sur les « livres », l'autre sur les propriétaires.

[4] Emden, *A Biographical Register of the University of Oxford to A.D. 1500*, et *A Biographical Register of the University of Oxford A.D. 1501 to 1540*. Pour Cambridge: Emden, *A Biographical Register of the University of Cambridge to A.D. 1500*.

[5] Leedham-Green, *Books in Cambridge Inventories*.

[6] Fehrenbach and Leedham-Green, *Private Libraries*.

[7] Par exemple, Selwyn, *The Library of Thomas Cranmer*.

[8] Notamment, Cavanaugh, « A Study of Books ».

[9] Raine, ed. *Testamenta Eboraciensia*; Raine, ed. *Wills and Inventories*; et Clay, ed. *North Country Wills*.

[10] Friedman, *Northern English Books*; il y a beaucoup d'informations utiles aussi dans Moran, *The Growth of English Schooling*; et Hughes, *Pastors and Visionaries*.

[11] La plupart de ces informations sont accessibles dans la version de la base de données HP (Auteurs actifs dans les champs de l'histoire et du politique en Angleterre, 1300–1600) qui est disponible sur le site du Laboratoire de Médiévistique de Paris (LAMOP): <http://lamop.univ-paris1.fr>.

[12] Genet, « Droit et Histoire », présente le premier état de cette base; voir désormais Skemer, « Reading the Law », et « Sir William Breton's Book ».

[13] Le Goff, *Les intellectuels*.

[14] Genet, *La genèse*, 152.

[15] Voir, par exemple, Bourdieu, *Les régles de l'art*.

[16] Rapide présentation dans Genet, « L'auteur politique ». Voir Genet, *La genèse*, 201–305.

[17] John of Salisbury, *Policraticus* et *Ioannis Saresberiensis Policraticus I-IV*.

[18] Berges, *Die Fürstenspiegel*, présente la liste standard des Miroirs: sur le genre et ses rapports avec Capétiens et Plantagenets, voir Genet, « L'évolution du genre du Miroir ».

[19] Citons notamment le traité de Walter de Milemete pour Édouard III: *The Treatise of Walter de Milemete;* la lettre d'avis de l'évêque de Lincoln Philip Repingdon à Henri IV, in *The Official Correspondance*, et le *Tractatus de Regimine Principum ad Regem Henricum Sextum* anonyme pour Henri VI, dans Genet, ed. *Four English Political Tracts*.

[20] Pour les copies subsistantes de l'œuvre de Gilles de Rome, l'essentiel des renseignements vient de Briggs, *Giles of Rome's De Regimine Principum*.

[21] Coleman, *English Literature in History*.

[22] Mohl, *The Three Estates*.

[23] Sur la méthode voir Cibois, *L'analyse factorielle*; et Genet, « Analyse factorielle ». La méthode est fondée sur l'analyse des écarts à l'indépendance. Un auteur dont la distribution est conforme à la moyenne (comme ici Augustin) ne s'écarte pratiquement pas de l'indépendance, et se trouve toujours au centre. Les écarts sont mis en évidence sur une série d'axes, chaque axe correspondant à un facteur. Le graphique présenté ici est constitué par les deux premiers axes et représente à peu près la moitié du total des écarts à l'indépendance. Grossièrement, on peut dire qu'il y a une proximité entre les points qui sont proches les uns des autres, les chiffres représentant les dix périodes étudiées, les noms ceux des auteurs. N'apparaissent sur le graphique que quelques uns des auteurs les plus significatifs.

[24] Il faut essayer de démêler la collection privée d'Humphrey (qui comprend les exemplaires qui lui ont été présentés ou dédiés par les humanistes italiens qu'il s'est efforcé d'attirer à son service), de la liste des livres promis à la bibliothèque de l'Université d'Oxford, peut-être achetés pour l'occasion : les titres figurant sur cette liste ne sont pas pris en compte ici; cf. Sammut, *Unfredo duca di Gloucester* et *Duke Humfrey and English Humanism*.

[25] Bell, *What Nuns Read*, 116–19.

[26] Seul le premier volume subsiste, London, British Library, MS Royal 17 F.iii, qui contient les livres I-X.

[27] Briggs, « Manuscripts of Giles of Rome's *De Regimine Principum* ».

[28] Genet, ed. *Four English Political Tracts*, 40–173.

[29] Oxford, All Souls College, MS. 98.

[30] Voir Owen, Jr., *The Manuscripts of the Canterbury Tales*.

[31] Avec notamment deux propriétaires prestigieux, l'archevêque d'York, Thomas Rotherham, et l'archevêque de Canterbury, William Warham. Parmi les sept propriétaires (dont cinq ont un grade en théologie), on note aussi deux maîtres de collèges de Cambridge, John Warkworth, le Master de Peterhouse, et Edmund Peerpoynt, le Master de Jesus. L'un des propriétaires, Gerard Skypwith, a copié lui-même son exemplaire, qu'il a ensuite donné à Pembroke Hall (Cambridge, Pembroke College, MS. 133).

[32] Les cinq mentions du *De reformatione ecclesie* de Pierre d'Ailly, correspondent à un seul exemplaire: le manuscrit Oxford, Bodleian Library, Bodley MS. 42 a été acheté en 1472 par John Collys, à Dominus W. Palett (sans doute William Palett, M.A. Oxford 1452); dès 1479, le même manuscrit est déposé, peut-être après sa mort, dans le Germeyn Chest d'Exeter College à Oxford, par trois autres maître ès arts, James Babbe, John Mayne et William Merifeld.

[33] Est-ce à cause du succès médiéval du *De officiis ministrorum* de Saint Ambroise, qui emprunte le titre, le plan et pas mal d'idées à Cicéron? Il est remarquable que ce soit dans la seconde moitié du quinzième siècle que sont entreprises les premières traductions françaises de l'œuvre, celles d'Anjorrant Bourré (vers 1465) et de David Miffant (vers 1500). La première traduction anglaise est celle de Robert Whittington, le maître d'école des Royal Henchmen à la cour, imprimée en 1534 par Wynkn de Worde (STC 5278), vite supplantée par celle de Nicholas Grimald, imprimée en 1556.

[34] Voir n. 22.

[35] *Testamenta Eboraciensia*, II, 220–29 et Cavanaugh, *A Study of Books*, 181–83.

[36] Weaver and Bearwood, *Some Oxfordshire Wills*, 42–46; le testament est daté de 1489.

[37] McFarlane, *The Nobility*, 237.

[38] Pour les Paston, les choses sont assez claires: Lester, *Sir John Paston's « Grete Boke »*, 34–43 et Davis, ed. *The Paston Letters*, I:516–18, 575, 576, II:387, 391–92. Pour les « Middleton » (Middleton est le nom de la collection; peut-être faudrait-il les appeler Willoughby?), l'existence d'une « bibliothèque » de famille est simplement déduite de l'existence d'une collection à la Nottingham University Library qui semble avoir été rassemblée il y a longtemps. Les livres appartenaient peut-être à la famille Willoughby, mais on n'en trouve pas trace de livres dans les testaments de cette famille à l'exception de l'inventaire de ses biens d'Henry Willoughby, daté du 4 octobre 1550 (Nottingham, University Library, MS. Mi I 37), qui mentionne « dans la chapelle X bokes ... with mass boke – xxx s ». Sur les manuscrits, voir Turville-Petre and Johnston, *Image and Text*.

[39] La liste est sur la page de garde de Oxford, Bodleian Library, Fairfax MS. 10. Dean, « An Essay in Anglo-Norman Paleography ».

[40] Oates, « James Morice ».

[41] Voir supra, 81.

[42] *Historical Manuscripts Commission*, 288–89; je remercie l'une de mes étudiantes, Emilie Leclercq, de m'avoir signalé l'existence d'une thèse (que je n'ai pas pu consulter) sur cette « bibliothèque »: Moore, « The Library Catalogue ».

[43] Kekewich, ed. *The Politics of Fifteenth Century England*.

Bibliographie sélective

Alston, Robin C. *Books with Manuscript: A Short-Title Catalogue of Books with Manuscript Notes in the British Library.* London: British Library, 1994.
Bell, David N. *What Nuns Read: Books and Libraries in Medieval English Nunneries.* Kalamazoo: Medieval Institute Publications, 1995.
Berges, Wilhelm. *Die Fürstenspiegel des hohen und späten Mittelalters.* Monumenta Germaniae Historica, Schriften, II. Stuttgart: Hiersemann, 1938.
Bourdieu, Pierre. *Les règles de l'art: genèse et structure du champ littéraire.* Paris: Fayard, 1992.
Briggs, Charles. *Giles of Rome's De Regimine Principum. Reading and Writing Politics at Court and University, c. 1275–c. 1525.* Cambridge: Cambridge University Press, 1999.
Briggs, Charles. "Manuscripts of Giles of Rome's *De Regimine Principum* in England, 1300–1500: A Handlist." *Scriptorium* 47 (1993): 253–75.
Cavanaugh, Suzanne H. "A Study of Books Privately Owned in England, 1300–1540," PhD thesis. University of Pennsylvania, 1980.
Cibois, Philippe. *L'analyse factorielle: analyse en composantes principales et analyse des correspondances.* Paris: Presses Universitaires de France, 1983.
Coleman, Janet. *English Literature in History, 1350–1400. Medieval Readers and Writers.* London: Hutchinson, 1981.
Davis, Norman, ed. *The Paston Letters and Papers of the Fifteenth Century.* 2 Vols. Oxford: Oxford University Press, 1971 and 1976.
Dean, Ruth J. "An Essay in Anglo-Norman Paleography." In *Studies in French Language and Mediaeval Literature presented to Professor Mildred K. Pope by pupils, colleagues, and friends*, [editor unidentified]. Publications of the University of Manchester, 268. Manchester: Manchester University Press, 1939.
Emden, Alfred B. *A Biographical Register of the University of Cambridge to A.D. 1500.* Cambridge: Cambridge University Press, 1968.
Emden, Alfred B. *A Biographical Register of the University of Oxford to A.D. 1500.* 3 Vols. Oxford: Oxford University Press, 1957–1959; 1968.
Emden, Alfred B. *A Biographical Register of the University of Oxford A.D. 1501 to 1540.* Oxford: Oxford University Press, 1974.
Fehrenbach, Robert J. and Elisabeth S. Leedham-Green. *Private Libraries in Renaissance England. A Collection and Catalogue of Tudor and Early Stuart Book-Lists.* Medieval and Renaissance Texts and Studies. 5 Vols. Binghamton-Marlborough: Adam Matthew Publications, 1992–1998.
Four English Political Tracts of the Later Middle Ages, edited by Jean-Philippe Genet. Camden Fourth Series XVIII. London: Royal Historical Society, 1977.
Friedman, John B. *Northern English Books, Owners, and Makers in the Late Middle Ages.* Syracuse: Syracuse University Press, 1995.

Genet, Jean-Philippe. "Analyse factorielle et construction des variables: l'origine géographique des auteurs anglais (1300–1600)." *Histoire & Mesure* 17, 1–2 (2002): 87–108.

Genet, Jean-Philippe. "L'auteur politique: le cas anglais." In *Auctor et auctoritas. Invention et conformisme dans l'écriture médiévale. Actes du colloque tenu à l'Université de Versailles-Saint-Quentin-en-Yvelines (14–16 juin 1999)*, edited by Michel Zimmermann, 553–67. Mémoires et Documents de l'École des Chartes, 54. Paris: École des Chartes, 2001.

Genet, Jean-Philippe. "Droit et Histoire en Angleterre: la préhistoire de la Révolution Historique." *Annales de Bretagne et des Pays de l'Ouest (Anjou, Maine, Touraine)* 87, no. 2 (1980): 319–56.

Genet, Jean-Philippe. "L'évolution du genre du Miroir au Prince en Occident." In *Religion et mentalités au Moyen Âge. Mélanges en l'honneur d'Hervé Martin*, edited by Sophie Cassagnes-Brouquet, Amaury Chauou, Daniel Pichot and Lionel Rousselo. Rennes: Presses Universitaires de Rennes, 2003.

Genet, Jean-Philippe. *La genèse de l'État moderne en Angleterre: culture et société politique*. Paris: Presses Universitaires de France, 2003.

Gilli, Patrick, ed. *Former, enseigner, éduquer dans l'Occident médiéval, 1100–1450*. Paris: SEDES, 1999.

Historical Manuscripts Commission, 9th report, Appendix II. London, 1884.

Hughes, Jonathan. *Pastors and Visionaries. Religion and Secular Life in Late Medieval Yorkshire*. Woodbridge: Boydell, 1988.

Hunt, Richard, ed. *Duke Humfrey and English Humanism in the Fifteenth Century. Catalogue of an Exhibition held in the Bodleian Library Oxford*. Oxford: Bodleian Library, 1970.

John of Salisbury. *Ioannis Saresberiensis Policraticus I–IV*, edited by Katherine S. Keats-Rohan. Corpus Christianorum. Continuatio Medievalis, CXVIII. Turnhout: Brepols, 1993.

John of Salisbury. *Policraticus*, edited by Clement C. J. Webb. 2 Vols. Oxford, 1909; repr. Frankfort: G. Olms Verlag, 1965.

Kekewich, Margaret Lucille. Richmond, Colin, Sutton, Anne F., Visser-Fuchs, Livia, Watts, John, eds. *The Politics of Fifteenth Century England. John Vale's Book*. Stroud: Alan Sutton for Richard III & Yorkist History Trust, 1995.

Leedham-Green, Elisabeth S. *Books in Cambridge Inventories: Book-Lists from Vice-Chancellor's Court Probate Inventories in Tudor and Stuart England*. 2 Vols. Cambridge: Cambridge University Press, 1986.

Le Goff, Jacques. *Les intellectuels au Moyen Âge*. 1955; Paris: Seuil, 1985.

Lester, G. A. *Sir John Paston's "Grete Boke." A descriptive catalogue, with an introduction, of British Library MS. Lansdowne 285*. Cambridge: D.S. Brewer, 1984.

McFarlane, K. B. *The Nobility of Later Medieval England*. Oxford: Oxford University Press, 1973.

Milemete, Walter de. *The Treatise of Walter de Milemete. De nobilitatibus, sapientiis et prudentiis regum*, edited by Montague Rhodes James. Oxford: The Roxburghe Club, 1913.

Moore, Katherine. "The Library Catalogue of the 8th and 9th Earls of Kildare," Ph.D. Dissertation. Dublin: Trinity College, 1999.

Moran, Jo Ann. *The Growth of English Schooling 1340–1548: Learning, Literacy and Laicization in Pre-Reformation York Diocese*. Princeton: Princeton University Press, 1985.

Mohl, Ruth. *The Three Estates in Medieval and Renaissance Literature*. Columbia, 1933; repr. New York: Friedrich Ungar, 1962.

Oates, T. C. "James Morice, Clerk of Works to Margaret Beaufort." *Transactions of the Cambridge Bibliographical Society* 3 (1959–1963), 124–32.

Owen, C. A., Jr. *The Manuscripts of the Canterbury Tales*. Woodbridge: D.S. Brewer, 1991.

Raine, James, Sr., James Raine, Jr. and J. W. Clay, eds. *Testamenta Eboraciensia, or Wills registered at York*. Surtees Society. Durham: Andrews and Company, 1836, 1855, 1865, 1869, 1884, 1902.

Raine, James, William Greenwell, John Crawford Hodgson, ed. *Wills and Inventories illustrative of the History… of the Northern Counties of England*. Surtees Society. Durham: Andrews and Company, 1835.

Repingdon, Lincoln Philip. *The Official Correspondance of Thomas Beckington*, edited by G. Williams. London: Rolls Series, 1872.

Sammut, Alfonso. *Unfredo duca di Gloucester e gli Umanisti Italiani*. Medioevo e umanesimo, 41. Padoue: Editrice Antenore, 1980.

Selwyn, David G. *The Library of Thomas Cranmer*. Oxford Bibliographical Society, 3rd Series, 1. Oxford: Oxford Bibliographical Society, 1996.

Skemer, Don C. "Reading the Law: Statute Books and the Private Transmission of Legal Knowledge in Late Medieval England." In *Learning the Law: Teaching and the Transmission of Law in England 1150–1900*, edited by Jonathan Bush and Alain Wijffels, 113–31. London: Hambledon Press, 1999.

Skemer, Don C. "Sir William Breton's Book: Production of the *Statuta Angliae* in the Late Thirteenth Century." In *English Manuscript Studies, 1100–1700*, Vol. 6, edited by Peter Beal and Jeremy Griffiths. London: British Library, 1997.

Tractatus de Regimine Principum ad Regem Henricum Sextum. In *Four English Political Tracts of the Later Middle Ages*, edited by Jean-Philippe Genet. Camden Fourth Series, XVIII. London: Royal Historical Society, 1977.

Turville-Petre, Thorlac and Johnston, Dorothy. *Image and Text, Mediaeval Manuscripts at the University of Nottingham*. Nottingham: Djanogly Art Gallery, 1996.

Weaver, J. H. and A. Bearwood, eds. *Some Oxfordshire Wills Proved in the Prerogative Court of Canterbury, 1393–1510*. Oxfordshire Record Society XXXIX, 1958.

Jean-Philippe Genet (Université de Paris-I Panthéon-Sorbonne and the CNRS research group, Laboratoire de médiévistique occidentale de Paris) is a Professor of medieval history specializing in England, particularly the genesis of the modern state, book and manuscript collection and circulation, and the use of databases to study social and political history.

Abstract Genet studies the presence of books relating to politics in libraries in England 1200–1550. He draws on wills and inventories and considers books belonging at some time to university and non-university libraries. The data show the clear dominance of religious books in these collections. In university libraries the proportion remains stable while in non-university libraries it rises sharply and then tapers off. The proportion of law books falls. In non-university libraries, works of literature, history and politics become more numerous while in university libraries those on literature, grammar, rhetoric, pedagogy, medicine and history increase while the number of books on politics remains constant. The results of this study reveal the existence of two cultures: university libraries are dominated by works by Aristotle, Saint Augustine, and Cicero; non-university libraries, by didactic works in French and English. During a period identified with the genesis of the modern state, strictly political writing occupies only a small space in a vision of the world dominated by religious thought.

Diffusion et autorité de la *Grande Chronique de Normandie* (XIVe-XVe siècles): Mouvance du texte et réseau de circulation

Gillette Labory

L'ÉTUDE DU SENTIMENT NATIONAL en France à la fin du Moyen Âge a connu ces dernières années un regain d'intérêt. En témoignent les recherches de Jacques Krynen sur l'idéologie et l'histoire des idées politiques,[1] celles de Colette Beaune sur la naissance de la nation de France,[2] ou encore la publication de traités de propagande par Nicole Pons.[3] Yvon Lacaze avait déjà montré en 1971 qu'au sein de l'État bourguignon existait une « élémentaire conscience collective », chaque duc ayant contribué à faire de cette « conscience collective » les prémisses d'un sentiment national.[4] Mais c'est aussi l'émergence d'un sentiment d'identité régionale qui a fait l'objet de travaux et de colloques récents.[5] Cette identité régionale a souvent été le terreau où une historiographie régionale a pu fleurir et constituer l'instrument de glorification d'une dynastie et de ses hauts faits. Ainsi en Normandie s'est développée très tôt, dès le début du onzième siècle, une littérature en latin inaugurée par Dudon de Saint-Quentin, qui célèbre la maison ducale issue du premier duc Rou/Rollon. En 1204, la Normandie est rattachée à la France, le duché n'existe plus. L'histoire ducale en revanche continue à se transmettre mais désormais en langue vernaculaire et en prose, obéissant au mouvement de traduction de textes historiques qui se met en place au treizième siècle. Dès les années 1220, apparaît la première chronique normande en français et en prose qui connaîtra sa forme la plus développée aux quatorzième et quinzième siècles sous le nom de *Grande Chronique de Normandie* (*GCN*). L'étude et l'analyse du contenu de la *GCN* ont permis de montrer que non seulement l'image ducale a largement survécu, mais aussi que le texte qui l'a véhiculée a été de nombreuses fois copié, remanié, réécrit, et que les historiens du temps l'ont utilisé, lui reconnaissant un statut de référence et d'autorité. Il s'agit aussi d'une histoire exemplaire, comme l'a annoncé l'auteur. Dans un bref prologue, il dévoile son intention qui est, nous dit-il, de « mettre en forme » l'histoire des ducs de Normandie pour qu'elle serve d'exemple aux générations présentes et futures.

Présentation de la chronique, ses sources

La *Grande Chronique de Normandie*, ainsi nommée par le savant et académicien Léopold Delisle (1826–1910), spécialiste de l'histoire de la Normandie,[6] est une importante compilation consacrée à l'histoire des ducs de Normandie, dont la plus ancienne rédaction date du milieu du quatorzième siècle;[7] elle commence au premier duc Rou et s'arrête un peu après 1204, la dernière phrase évoquant le départ des chrétiens pour la cinquième croisade, en l'an 1217. Elle repose en partie sur une première version beaucoup moins développée, apparue au début du siècle précédent, au moment où s'amorce un grand mouvement de traduction d'ouvrages historiques en latin et où l'on commence à écrire l'histoire en prose et en vernaculaire.[8] Sous le nom de *Chronique des ducs de Normandie* ou encore *Chronique normande du XIIIe siècle*, cette rédaction reprend en les abrégeant les données de l'historiographie latine des *Gesta Normannorum ducum* (*GND*), ce titre désignant l'histoire écrite et poursuivie par Guillaume de Jumièges, Ordéric Vital et Robert de Torigni à la suite du *De moribus et actis primorum Normanniae ducum* de Dudon de Saint-Quentin.[9] La chronique du treizième siècle est conservée dans seize copies, dont dix contiennent une rédaction plus ou moins brève et les six autres une version plus longue attribuée à un auteur que l'on appelle l'Anonyme de Béthune.[10] Jusqu'à Jean sans Terre, l'Anonyme suit la chronique brève, mais à partir de 1199, il abandonne la trame commune pour donner un récit original et détaillé de l'histoire de l'Angleterre au début du treizième siècle. Entre la chronique du treizième siècle et la *GCN* s'intercale une rédaction composée à la fin du treizième siècle ou au début du quatorzième. Cette version reprend la chronique du treizième siècle mais à partir de la succession de Guillaume le Conquérant elle ajoute de larges extraits pris à une nouvelle source, les chroniques anglaises contemporaines, qu'elle traduit ou dont elle utilise une traduction.[11] Il s'agit d'une étape de transition qui ne compte que deux copies.

La *GCN* est issue de ces phases successives de traduction, d'adaptation et d'amplification. Elle reprend les chroniques précédentes, en remanie le texte, rajeunit la langue, mais sa principale caractéristique est de fournir une rédaction beaucoup plus développée grâce à l'utilisation massive d'une nouvelle source, le *Roman de Rou* de Wace. Né dans l'île de Jersey, le Normand Wace est chargé par le roi d'Angleterre Henri II, vers 1170, de mettre en vers et en français la geste des Normands—alors que l'histoire normande ne s'était écrite jusque-là qu'en latin—en écho à la geste des Bretons, ou *Roman de Brut*, qu'il venait d'achever. Le *Rou* retrace l'histoire des Normands depuis le premier duc Rou et s'arrête à la bataille de Tinchebray, en 1106 (Henri Ier, fils du Conquérant, remporte la victoire sur son frère Robert, duc de Normandie, et récupère le duché, qui est à nouveau réuni à l'Angleterre), alors qu'il aurait dû aller jusqu'au temps de Henri II. Mais celui-ci a confié à un autre poète, Benoît—qu'il faut sans doute différencier de Benoît de Sainte-Maure, auteur du *Roman de Troie*—la tâche d'écrire une nouvelle histoire, l'*Estoire des ducs de Normandie*. Trois fois plus longue que celle de Wace, puisqu'elle compte plus de 40 000 octosyllabes, et le *Rou* environ 16 000 vers, l'*Estoire* s'arrête en 1135, donc elle aussi avant le règne de Henri II. Les deux auteurs utilisent comme source principale les historiens normands, Dudon de Saint-Quentin et les *GND*. Wace a de plus ajouté beaucoup d'éléments originaux dont certains proviennent de la tradition orale. L'auteur de la *GCN* se sert du *Rou* pour étoffer la trame de l'histoire que lui transmettait la version brève du treizième siècle, en particulier pour le récit de la conquête de l'Angleterre. En effet dans la chronique du treizième siècle comme dans la version intermédiaire, ce récit occupe une place excessivement réduite, qui correspond à un demi-feuillet de manuscrit tout au plus.[12] L'historiographie latine des *GND* est à peine plus développée,[13] alors que Wace consacre plus de 6 000 vers, soit près d'un tiers de son poème, au règne de Guillaume, dont presque la moitié sont réservés à la conquête elle-même (préparatifs et bataille de Hastings).

Jusqu'en 1106, le *Rou* reste la source la plus importante exploitée par l'auteur de la *GCN*. Quelques autres ouvrages ont aussi été utilisés mais de façon très épisodique, parmi lesquels figurent l'*Estoire* de Benoît et quelques interpolations des *GND* que Wace et les chroniqueurs du treizième siècle avaient écartées. A partir de 1135, on note l'emploi de deux nouvelles sources: les chroniques anglaises—mais cet emprunt se trouve déjà dans l'état intermédiaire—et une œuvre connue sous le titre de *Récits d'un ménestrel de Reims*.[14] Ce texte, écrit vers 1260 dans la région de Reims, traite de sujets très divers survenus entre 1150 et 1260 concernant les croisades, la Flandre et les événements de France, notamment en Normandie à la charnière du douzième et du treizième siècle. Littérature de divertissement plutôt que chronique, rempli d'historiettes burlesques et d'anecdotes parfois scabreuses, les *Récits* ont connu un certain succès à la fin du Moyen Âge. Parmi ceux qui les ont utilisés figure le compilateur de la *GCN* qui a repris un certain nombre de chapitres concernant les Plantagenêts, de Henri II à Jean sans Terre: le caractère souvent parodique du texte, comme le suicide du roi anglais Henri II dans les latrines,[15] ne l'a apparemment pas gêné. Il savait que cela correspondait au désir de son auditoire. Il a aussi inséré dans son texte quelques anecdotes relatives au prince Louis, futur Louis VIII, et à Blanche de Castille, sa femme, et termine avec l'échec du jeune prince pour devenir roi d'Angleterre à la place du roi Jean. La *GCN* contient encore quelques autres passages constitués d'épisodes à la même tonalité épique et romanesque, mais dont la source reste inconnue pour la plupart. C'est ainsi que tous les manuscrits de la seconde famille, dite B, de la *GCN* commencent par un récit rapportant l'existence fictive d'une première lignée de ducs de Normandie, ou encore il est fait état d'une expédition imaginaire du roi Guillaume à Grenade après la conquête et le couronnement, suivie d'un entretien avec Pierre l'Ermite. Le peu de place donné à ces événements, en lien certes avec l'idée de croisade, ne permet pas une explication rationnelle de leur introduction dans le fil de la narration: on peut invoquer, comme on le verra plus loin, le désir de satisfaire à l'attente du public, qui s'ajoute à la valeur exemplaire du récit.

Classement des manuscrits, les deux rédactions

Le texte de la *Grande Chronique* est conservé dans quarante-trois manuscrits médiévaux.[16] Ceux-ci se répartissent en deux familles, une famille A qui comprend seize témoins, et une famille B, la plus répandue, avec vingt-sept témoins. Les deux familles se distinguent par le fait que seule la famille B contient au début un texte additionnel contenant deux histoires distinctes. La première est celle du duc Aubert et de sa descendance, généalogie fictive évoquée plus haut. La seconde, reprise à la chronique brève du treizième siècle, est constituée d'un prologue géographique (qui provient des *GND*), suivi du récit des dévastations du danois Hasting. Cette deuxième histoire est plaquée artificiellement sur la première, l'ensemble formant une espèce de chapeau qui coiffe le texte, en prélude au premier chapitre de la chronique consacré à Rou, le fondateur de la dynastie des ducs de Normandie.

Revenons au premier texte additif. Tout en affirmant la véracité des « vrayes croniques » selon lesquelles Rou fut le premier duc de Normandie, l'auteur donne une autre version des débuts du duché en s'appuyant, dit-il, sur « aucunes escriptures », mais sans plus de précision. Remontant à l'époque de Pépin le Bref, il déclare qu'en ce temps le duc de Neustrie—ancien nom de la Normandie—s'appelait Aubert. Cet

Aubert eut deux fils, Robert le Diable, dit ainsi en raison de sa naissance diabolique et de sa mauvaise conduite, et Richard, célèbre par ses exploits auprès de Charlemagne et en Terre sainte. Ni l'un ni l'autre n'eurent d'enfant; aussi le duché passa-t-il à leur neveu Ernaïs, fils de leur sœur qui avait épousé le comte d'Orléans. Mais cet Ernaïs se conduisit en traitre car il refusa de prêter hommage au roi de France et chercha à prendre sa place. Il fut châtié par Guillaume d'Orange dit « Au court né » qui le mit à mort.

Ce récit est en rupture complète avec le genre généalogique si en vogue aux douzième et treizième siècles. Une lignée même fondée sur la violence—on pense à la généalogie de Flandre—se déroulait sans interruption de père en fils. Ici le projet du fondateur échoue puisque la lignée s'éteint. Dans ce court chapitre initial, interviennent plusieurs personnages bien connus dans la chanson de geste. On a évoqué Ernaïs, on rencontre Ide, première femme d'Aubert et mère de Robert le Diable, ici sœur du duc de Bourgogne; Garin le Lorrain et son frère Bègues de Belin; Berte, seconde femme d'Aubert et mère de Richart, ici nièce de Doon de Nanteuil; Aime de Dordonne et Richard de Roussillon; Jehan de Lanson, prince de Sicile; Gormont et Isambart. Si la présence de certains personnages ne surprend pas, si les vocables de Robert et Richard sont des noms prédestinés, récurrents dans l'histoire ducale, l'ensemble du chapitre donne l'impression d'un déballage maladroit de l'auteur, sans doute familier de la littérature épique, qui cherchait là un moyen de rendre son récit plus attrayant, pour mieux accrocher le lecteur/auditeur.[17]

La deuxième partie additionnelle est constituée de données géographiques qui, comme au début de la chronique du treizième siècle, consistent en une brève description du monde, axée sur le Danemark, pays d'origine des Normands, que Dudon avait identifié à la Dacie (*Dacia* confondu avec *Danamarca*) et situé en Germanie. Toujours selon la version du treizième siècle, il est dit ensuite comment les jeunes Danois avaient été chassés de leur pays; à leur propos l'auteur glisse ici que les Normands peuvent prétendre eux aussi à une origine troyenne: « Ilz furent appellez Dannois car Danaus qui se eschappa de Troies et fu filz Anthenor s'en ala de celle terre et la regna; et pour ce sont ilz appellez Danois et la terre Danemarche ». La raison de l'exode des jeunes Danois est expliquée par le fait que, étant païen, le peuple avait une conduite sexuelle désordonnée, ce qui provoqua le surpeuplement du pays. Sous la conduite d'un chef, le cruel Hasting, ils viennent dévaster la France et après avoir échoué à conquérir Rome (qu'ils confondent avec Luna près de Pise—Hasting utilise un stratagème pour entrer dans la ville: il feint d'être sur le point de mourir et demande le baptême),[18] ils reçoivent du roi Charles le Simple le pays chartrain.

A la suite de ces deux chapitres additifs, commence véritablement la chronique dans les manuscrits de la famille B mais aussi dans ceux de la famille A. Ce début consiste en un court prologue dans lequel l'auteur, qui ne se nomme pas bien qu'il utilise la première personne « je », explique sa démarche:

> Pour ce que ceulz de bonne voulenté qui tendent venir a honneur selon Dieu par vaillance et par hardement desirent oïr et savoir les nobles et honorables faiz des anciens pour y prendre exemple, adfin de venir a leur entencion, je a l'aide de Dieu mettray en forme au mieulx que je pourray les ystoires et faiz des nobles et Vaillans ducs de Normandie qui ou temps passé ont esté.[19]

Puis dans toutes les versions, famille A et famille B, se déroule l'histoire des ducs de Normandie et, à partir de Guillaume le Conquérant, rois d'Angleterre.

Entre le récit de l'installation en France de Hasting et le prologue, pour les manuscrits de la famille B, en tête du prologue pour ceux de la famille A, la plupart des copistes ont introduit un titre « Cy ensuivent..., Cy commencent les croniques de Normandie », marquant que c'est ici que commence véritablement le texte.

En dehors de la présence ou de l'absence des deux chapitres additifs, les manuscrits des deux familles ne se séparent pas nettement les uns des autres, au contraire, ils sont proches. Le récit se poursuit de la même manière dans tous les exemplaires, si ce n'est que telle copie omet parfois tel passage, le réduit ou le résume. Deux exemplaires toutefois se détachent de l'ensemble, ce sont les deux premiers témoins de la famille A, les manuscrits A1 et A2; ils figurent parmi les plus anciennes copies, datant de la fin du quatorzième ou de la première moitié du qunzième siècle. Leur rédaction est plus courte—l'un des manuscrits s'arrête à la mort de Henri Ier, l'autre un peu plus tôt car il est mutilé—et moins développée que celle que l'on peut appeler la version commune. En revanche ils sont beaucoup plus proches du *Roman de Rou*.

Ainsi au moment de la mort de Guillaume le Conquérant, Wace met dans la bouche du roi des paroles surprenantes par lesquelles celui-ci reconnaît sa culpabilité à l'égard de la conquête de l'Angleterre en déclarant: « Engleterre conquis a tort,/ a tort i out maint home mort,/ les eirs en ai a tort ocis / e a tort ai le regne pris... ». On notera la reprise voulue de l'expression « a tort ».[20] Or cette confession inattendue, qui laisse Holden, l'éditeur du *Rou,* plutôt perplexe, se retrouve dans les deux copies A1 et A2 qui, après l'annonce par le roi de son intention de laisser à son fils Guillaume le royaume d'Angleterre, lui font dire: « Mais je l'us a tort et oultre raison et en ay mis a mort les drois hoirs. Et l'en ne doit pas heritier ses enffans de chose mal aquise ». Toutes les autres copies de la *GCN* ont supprimé ces aveux qui non seulement nuisent à la cohérence du récit, mais de plus ne conviennent vraiment pas pour une histoire présentée comme exemplaire.

Des quarante-trois copies de la *GCN* et en dehors d'A1 et A2 déjà présentés, quatre témoins doivent être classés à part. Dans ces exemplaires en effet, on a ajouté à la version commune, c'est-à-dire celle qui va jusqu'en 1217, un récit consacré à la reconquête de la Normandie par Henri V, qui s'arrête à la mort de Charles VI (1422).[21] Ce récit est relié à la version commune par une série de chapitres qui traitent brièvement des événements entre 1217 et 1415, période où la Normandie était redevenue « française », rapportant notamment la nomination de Jean (futur Jean le Bon), puis de Charles (futur Charles V) comme ducs de Normandie. Or ces quatre copies donnent de la chronique jusqu'en 1217 un texte retouché,[22] qui se caractérise par le rajeunissement de la langue, l'insertion d'interpolations (notamment un épisode évoquant la Mesnie Hellequin), une présentation différente qui multiplie les divisions du texte et le remanie, notamment au début en cherchant à gommer les maladresses et les répétitions de la version commune. Dans ces manuscrits, la chronique commence par le prologue « Pour ce que ceux de bonne volenté... », placé de façon plus logique en tête, et continue avec les chapitres additifs qui forment le début de la famille B. Le remanieur a voulu montrer que ces récits faisaient partie intégrante de l'histoire normande. Le second chapitre est sensiblement modifié, la rédaction en est amplifiée, l'accent n'est plus mis sur la cruauté de Hasting, présenté quand même comme un tyran féroce, mais aussi comme un grand capitaine. Aux environs de l'an 890, le sénéchal Hasting est chargé par le roi danois Lotrocus d'accompagner dans l'exil son fils Bier Cote de Fer hors du pays. Après une série d'aventures il recevra du roi de France la terre de Chartres. Aux environs de l'an 910, Rou, fils d'un seigneur danois, part en guerre contre le roi et quitte le pays; suit le récit de ses aventures jusqu'à Saint-Clair sur Epte. Dans la version usuelle aucun lien n'est fait entre les deux récits, alors que dans le texte du remanieur entre les deux épisodes il est noté: « Ainsi demoura le royaume de France assés paisible puis ce temps jusques a la venue de Rou qui fut le premier duc de Normandie ». Invoquer la violence ne semble plus nécessaire pour légitimer la fondation d'un état. L'étude du vocabulaire utilisé par le remanieur conforte cette observation. Dans le discours qu'il adresse à ses hommes pour les inciter à aller conquérir Rome, Hasting rappelle que grâce à leurs « prouesses » ils ont pu acquérir de « grans tresors » ainsi que des « honneurs » et il les incite à rechercher « encore plus grans honneurs et renommee ».[23] C'est ce texte remanié et prolongé qui sera imprimé dès 1487.[24]

On notera qu'il a existé au moins deux rédactions de la *GCN*, celle qu'on appellera la version commune, qui date de la seconde moitié du quatorzième siècle et qui sera la plus copiée, et la version révisée un siècle plus tard, connue par quatre copies seulement mais qui sera celle de l'imprimé.

Description des manuscrits de la *GCN*

Sur les onze copies de la famille A, quatre d'entre elles (A5, A6 et A7 qui datent du début du quinzième siècle, A8 de la fin du même siècle) sont de beaux exemplaires sur parchemin, de grand format, décorés de peintures parfois remarquables (le programme n'a cependant pas toujours été réalisé, voir A5). A1 et A2 en revanche, également sur parchemin, mais de plus petit format et sans décoration, sont beaucoup plus modestes. D'origine normande, ce sont les plus anciennes copies puisqu'elles datent de la fin du quatorzième ou du début du quinzième siècle. Les autres exemplaires sont plus simples, sur papier et sans décoration, sauf A4 qui contient deux peintures réalisées sur des feuillets en parchemin. Ils ont tous été copiés dans la seconde moitié du quinzième siècle, et tous, sauf A4, A10 et A11, ne contiennent que la *GCN*.

Des vingt-huit copies de la famille B,[25] plus de la moitié sont sur parchemin (deux sur papier et parchemin). S'en détache B19, volume de très grand format, qui compte 440 feuillets et est muni d'un programme iconographique remarquable (143 peintures) dû au Maître de Talbot, il s'impose comme le représentant le plus luxueux de la famille B. Autre bel exemplaire, B13 a été exécuté pour l'échevinage de Rouen. Plus simple mais à la décoration particulièrement soignée, B1 est illustré de deux peintures exécutées dans l'atelier du Maître de l'Apocalypse de Jean de Berry.

B23, de dimensions plus modestes, est une copie nettement moins luxueuse, sans peintures, mais décorée de belles initiales et de bordures raffinées. On peut la dater du début du quinzième siècle à cause de la formule finale qui ne figure que dans cet exemplaire. A la suite de la dernière phrase de la version commune: « Cel an se mistrent les crestiens par toutes les terres crestiennes ensemble pour aller en Jherusalem conquerre la saincte terre », il a été ajouté: « Et y alerent les dessus dis. Par quoy la duchié de Normandie demoura en paix audit roy Philippe de France et est tousjours depuis demouree a ses successeurs roys. Explicit. Cy finent les croniques de Normandie ». La copie a pu être réalisée à la demande d'un partisan de la cause française après la défaite d'Azincourt. Au moment où la Normandie était menacée de redevenir anglaise, il était bon de rappeler, même en associant maladroitement la reprise de la Normandie par Philippe Auguste à la cinquième croisade—à laquelle il est d'ailleurs resté complètement étranger—que depuis cette reconquête le duché était resté français.

Plusieurs exemplaires revendiquent une origine normande. En dehors de B13 déjà cité, B12 daté de 1442 a été copié par un prêtre dénommé Jean le Normant, et vendu à Carantan (Manche) à Louis de Laval, grand maître des Eaux et Forêts, avant d'entrer dans la bibliothèque des rois de France à Blois, comme l'attestent les formules « Ce livre icy est a Charles roy des Françoys », « Ce livre est au roy Loys XII ». Également d'origine normande, à la décoration très soignée, B27 est illustré de deux belles peintures, alors que B4, orné d'un ensemble de vingt-deux peintures d'un style moyen sinon peu raffiné, est de facture plus modeste. Il a appartenu à plusieurs marchands rouennais. B2 est une production un peu particulière car il a été commandé par Robert Jolivet, cet abbé du Mont-Saint-Michel qui prit fait et cause pour les Anglais et quitta son abbaye en 1420. Ce dernier a marqué idéologiquement l'ouvrage, notamment par l'introduction d'une généalogie des rois de France et d'Angleterre qui indique clairement ses opinions en passant sous silence l'existence du futur Charles VII. La copie a été terminée en 1436 (sauf les derniers feuillets copiés entre 1436 et 1444), mais l'illustration prévue (18 peintures) n'a pas été réalisée, peut-être en raison de la mort de R. Jolivet survenue en 1444. Les peintures manquent également dans B10, copié par Gilles Gacien/Gracien pour Jacques d'Armagnac (68 peintures prévues), comme dans B18, B9 et B3, ce dernier a appartenu au duc de Bourgogne.

Les copies sur papier sont, comme on peut s'y attendre, des réalisations plus modestes. On relève plusieurs exemplaires d'origine normande, ainsi B7 (quelques feuillets sont en parchemin), B16 et B17 d'après leurs filigranes et leurs possesseurs, et B25 d'après la reliure. B12 a été copié à

Tours par Aiguem Tuffier et achevé le 18 janvier 1479. Il pourrait avoir appartenu à la famille normande de Graville, peut-être à l'amiral Louis Malet de Graville ou à sa fille Anne. Une origine normande peut aussi être revendiquée pour B24 qui a été la propriété d'une famille des Andelys dans l'Eure.

Quant aux quatre copies tardives B28, B29, B30 et B31, qui contiennent le texte révisé de la *GCN,* suivi des chapitres intermédiaires et de la continuation (1414–1422), ce sont des exemplaires très modestes, sur papier, de petit ou moyen format, dépourvus de peintures, à la décoration réduite ou inexistante et tous d'origine normande, comme l'indiquent les possesseurs ou les filigranes du papier.

Cette enquête sur les manuscrits de la *GCN* montre que, pendant plus d'un siècle, de la fin du quatorzième à la fin du quinzième siècle, le texte a beaucoup circulé et a été abondamment copié. Certes à la même époque, on transcrit encore la chronique normande du treizième siècle, mais seulement dans la version longue attribuée à l'Anonyme de Béthune, et on n'en connaît que trois exemplaires. La version intermédiaire est conservée dans deux manuscrits seulement dont l'un date du quatorzième siècle et l'autre de la fin du quinzième. On observe aussi que la *GCN* continue d'être copiée alors même qu'elle commence à être imprimée, puisque l'année 1487 voit paraître deux impressions du texte à Rouen.

Les possesseurs

L'identification des possesseurs montre que l'œuvre a connu une large diffusion dans toutes les classes de la société. Des exemplaires figurent en effet dans les bibliothèques royales, en Angleterre (B19), et en France (B12, A5), ducales (A3 et B3 ont appartenu au duc de Bourgogne) et seigneuriales (Louis seigneur de Chantemerle et de la Clayette a possédé A5; David de Rambures A6; Philippe de Crèvecoeur A8; Charles de Lalaing A9; Louis et/ou Marie de Luxembourg A10. On notera que ces manuscrits appartiennent tous à la famille A). En revanche, Jacques d'Armagnac (B10), Jean II de Hangest (B27), Catherine de Coëtivy (B23) et Louis de Laval, seigneur de Châtillon en Vendelois (B12) ont choisi la version B. Dans les bibliothèques de la petite noblesse, on rencontre comme possesseurs André de Vendel (B8), Michel de Cherbeye, seigneur de Saint-Ouen du Bois (B18), Marguerite de Bigny, dame de Clère (B29); dans celles de la bourgeoisie normande, Jean Massieu, sieur des Vertes Buttes, bourgeois de Vaucelles et Caen (B17), Pernot du Moutier, de Rouveray près de Rouen (B16), plusieurs Rouennais parmi lesquels Guillaume Baudri et Jean Cheminel le Jeune (B4); Léonard Bart, de Mortagne (B28); une famille des Andelys (Eure), les Dupleys (B24); hors de Normandie un habitant d'Auxerre, Nicolas Alexandre (A7). Dans les bibliothèques ecclésiastiques, Robert Jolivet, abbé du Mont-Saint-Michel, commanditaire du manuscrit B2; Philippe Hurault, évêque de Chartres (B1); enfin dans celles de la magistrature, l'échevinage de Rouen (B13).

Si la diffusion s'est faite largement en Normandie et hors de la province, elle a aussi dépassé les frontières du royaume. Dès le XVIe siècle, plusieurs copies sont passées en Angleterre (B9, B20), sans oublier que B19, exécuté sur le continent, a été offert à la future reine d'Angleterre Marguerite d'Anjou, en 1445 comme cadeau de mariage. On notera aussi la diversité de production, allant de la copie toute simple sur papier, production courante sans recherche artistique, à l'exemplaire de grand luxe, sur parchemin, richement décoré et enluminé.

Autorité de la *GCN*

Présente dans un grand nombre de bibliothèques, la *GCN* a été beaucoup lue et utilisée par les historiens à la fin du Moyen Âge. L'usage qu'ils en ont fait montre que pour eux le texte faisait autorité. Ainsi Noël de Fribois, historien d'origine normande de la seconde moitié du quinzième siècle, auteur d'un *Abregé des croniques de France* offert à Charles VII, en cite-t-il des passages lorsqu'il traite de l'histoire de la Normandie;[26] de même Alain Bouchart, dans ses *Grandes Chroniques de Bretagne* écrites à la fin du XVe siècle.[27] Ce qui est assez surprenant c'est qu'il puise aussi bien dans la chronique du treizième siècle, qu'il a sans doute connue par l'intermédiaire de l'Anonyme de Béthune, que dans la *GCN*, puisque après avoir cité le début du texte de l'Anonyme, il revient sur les origines du duché et reprend sous une forme abrégée l'histoire fictive d'Aubert qui ne figure que dans la version B de la *GCN*. D'autres chroniques mentionnent également cette histoire fabuleuse, ainsi « Jupiter, chef de noblesse », chronique anonyme jusqu'à Charles VII (Bibliothèque nationale de France, MS français. 24 976), composée après 1461, ou encore le *Rosier des guerres,* œuvre attribuée à Pierre Choisnet, et dédiée au futur Charles VIII. Un autre historien, le chanoine de Rouen, rapporte l'histoire d'Aubert mais aussi la croisade inventée de Guillaume le Conquérant à Grenade. Ce ne sont là que quelques exemples de l'utilisation de la *GCN* par les historiens, mais il faut souligner à propos de l'histoire fictive des débuts du duché de Normandie que reprennent tous ces auteurs, qu'ils sont tous attentifs à mettre l'accent sur le fait que la Normandie a toujours été jointe à la couronne de France ou sujette en rentes et en hommages jusqu'au temps du roi Pépin, rappelant d'une part que Richart, second fils du duc Aubert, a fait hommage à Charlemagne, et d'autre part que l'attitude orgueilleuse du dernier duc Ernaïs, qui voulut s'emparer de la couronne à laquelle il n'avait aucun droit, fut la cause du retour du duché au royaume, préfigurant ainsi ce qui se passera en 1204.

Conclusion

On peut s'interroger sur les raisons pour lesquelles au quatorzième siècle on jugea nécessaire de composer, « mettre en forme » selon l'expression du chroniqueur, une histoire du duché de Normandie beaucoup plus développée que celle qui existait déjà, en l'amplifiant notamment par de larges emprunts au *Rou* de Wace et toute une série de textes relevant de l'épique et du roman. On peut se demander aussi pourquoi dans la seconde moitié du quinzième siècle, on a à nouveau repris le texte pour en donner une version remaniée.

On a souvent dit qu'à la fin du Moyen Âge, le sentiment national s'était manifesté non seulement dans l'amour de la patrie mais aussi dans l'amour du prince, devenant alors sentiment dynastique. Mais le contraire était aussi vrai: sans dynastie il ne pouvait pas y avoir de sentiment national.

Il est vraisemblable que la chronique a été composée à un moment où il a paru nécessaire de célébrer la mémoire du passé, tout en disposant d'un instrument permettant la glorification de la dynastie ducale et la légitimation du pouvoir qu'elle avait été amenée à exercer, opération destinée à ressouder la nation normande, à fortifier le sentiment d'une identité régionale. Deux moments clés de l'histoire normande ont été propices à susciter la rédaction d'un ouvrage rappelant le passé héroïque du duché. Le premier se situe au quatorzième siècle où par deux fois—en 1332 ou plutôt 1347, date à laquelle le duc Jean obtint la possession effective de son duché,[28] puis en 1356—la fonction ducale a été restaurée en faveur de Jean, futur Jean le Bon, puis de Charles, futur Charles V.[29] Les nouveaux ducs se sont efforcés de se concilier leurs sujets, de respecter les institutions qui symbolisaient l'autorité normande, à savoir l'Échiquier et les États de Normandie. Cette politique a certes été ambigüe mais les Normands ont été heureux d'avoir à nouveau un duc garant de leurs libertés. Or ces libertés, on les retrouve effectivement soulignées à la fin de la *GCN*. Lorsque la ville de Rouen se rend à Philippe Auguste en 1204, faute d'avoir obtenu de l'aide de la part du roi Jean sans Terre—celui-ci refuse de recevoir les envoyés car il est engagé dans une partie d'échecs—les habitants se tournent vers le roi de France et lui font hommage. Celui-ci promet en échange de respecter les lois et coutumes de Normandie. La *GCN* conclut: « Ainsi repaira la duché a la couronne de France dont elle estoit departie quant Rollo et ses hoirs l'eurent tenue par l'espace de 290 ans ».[30]

Le second moment se situe lorsque, à l'issue de la guerre du Bien public, Louis XI pour obtenir la paix dut céder la Normandie à son frère Charles en 1465. Lors de la cérémonie d'intronisation, le nouveau duc ne manqua pas de jurer sur les saintes évangiles qu'il observerait les lois et coutumes des Normands et respecterait les libertés du duché. Il se fit communiquer un exemplaire des chroniques de Normandie—il s'agit du manuscrit B13 appartenant à l'échevinage de Rouen—et ordonna qu'on lise à voix haute et en public le passage mentionnant que le roi Louis IV d'Outremer avait été contraint en 945 de reconnaître l'autorité du duc Richard sur la Normandie et dut jurer de ne jamais lui causer de préjudice.[31]

À la cérémonie de réception du duc Charles, l'assemblée répondit en criant « Rou, Rou, Rou! » C'était bien la preuve que le lien dynastique n'était pas rompu. Le remaniement de la *GCN* à la fin du quinzième siècle répondait ainsi au besoin de réaffirmer ce lien. En améliorant la présentation du texte, en enrichissant l'histoire du pirate Hasting de détails pittoresques pris à *l'Estoire* de Benoît, le réviseur opposait à la lignée de Rou, le fondateur du duché, d'abord une famille maudite mais dont l'histoire répondait à l'horizon d'attente du public, puis un grand capitaine en la personne du danois Hasting venu à repentance et dont les exploits n'étaient plus que des aventures plaisantes à entendre. L'histoire héroïque qui allait suivre, celle de Rou et de ses successeurs ne pouvaient que convenir aux Normands qui, pour un temps limité—mais ils ne le savaient pas—avaient retrouvé leur prince.

NOTES

[1] Krynen, *Idéal du prince;* et « Genèse de l'État ».
[2] Beaune, *Naissance de la nation France*.
[3] Nicole Pons, ed. « *L'honneur de la couronne* ».
[4] Lacaze, « Le rôle des traditions ».
[5] Cf. Babel and Moeglin, ed. *Identité régionale*.
[6] Delisle, « Chroniques et annales », XXXII, 182.
[7] Pour la datation de la compilation, voir l'hypothèse que j'ai exposée dans un article paru dans la *Revue d'Histoire des Textes* 27, 203–205.
[8] Sur l'écriture de l'histoire au douzième siècle en vernaculaire et en vers, voir Damian-Grint, *The New Historians*.
[9] Van Houts, ed. *Gesta Normannorum ducum*.
[10] Michel, ed. *Histoire des ducs de Normandie*.
[11] Retrouver la source exacte à laquelle cette version a puisé est complexe. Les chroniques anglaises du temps des rois angevins sont des compilations qui se recopient les unes les autres. Ainsi pour les années 1170 à 1192, Roger de Hoveden reprend la chronique attribuée à Benoît de Peterborough, à laquelle il ne fait que de petits changements. Puis de 1192 à 1201, il est original mais à son tour il est copié par Roger de Wendover. Ce dernier, qui a travaillé à Saint-Alban, a mené sa chronique jusqu'à 1234; il sera à son tour copié par son successeur Matthieu Paris. Tous ces textes ont été édités dans les Rolls Series au dix-neuvième siècle. J'ai pu vérifier que, pour le règne de Richard Cœur de Lion, la chronique intermédiaire utilise surtout la compilation de Saint-Alban à travers Roger de Wendover et Matthieu Paris, qui tous deux reprennent Roger de Hoveden. Quelques emprunts sont faits aussi à d'autres chroniqueurs, comme le récit du couronnement de Richard tiré de Benoît de Peterborough. Il faut remarquer que, loin d'être une traduction intégrale, il s'agit la plupart du temps d'extraits, de passages parfois tellement abrégés qu'ils en deviennent incompréhensibles. Sur ces auteurs, voir Gransden, *Historical writing in England*.
[12] Voir Michel, ed. *Histoire des ducs de Normandie*, 63–64.
[13] Van Houts, ed. *Gesta Normannorum ducum* II: 164–168.
[14] Wailly, ed. *Récits d'un ménestrel*.
[15] Wailly, ed. *Récits d'un ménestrel*, § 25.
[16] La liste des manuscrits est donnée en annexe.
[17] Voir Guenée, *Histoire et culture*, ch. II, 58–65, « Au hasard des cours et des places ».
[18] On retrouve là encore un motif de la chanson de geste, motif normand traditionnel. Voir Boutet, « Jehan de Lanson », I, 173–84. Jehan de Lanson date de 1235–1240, mais l'épisode se trouve déjà dans Dudon qui ne l'a certainement pas inventé mais adapté.
[19] Bibliothèque nationale de France, MS français. 5388, fol. 18.
[20] Holden, ed. *Roman de Rou de Wace*, II, vv. 9141–9144. Wace s'est inspiré

de deux passages de *l'Historia ecclesiastica* d'Ordéric Vital (*The Ecclesiastical History of Orderic Vitalis*, edited and translated by Marjorie Chibnall, Oxford Medieval Texts (Oxford: Clarendon Press, 1973). Voir livre VII, 80–94, le long discours tenu par Guillaume avant de mourir, notamment: « Diadema regale quod nullus antecessorum meorum gessit adeptus sum, quod divina solummodo gratia non jus contulit hereditarium » (90) et « Non enim tantum decus hereditario jure possedi, sed diro conflictu et multa effusione humani cruoris perjuro regi Heraldo abstuli, et interfectis vel effugatis fauctoribus ejus dominatui meo subegi » (94).

[21] Cette continuation pour les années 1414–1422 existe aussi à l'état isolé dans plusieurs manuscrits.

[22] Un cinquième manuscrit, Bibliothèque nationale de France, MS français 2871, contient également la version longue continuée jusqu'en 1422, mais le texte de la chronique jusqu'en 1217 est celui de la version commune et non celui de la version retouchée.

[23] Dans un article paru dans *Guerre, pouvoir et noblesse*, 398, n. 22, j'ai montré que les traits de férocité décrits dans les *GND* se retrouvaient sous la plume de Benoît, le successeur de Wace, dans son *Estoire*, mais s'estompaient fortement sous celle du remanieur de la *GCN*.

[24] Dès l'édition de 1487, la chronique est continuée jusqu'en 1450–1451, soit jusqu'à la reconquête de la Normandie et de la Guyenne, qui marque la fin de la guerre de Cent Ans, mais aucun manuscrit contenant les années 1422–1450 n'a jusqu'à présent été repéré.

[25] Cette étude ne tient pas compte de quatre exemplaires incomplets ou fragmentaires; il s'agit de B5, B11, B15 et B21.

[26] Fribois, *Abregé des croniques*, voir 123, n. 2; 124, n. 1; 125, n. 1.

[27] Bouchart, *Grandes croniques de Bretaigne*.

[28] À cette même date, le duc demande à un de ses conseillers de rédiger un traité sur le bon gouvernement du prince. Le texte est connu par deux copies dont l'une contient aussi la *GCN*, il s'agit du manuscrit B4.

[29] Voir la *Chronique des quatre premiers Valois*, 3–4 et 33–34.

[30] Voir B1, fol. 116r–116v.

[31] B1, fol. 40r.

Annexe: Liste des manuscrits de la GCN
Famille A

Paris, Bibliothèque nationale de France, MS. Français 5947 (A1), parchemin, deuxième quart du quinzième siècle, de dimensions modestes, 220 × 160 mm, origine normande d'après la décoration qui est très simple (une initiale historiée, initiales champies). A appartenu à Émeric Bigot (1626–1689), de Rouen, peut-être déjà à son père Jean.

Paris, Bibliothèque nationale de France, 5949 Français (A2), parchemin, fin du quatorzième–début du quinzième siècle, de dimensions également modestes, 222 × 172 mm, décoration élégante de style pré-bedfordien. A appartenu à Philippe Desportes (1546–1606).

Paris, Bibliothèque nationale de France, MS. Français 11901 (A3), papier, fin du quinzième siècle, 310 × 210 mm, décoration sobre. A fait partie de la bibliothèque des ducs de Bourgogne (voir l'inventaire de 1467).

Paris, Bibliothèque nationale de France, MS. Français 16939 (A4), papier sauf 4 feuillets en parchemin qui portent des peintures d'origine flamande, troisième quart du quinzième siècle, 400 × 200 mm. Outre la GCN, contient une traduction de l'*Historia regum Britanniae* de Geoffroi de Monmouth. A appartenu à une famille de Choisey (Choisy?), non identifiée.

Paris, Bibliothèque nationale de France, MS. Français 18929 (A5), parchemin, premier quart du quinzième siècle, 220 × 160 mm. A appartenu à Louis de Chantemerle et de la Clayette, conseiller et maître d'hôtel du duc de Bourgogne en 1432, mort en 1465, puis à François Ier (d'après la reliure), enfin à Philippe Desportes (également possesseur de A2).

Malibu, J. Paul Getty Museum, Coll. Ludwig XIII 4 (A6), parchemin, début du quinzième siècle, 290 × 190 mm, quatorze peintures, origine parisienne probable. A appartenu à David de Rambures, conseiller de Charles V, mort à Azincourt (1415).

Wien, Österreichische Nationalbibliothek, MS. 2569 (A7), parchemin, début du quinzième siècle, 330 × 250 mm, six peintures, origine parisienne probable. A appartenu au seizième siècle à un certain Nicolas Alexandre, d'Auxerre; traces effacées de possesseurs plus anciens, une famille d'Estandart (Estanfort?).

London, British Library, Yates Thompson MS. 33 (A8), parchemin, fin du quinzième siècle, 360 × 270 mm, quinze grandes peintures de style flamand. Exécuté pour Philippe de Crèvecoeur, qui fut au service de Charles le Téméraire, puis de Louis XI, maréchal de France, grand chambellan, mort en 1494.

Paris, Bibliothèque de l'Arsenal, MS. 4095 (A9), papier, quinzième siècle (peut-être 1460), 282 × 192 mm, décoration réduite. A appartenu au seizième siècle à un membre de la famille de Lalaing.

Paris, Bibliothèque nationale de France, MS. Français 5028 (A10), papier, vers 1460–1465, 290 × 210 mm, décoration très simple. A appartenu au seizième siècle à Marie de Luxembourg (morte en 1546). Recueil contenant des textes historiques : *GCN*, *Chronique de la traïson et mort de Richard II*, Continuation de la *GCN* de 1414 à 1422, *Recouvrement de la Normandie*, puis un dossier relatif au recouvrement de la Guyenne en 1451, et qui se termine par le *Secret des secrets*, suivi de la *Danse aux aveugles* de Pierre Michault.

Paris, Bibliothèque nationale de France, MS. Français 5327 (A11), papier, fin du quinzième siècle, 280 × 200 mm. Contient les mêmes quatre premiers textes que A10 (*GCN*, *Traïson*, *Continuation* et *Recouvrement*).

Famille B

Paris, Bibliothèque nationale de France, MS. Français 5388 (B1), parchemin, premier quart du quinzième siècle, 300 × 240 mm, décoration soignée, deux peintures exécutées dans l'atelier du Maître de l'Apocalypse de Jean de Berry. A appartenu à Philippe Hurault, évêque de Chartres (mort en 1620).

Paris, Bibliothèque nationale de France, MS. Français 10468 (B2), parchemin, deuxième quart du quinzième siècle, 352 × 252 mm, décoration homogène mais variable suivant les parties, illustration prévue non réalisée. Le manuscrit a été exécuté à la demande de Robert Jolivet, abbé du Mont-Saint-Michel, et terminé en 1436 (1444 pour les derniers folios). C'est un recueil de textes variés, de genre historique, dont une *Généalogie des rois de France*—tendancieuse car, dans la liste donnée à la fin des enfants de Charles VI, elle ignore le futur Charles VII—, romanesque et didactique, qui se termine par un dossier contenant des documents politiques et juridiques en lien avec la Normandie.

Bruxelles, Bibliothèque royale, MS. 10231 (B3), parchemin, 1440–1450, 263 × 200 mm, peintures prévues non réalisées. A appartenu au duc de Bourgogne, Philippe le Bon (1419–1467), voir A3.

Rouen, Bibliothèque municipale, MS. 1233 (B4), parchemin, première moitié du quinzième siècle sauf un quaternion ajouté dans la seconde moitié du quinzième–début du seizième siècle, 254 × 192 mm, 23 peintures de facture simple, celles de la fin sont seulement dessinées à la plume. A appartenu à des marchands rouennais. En dehors de la *GCN*, contient le *Gouvernement des princes*, l'*Arbre des batailles* d'Honoré Bovet, les *Aventures depuis deux cens ans* et la *Ressource de Normandie*.

Caen, Bibliothèque municipale, Coll. Mancel MS. 146 (B5), papier, quinzième siècle, fragment de 48 feuillets.

Wien, Österreichische Nationalbibliothek, MS. 2629 (B6), parchemin, quinzième siècle, 240 × 172 mm, initiales de couleur. Pas de mention de possesseur.

Paris, Bibliothèque nationale de France, MS. Français 6062 (B7), parchemin et papier, quinzième siècle, 200 × 143 mm, décoration très simple ; d'origine normande d'après le papier. A appartenu à Crestian Gremoys et à Guillaume Rouard avant de passer dans les mains de Philippe de Béthune (mort en 1649).

Paris, Bibliothèque nationale de France, MS. Français 1119 (B8), papier, fin du quinzième siècle, 288 × 210 mm, décoration très réduite. A appartenu à André de Vendel, seigneur de Vendel (Ille-et-Vilaine) et Chasteignez. Outre la *GCN*, contient le *Livre des bonnes moeurs* de Jacques le Grand et la *Chronique des comtes d'Anjou* d'Hervé de la Queue.

Oxford, Bodleian Library, MS. French C. 25 (B9), parchemin, quinzième siècle, 322 × 225 mm, décoration et illustration prévues non réalisées. A appartenu au seizième siècle à Sir John Savile l'aîné (1547–1607), membre de la société des Antiquaires.

Paris, Bibliothèque nationale de France, MS. Français 4619 (B10), parchemin, deuxième moitié du quinzième siècle (avant 1476), 350 × 240 mm ; copié par Gilles Gassien ou Gracien ; 68 peintures prévues et non réalisées. A appartenu à Jacques d'Armagnac, duc de Nemours (peut-être réalisé pour lui qui est mort décapité en 1477) et peut-être à Pierre II de Beaujeu, duc de Bourbon, mort en 1503.

London, British Library, Cotton Vitellius MS. F XVI (B11), parchemin, manuscrit très endommagé, il ne subsiste que 178 fragments de feuillets qui ont été recollés sur un registre en papier moderne.

Paris, Bibliothèque nationale de France, MS. Français 2651 (B12), parchemin, copié par Jean le Normant en 1442, 380 × 275 mm, sept dessins à l'encre pour le premier texte, les *Chroniques* de Froissart, un seul prévu et non réalisé pour la *GCN*. Se termine par la Continuation de la *GCN*, texte incomplet de la fin (il s'arrête en 1420). A été acheté à Carantan (Manche) par Louis de Laval, grand maître des Eaux et Forêts (14111489), est entré ensuite dans la bibliothèque des rois de France à Blois.

Collection particulière (B12 bis), papier, copié à Tours par Aiguem Tuffier, qui déclare avoir terminé le 18 janvier 1479, 360 × 285 mm, décoration très réduite. Contient les mêmes trois premiers textes que B12 mais dans un ordre différent, et des *Chroniques* de Froissart il ne subsiste que le premier feuillet de la table des chapitres.

Paris, Bibliothèque nationale de France, MS. Français. 2623 (B13), parchemin, vers 1460, 435 × 295 mm, décoration raffinée, onze peintures dues au Maître de l'Échevinage de Rouen et réalisé pour l'Échevinage rouennais. Outre la *GCN*, contient un poème en latin à la gloire de Rouen et une liste de chronogrammes ajoutés postérieurement. Doit être identifié à l'exemplaire prêté à Charles de France, frère de Louis XI, lors de son intronisation à Rouen en 1465.

Vatican, Biblioteca Apostolica Vaticana, Reg. lat. MS. 726 (B14), parchemin et papier, deuxième moitié du quinzième siècle, 365 × 270 mm. Quelques éléments décoratifs. A appartenu à Paul et Alexandre Petau, puis à la reine Christine. Outre la *GCN*, contient une compilation qui copie quelques chapitres des *Chroniques* de Froissart puis les *Grandes Chroniques de France* (1350-1422).

London, British Library, Roy. 19 B XIV (B15), papier, quinzième siècle, 320 × 205 mm, incomplet du début et de la fin, décoration très réduite.

Paris, Bibliothèque nationale de France, MS. Français. 5329 (B16), papier, quinzième siècle, 305 × 225 mm, décoration très réduite et inachevée. Origine normande du papier. A appartenu à Pernot du Moutier, des environs de Rouen.

Paris, Bibliothèque nationale de France, MS. Français. 11900 (B17), papier (filigranes attestés en Normandie), quinzième siècle, 295 × 215 mm, décoration très réduite. A appartenu à Jean Massieu, sieur des Vertes Buttes, bourgeois de Vaucelles et de Caen, puis à Pierre-Daniel Huet, évêque d'Avranches (1630-1721). Outre la *GCN*, contient un fragment d'une petite chronique normande (1348-1389).

London, British Library, Additional MS. 20811 (B18), parchemin, quinzième siècle, 330 × 235 mm, décoration non réalisée. A appartenu à Michel de Cherbeye, seigneur de Saint-Ouen du Bois (peut-être Saint-Ouen au Bosc, Seine-Maritime).

London, British Library, Royal MS. 15 E. VI (B19), parchemin, vers 1445, 490 × 335 mm, manuscrit luxueux par la décoration et le nombre élevé de peintures (143). Offert par John Talbot à Marguerite d'Anjou, fille du roi René, à l'occasion de son mariage avec Henri VI d'Angleterre (1445). Contient des textes épiques (*Alexandre, Simon de Pouille, Aspremont, Fierabras, Ogier le Danois, Renaut de Montauban, Ponthus et Sidoine, Gui de Warwik*), des poèmes de la croisade, des traités didactiques (l'*Arbre des batailles* d'Honoré Bovet, la traduction par Henri de Gauchi du *De regimine principum*, le *Bréviaire des nobles* d'Alain Chartier, le *Livre des faits d'armes et de chevalerie* de Christine de Pizan) et à la fin les *Statuts de l'Ordre de la Jarretière*. La copie de la *GCN*, seul texte historique, est la preuve de l'intérêt persistant porté à la Normandie.

Oxford, Bodleian Library, Laud Misc. MS. 745 (B20), parchemin, quinzième siècle, 317 × 196 mm, décoration réduite. A appartenu à Sir Richard Saint George (environ 1555-1653), qui devint en 1604 héraut d'armes. Outre la *GCN*, contient les *Chroniques* de Froissart (1328-1350), puis la *Chronique des règnes de Jean II et Charles V* (1350-1380) ; le texte fait partie des *Grandes Chroniques de France*. Voir B14.

London, Westminster Abbey, MS. 34/9 (B21), papier, quinzième siècle, 285 × 210 mm, court fragment de seize folios.

Cherbourg, Bibliothèque municipale, MS. 56 (B22), parchemin, quinzième siècle, 323 × 270 mm, décoration très modeste.

Chantilly, Bibliothèque du Château, MS. 1337 (B23), parchemin, peut-être du début du quinzième siècle, 334 × 270 mm, belle décoration. A appartenu entre 1477 et 1481 à Antoine de Chourses, seigneur de Maignié et du Bois du Maine, chambellan du roi et gouverneur de Béthune, et à sa femme Catherine de Coëtivy.

Vatican, Biblioteca Apostolica Vaticana, Reg. lat. MS.884 (B24), papier, premier quart du quinzième siècle, 265 × 210 mm, décoration très réduite. A appartenu à plusieurs membres de la famille Dupleys, des Andelys (Eure).

Paris, Bibliothèque Sainte-Geneviève, MS. 805 (B25), papier, deuxième moitié du quinzième siècle, 300 × 210 mm, décoration très réduite. Origine normande d'après la reliure. A peut-être appartenu à Nicolas de Saint-Yon.

Paris, Bibliothèque nationale de France, MS. Français 11899 (B26), papier, fin du quinzième siècle, 282 × 230 mm, décoration très réduite. A appartenu à Pierre-Daniel Huet, évêque d'Avranches (1630–1721), voir aussi B17.

Paris, Bibliothèque nationale de France, MS. Français 2871 (B27), parchemin, vers 1471, décoration très soignée, deux peintures dans le style de l'école rouennaise. Peut-être exécuté pour Jean II de Hangest, bailli d'Evreux et chambellan de Charles VII, mort à Rouen en 1490. Contient le texte de la *GCN* suivi des chapitres de transition et de la Continuation (1414–1422).

Paris, Bibliothèque nationale de France, MS. Français 5328 (B28), papier, deuxième moitié du quinzième siècle, 310 × 220 mm, décoration très réduite. Outre la *GCN* (version révisée et continuée jusqu'en 1422), contient les *Dits des philosophes* de Guillaume de Tignonville, et plusieurs textes courts sur le jeûne, les six âges du mondes et une liste des rois de France jusqu'à Philippe le Bel. A appartenu à Léonard Bart, de Mortagne (Orne).

Paris, Bibliothèque nationale de France, MS. Français 5389 (B29), papier, deuxième moitié du quinzième siècle (avant 1489), 290 × 250 mm, sans décoration. A appartenu à Marguerite de Bigny, dame de Clères (Seine-Maritime), épouse de Georges, baron de Clères et de la Croix-Saint-Leuffroy (Eure) ; elle est morte en 1489. Outre la *GCN* (texte révisé et continué jusqu'en 1422), contient l'*Arbre des batailles* d'Honoré Bovet.

Paris, Bibliothèque nationale de France, MS Français. 5390 (B30), papier, fin du quinzième siècle, 290 × 200 mm, décoration réduite. Contient le texte de la *GCN* révisé et continué jusqu'en 1422.

Paris, Bibliothèque nationale de France, MS. nouvelles acquisitions françaises 6860 (B31), papier, deuxième moitié du quinzième siècle, 295 × 215 mm, décoration très simple. A eu des possesseurs normands, Guillaume et Michel Legrix d'Argentan (Orne), Jacques Jourdain de Silly (Orne). Contient le texte de la *GCN* révisé et continué jusqu'en 1422.

Bibliographie sélective

Babel, Rainer and Moeglin, Jean-Marie, eds. *Identité régionale et conscience nationale en France et en Allemagne du Moyen Âge à l'époque moderne. Actes du colloque organisé par l'Université Paris XII-Val de Marne, l'Institut universitaire de France et l'Institut historique allemand à l'Université Paris XII et à la Fondation Singer-Polignac (6–8 octobre 1993).* Sigmaringen: J. Thorbecke, 1997.

Beaune, Colette. *Naissance de la nation France.* Paris: Gallimard, 1985.

Bouchart, Alain. *Grandes croniques de Bretaigne*, edited by Marie-Louise Auger and Gustave Jeanneau, 3 Vols. Paris: Éditions du centre national de la recherche scientifique, 1986–1998.

Boutet, Dominique. "Jehan de Lanson et les traditions normandes du motif des funérailles feintes. » In *Miscellanea mediaevalia: Mélanges offerts à Philippe Ménard.* 2 Vols. Paris: H. Champion, 1998.

Damian-Grint, Peter. *The New Historians of the Twelfth-Century Renaissance: Inventing Vernacular Authority.* Rochester, NY: The Boydell Press, 1999.

Delisle, Léopold. *Histoire littéraire de la France.* Paris: Imprimerie nationale, 1898.

Fribois, Noël de. *Abregé des croniques de France*, edited by Kathleen Daly with Gillette Labory. Société de l'histoire de France. Paris: Librairie Honoré Champion, 2006.

Gransden, Antonia. *Historical Writing in England.* London: Routledge & K. Paul, 1974.

Guenée, Bernard. *Histoire et culture historique dans l'Occident médiéval.* Paris: Aubier Montaigne, 1980.

Holden, A. J. ed. *Roman de Rou de Wace.* 3 Vols. Société des anciens textes français. Paris: A. & J. Picard, 1971.

Krynen, Jacques. "Genèse de l'État et histoire des idées politiques en France à la fin du Moyen Âge. » In *Culture et idéologie dans la genèse de l'État moderne. Actes de la table ronde organisée par le Centre national de la recherche scientifique et l'École française de Rome, 15–17 octobre 1984.* Rome: EFR, 1985.

Krynen, Jacques. *Idéal du prince et pouvoir royal en France à la fin du Moyen Âge (1380–1440). Étude de la littérature politique du temps.* Paris: Éditions A. & J. Picard, 1981.

Labory, Gillette. "Les manuscrits de la *Grande Chronique de Normandie* du XIVe et du XVe siècle. » *Revue d'Histoire des Textes* 27 (1997): 191–222.

Labory, Gillette. "Réflexions sur le remaniement de la *Grande Chronique.*" In *Guerre, pouvoir et noblesse. Mélanges en l'honneur de Philippe Contamine.* Edited by Jacques Paviot and Jacques Berger, 393–99. Paris: Presses de l'Université de Paris-Sorbonne, 2000.

Lacaze, Yvon. "Le rôle des traditions dans la genèse d'un sentiment national au XVe siècle: la Bourgogne de Philippe le Bon." *Bibliothèque de l'École des Chartes* 129 (1971): 303–85.

Luce, Siméon, ed. *Chronique des quatre premiers Valois (1327–1393)*. Société de l'histoire de France. Publications in octavo, 109. Paris: V. J. Renouard, 1862.

Michel, Francisque, ed. *Histoire des ducs de Normandie et des rois d'Angleterre*. Société de l'histoire de France. Publications in octavo, 18. Paris: J. Renouard et cie., 1840.

Pons, Nicole, ed. *"L'honneur de la couronne de France": quatre libelles contre les Anglais, vers 1418–vers 1429*. Société de l'histoire de France, 503. Paris: Klincksieck, 1990.

Van Houts, Élisabeth, ed. *Gesta Normannorum ducum*. 2 Vols. Oxford Medieval Texts. Oxford: Oxford University Press, 1992 and 1995.

Wailly, Natalis de, ed. *Récits d'un ménestrel de Reims au treizième siècle*, Société de l'histoire de France, Publications in octavo, 179. Paris: Librairie Renouard, 1876.

Gillette Labory is a member of the CNRS research group, the Institut de Recherche et d'Histoire des Textes, Paris. She specializes in the medieval chronicle tradition, the creation of national identities, manuscript possession and circulation, and the representation of kingship.

Abstract This study presents an example of the emergence of a regional historiography in Normandy by examining the Norman prose chronicle in French, the *Grande Chronique de Normandie* (*GCN*), which set down the history of the province's dukes, achieving its most highly developed form in the fourteenth and fifteenth centuries. After detailing the sources of the *GCN* and its two redactions, the article describes the manuscript witnesses. This frequently copied text was owned by a wide range of persons, from royalty to great lords, minor nobles, bourgeois and ecclesiastics. It circulated widely, especially in Normandy but also outside the province and France. Present in many libraries, the *GCN* was much read and was consulted by historians in the late medieval period. The essay concludes by considering what might account for the composition in the fourteenth century of a more extensive history of the duchy of Normandy than the one that already existed, and why in the second half of the fifteenth century the text of the chronicle was reworked.

Part IV
The Power of Translators

Un « homme populaire et de petite science au service des hommes de pouvoir » : L'humaniste Laurent de Premierfait

Carla Bozzolo

Nous sommes en 1414. Grâce à un travail « à quatre mains » avec le cordelier Antonio d'Arezzo, Laurent de Premierfait[1] vient de terminer la traduction du *Decameron*, commencée en 1411. Il la dédie à Jean de Berry, ainsi qu'il lui avait dédié, quelques années auparavant, la deuxième version française du *De casibus virorum illustrium*. Comme alors, le prince reçoit les appellatifs presque codifiés d'« excellent », « puissant », et « noble ». Toutefois, celui qui remet dans le « giron » du duc le volume contenant l'œuvre achevée, a choisi de se présenter, à cette occasion, comme un « homme populaire ». Dans les chroniques les « nobles » ne sont-ils pas mis en parallèle avec les « populaires », les hommes du peuple? Souvent le rapprochement de ces mots évoque une opposition; de toute évidence, ce n'est pas le cas ici. La présentation choisie pourrait bien souligner l'attitude du traducteur qui veut prendre ses distances par rapport à son noble destinataire, mais il faut avouer qu'elle est inhabituelle dans les discours de dédicace aussi bien chez d'autres auteurs que chez Laurent lui-même. Pourquoi, à cette occasion, se singularise-t-il?

Avant d'en venir à rechercher une explication plausible, il convient de faire un petit inventaire des autres formules de présentation employées par notre personnage. Ce faisant on verra déjà, dans un premier temps, quelle image de lui-même le traducteur de Boccace et de Cicéron entend construire et quel tissu relationnel lie, à différents moments de son activité littéraire, ce secrétaire-humaniste à des personnages illustres ou influents de la fin du quatorzième siècle et du début du quinzième, ses commanditaires ou ses mécènes.

Commençons par l'autoportrait. Pour rester dans la métaphore de composition picturale, dans les discours de dédicace plusieurs « touches » concourent, dirait-on, à sa représentation.

Première touche: Laurent évoque son état d'homme tonsuré ou la charge qu'il occupe réellement auprès de son interlocuteur. Ainsi, selon les périodes, il se dit « clerc » de Jean de Chanteprime—destinataire de sa première version française du *De casibus virorum illustrium*[2] —de Louis de Bourbon—destinataire du *De la vieillesse* et du *De l'amitié*[3]—« clerc » et « secretaire » de Jean de Berry, principal protecteur de son activité littéraire.[4] Cette touche, qui met en relief l'identité « officielle », est immédiatement nuancée par une autre qui établit, cette fois, la nature de la relation entre l'auteur et son interlocuteur. La qualification de ce lien ne se fait pas d'une manière approximative: elle correspond chaque fois au rang de l'interlocuteur.

Laurent est « familier » du conseiller du roi Jean Chanteprime, un de ses premiers protecteurs; il l'est également de Bureau de Dammartin, riche changeur, valet de chambre du roi, trésorier de France, qui par deux fois lui ouvre grande la porte de son hôtel luxueux de la « Courrarie », afin qu'il puisse mener à bien les traductions du *Decameron* et du *De amicitia*.[5]

Être « familier » de quelqu'un, cela ne signifie plus désormais être « serviteur ». Ce terme ne signifie pas nécessairement non plus être lié par une amitié profonde, il implique néanmoins une fréquentation prolongée entre deux personnes, des séjours de travail, entre autres, dans la maison du protecteur ou de l'employeur: le témoignage du séjour de Laurent de Premierfait chez Dammartin est là pour nous le confirmer. Le lettré presque sûrement a été l'hôte aussi bien de Chanteprime que de Jean Bertaut, secrétaire du roi; ce que laisse supposer l'épithète de *Familiaris Domesticus* donné à Premierfait, à la mort de Bertaut, par ses exécuteurs testamentaires.[6]

On pourrait ajouter à ces considérations que, dans un monde où les préséances sont rigoureusement respectées, Laurent ne devait pas se sentir socialement déplacé parmi cette première série de protecteurs. Les recherches sur son vrai nom, Guillot, et sur la famille champenoise dont il est issu vont dans ce sens, car elles laissent entrevoir que Laurent et ses proches étaient loin d'être des pauvres paysans, et qu'ils possédaient même un certain nombre de biens fonciers.[7] Certes, il vient de la province: il se désigne ou il est désigné, à ses débuts, comme *Laurentius Campanus* ou *Laurentius Trecensis*, et il aimera se présenter plus tard comme clerc du diocèse de Troyes.[8] C'est peut-être une fois arrivé à Paris, après une première étape dans l'Avignon papal et lettré, qu'il change son nom pour celui de son village, et c'est dans la capitale, grâce à son activité professionnelle et littéraire, qu'il côtoie serviteurs de l'État et représentants de la haute bourgeoisie, et entre dans le cercle de ceux que l'on peut appeler les premiers humanistes français. À bien voir, c'est aussi l'itinéraire parcouru par ses homologues et amis, à commencer par Jean de Montreuil.[9]

Comme on peut s'y attendre, autre son de cloche lorsque ceux à qui Laurent de Premierfait s'adresse sont le duc de Bourbon ou le duc de Berry. Les qualifications professionnels de « clerc » ou de « secrétaire » sont alors précédées ou suivies par un adjectif, par un pronom, par un substantif qui souligne, cette fois, l'état de dépendance à l'égard de ces princes du sang. Laurent, se tournant tour à tour vers Louis de Bourbon ou vers Jean de Berry dit être l'« humble clerc et sujet » ou le « clerc et serviteur » de l'un;[10] puis le « moins digne secretaire et serf de bonne fois » ou l'« humble clerc et subgiect voluntaire » de l'autre.[11]

Laurent suit ici—il faut le reconnaître—le parcours presque obligé des traducteurs qui se termine par la clause attendue de modestie, se référant aux limites de leur « science » et au résultat de leur travail. Pour ne donner qu'un exemple, là où Laurent avoue son « ignorance », sa « petitesse », la « petitesse » de son « engin », sa « petite science »,[12] la « damoiselle » Christine, Christine de Pizan, enchaîne elle aussi sur sa « petitesse » et sur son état de « femme ignorant de petite estature ».[13]

Sans insister d'avantage sur les procédés mis en œuvre par les traducteurs dans leurs préfaces, il est possible maintenant de revenir au point de départ, le fait que Laurent se désigne, à un certain moment de sa carrière littéraire, comme un « homme populaire ».

Lorsque Premierfait entreprend le « long et grand labour » que constitue la mise en français du *Decameron*, il n'occupe plus ni la charge de secrétaire ni celle de notaire auprès du Jean duc de Berry ou de Louis de Guyenne. Il se dit, au début de son « adresse », « humble clerc et subject voluntaire » du duc de Berry, le personnage reconnu, un peu après, comme ayant été « le vray et seul mediateur », lui qui a assuré par l'entremise du riche changeur Bureau de Dammartin « toute la restribucion du labour et de la despence » pour la bonne réussite du livre. Ensuite, le traducteur, « homme populaire et de petite science », tient à établir que, selon les préceptes exposés dans une épître de saint Jacques (à vrai dire il s'agit d'une épître de l'apôtre Pierre), il est « droittement obligé de servir » au « roy comme prince excellent et aux ducs comme a ceulx qui du roy sont envoiez et commis ».[14]

On pourrait donc clore la question, en reconnaissant dans la dénomination d'« homme populaire » une simple variante du rituel du traducteur faisant acte de soumission à celui qui a patronné son travail; cette formule toutefois—on l'a déjà souligné—est très inhabituelle. Il faut donc essayer de la replacer non seulement dans le cadre des discours de dédicace mais surtout la rapprocher de certains thèmes récurrents dans l'œuvre de Laurent, thèmes qui se rattachent tous au mot « peuple »: existence d'un tiers état; homme du peuple qui, grâce à Fortune et surtout à Vertu, accède aux dignités les plus hautes; peuple qui combat pour sa « franchise; » rapports peuple/souverain.

Déjà, au début du prologue, le « translateur du Livre des Cent Nouvelles », pour justifier sa version de l'œuvre du « noble citoien flourentin », introduit les mots « peuple » et « hommes populaires », en faisant appel à l'autorité de Térence. Les comédies ont été écrites pour la « delectation et joie » du peuple romain et pour soulager ces « hommes populaires » de leurs fatigues quotidiennes à l'occasion des jours de fêtes. Il en sera ainsi pour la lecture des contes de Boccace qui ont également l'avantage, à la différence d'autres ouvrages, de faire cohabiter rois, princes, ducs, seigneurs avec « hommes et femmes de tous estaz ».[15] Laurent, en tant que commentateur de Térence, avait déjà mis en relief que la raison d'être du théâtre comique s'explique par l'existence dans la société romaine de l'*ordo populi*, à côté des sénateurs et des hommes d'armes, les *Quirites*.[16]

Laurent de Premierfait, en se présentant sous l'étiquette d'« homme populaire », se mettrait donc au diapason de ses propos: homme de lettres mais se faisant interprète des « hommes populaires », de même que le *poeta comicus* avait mis dans la bouche de ses personnages des mots de tous les jours, lui aspire à rendre en français d'une façon « claire » le récit de Boccace. Sous la plume d'un traducteur cette aspiration n'est pas nouvelle, mais c'est au nom de cette clarté et des longues digressions qu'elle entraîne que d'autres aspirations, cette fois moins littéraires, se font jour. Laurent arrive alors à nous donner, sous couvert de traduction, une image de lui quelque peu différente.

Prenons maintenant le *Des cas des nobles hommes et femmes*. Les vicissitudes des grands personnages de l'histoire en proie à la roue de Fortune, mis en scène par l'humaniste italien, offrent au Français non seulement la possibilité d'étaler ses connaissances sur la culture antique, mais aussi l'occasion rêvée d'exprimer son jugement sur les protagonistes et sur les événements de l'histoire contemporaine.

La deuxième version de cet ouvrage, terminé en 1409, est dédiée à Jean de Berry avec les protestations d'humilité que nous avons relevées plus haut. Dans le même temps, nous sommes frappés par la violence avec laquelle Laurent se dresse contre le pouvoir. En particulier, les rois et les princes deviennent une de ses cibles préférées, au point que le traducteur dépasse ici son modèle. Ce qui va nous retenir maintenant, ce ne sont pas les longs passages où Premierfait se lance dans un réquisitoire contre le mauvais souverain qui devient souvent un tyran, mais bien plutôt cette thématique du peuple déjà évoquée.[17]

Ainsi en est-il du *topos* de l'homme du peuple qui, par ses vertus et mérites, accède à noblesse et aux plus hautes charges. Après un premier axiome—dans l'air du temps—d'après lequel noblesse n'est pas héréditaire, Laurent se plaît souvent à souligner, chez les personnages évoqués par Boccace, cette valeur d'âme acquise par Vertu. C'est le cas pour l'histoire de Virginie, harcelée par le « tyran » Appius Claudius. Dans ce milieu social très modeste, Virginius, le père de l'innocente « pucelle », est un « homme du peuple », mais il est désigné sans ambages comme « homme de bien renommee vie, de honneste estat et de grant courage », trois vertus qui valent un titre de noblesse.[18] Autre cas, celui de Marius qui accède d'abord au tribunat; ensuite, plus difficilement, étant de « plus vil estat » et « de bas lignage », au consulat. Malgré la résistance des sénateurs, le bon vouloir du peuple et les victoires militaires vont lui conférer la noblesse qu'il n'avait pas reçue au berceau.[19]

L'histoire du roi Roboam, roi de Juda, détrôné par ses sujets, donne à Laurent l'occasion de prolonger le bref commentaire de Boccace sur le fait que rois et princes ne doivent à aucun prix mépriser ni écraser le peuple—« escorcher » dit Laurent faisant allusion aux lourds impôts que Roboam faisait lever—car de la sueur de ce même peuple viennent au prince « toute la force et la seurté » et « grant estat ».

Le « cas » de Roboam, fils du sage Salomon, permet également à l'humaniste français de présenter un des concepts exposés par son modèle italien: souverain et peuple sont liés par un contrat consensuel de servitude où le peuple n'est plus un « serf » mais un « conserf », et où le souverain, en contrepartie, s'engage à lui « garder le salut et le repoz ».[20] Pour accéder à la charge de tribun de la plèbe, Marius, nous l'avons vu, doit passer par « le consentement et voulenté de tout le peuple de Romme ».[21] En remontant dans l'histoire romaine, il en est de même pour les premiers rois légendaires: Ancus Martius et Tarquin l'Ancien.[22]

Cette idée de consensus réapparaîtra dans la version française de la neuvième « nouvelle » de la première journée du *Decameron* qui a comme protagoniste Guy de Lusignan, roi de Chypre. La description de ce personnage lâche et pusillanime, qui ne se rachète qu'à la fin de l'histoire, offre encore à Laurent la possibilité de se livrer à un réquisitoire contre le pouvoir, à une de ses digressions habituelles dans le *Des cas des nobles*, mais assez rares, il faut le dire, dans les *Cent nouvelles*. Elle permet également à Laurent d'élargir son discours: « au commencement des seignories terriennes », c'est par le consentement du peuple que les rois ont été élus ministres de justice. Cette justice—« trouvee de par dame Nature, et ordonnee par humaine saigesse »—permettra de « rendre a chascun la chose qui lui compete ». Force est alors de constater que Laurent a repris et même développe le principe d'un pacte mutuel entre souverain et peuple, là où le texte de Boccace ne le suggérait nullement, en lui donnant comme corollaire une justice royale qui doit ou devrait s'exercer au profit de « tous » et sans nuire « a aulcun ».[23]

Certes, l'idée de contrat social entre le prince et ses sujets n'est pas nouvelle. On la retrouve, c'est notoire, chez Jean de Salisbury, Philippe de Mézières et, à l'époque de Premierfait, chez Jean Gerson et Christine de Pizan. Paix et justice d'un côté, amour de l'autre, sont pour Christine les termes de l'échange.[24] Sur ce point, le chancelier de Paris, dans son *Vivat rex*, se rapproche de Premierfait lorsqu'il avance que le consentement populaire est aux origines de la création de l'autorité. Toutefois, ce concept, comme le souligne Jacques Krynen, ne semble pas être chez Gerson la préoccupation majeure.[25] Notre auteur, pour sa part, s'il le reçoit en héritage, pour ainsi dire, de Boccace, se l'approprie ensuite pleinement et en fait une des ses idées « fortes ».

Autre idée forte, à en juger par la fréquence avec laquelle elle revient dans l'œuvre de Laurent de Premierfait, c'est la « franchise ». Ce mot, synonyme médiéval de liberté politique, est presque exclusivement, cette fois, mis en relation avec le mot « peuple ». Franchise est d'abord le « tres precieux tresor » du peuple romain; puis « le plus saint et noble don que nature donne a homme », par extension, de tous les peuples, de l'homme du peuple.[26]

Le sang de deux figures féminines, Virginie, dont nous avons déjà évoqué l'histoire, et de Lucrèce, toujours dans le *Des cas des nobles hommes*, rachète la « franchise » du peuple de Rome. Ce peuple, à la mort de l'immortelle Lucrèce, au cri de « franchise » chasse le roi Tarquin et « toute sa lignie », montrant ainsi ce qu'il peut lorsqu'on lui fait « cruaulté ou iniure ».[27]

Reprenons une dernière fois la version française du *De casibus*, et plus précisément la partie du prologue consacrée aux « laboureurs ». Laurent de Premierfait avoue y avoir introduit un passage complètement absent chez Boccace. Il commence en se mettant sous l'autorité de l'auteur qui a chanté la vie des champs: « je prens Virgile pour mon aucteur et maistre; » un peu plus loin, il fera également référence à Cicéron qui a décrit les « proufiz et delectations » des « labourages terrestres ».[28] On pourrait alors imaginer que Laurent va se lancer dans un de ces *topoi* si chers aux lettrés de toute époque, d'un lettré qui dirait, comme ce poète chinois du qutorzième siècle: « Rustre je demeure et reviens aux champs ».[29] Ce serait une erreur: l'auteur n'entend pas célébrer les joies de la campagne, il est venu « plourer les cas des sains laboureurs de la chose rustique ». Les tables des rois et des princes sont abondamment approvisionnées par les « gains et labours » de ces malheureux que, à cause de leur « si bas etat », même pas Fortune ne pourrait « abaisser ». Au lieu de recevoir en échange « garde et deffense », ils subissent « l'iniquité et malice des ministres des deux jurisdictions, ecclesiastique et seculare; » ils sont sous le joug de servitude, ils sont courbés sous le poids des impôts.[30]

Encore une fois, dans ce passage, l'idée d'un contrat, sous forme d'un échange qui devrait s'opérer entre cette couche la plus déshéritée du peuple et le pouvoir, fait surface. Jean de Berry, auprès de qui Laurent est venu « plourer », est tout désigné pour remplir le rôle de médiateur: seule son intervention pourra améliorer le sort des malheureux paysans.

Comment interpréter ce dernier plaidoyer, l'appel à ce « puissant et sage »? Jean de Berry est-il vraiment celui qui pourra soulager les paysans, le peuple de France, des lourds impôts? Sur ce chapitre, le témoignage de Michel Pintoin, le Religieux de Saint-Denis, est assez accablant. Lorsque le duc est atteint, en 1404, d'une grave maladie, ce n'est pas vraiment de gaîté de cœur qu'une bonne partie du peuple participe aux processions solennelles pour implorer sa guérison; ces Parisiens le maudissent même à cause d'un nouvel impôt qu'il a décrété. Seule la crainte de la mort—au dire encore du Religieux—conduit le prince à changer quelque peu sa politique fiscale.[31]

Comment se fait-il alors que Laurent de Premierfait mette tous ses espoirs dans la personne de Jean de Berry?

Encore une fois, pour essayer de comprendre la raison de ce plaidoyer et de bien d'autres « incidents » qui émaillent l'œuvre de notre auteur, il faut se placer dans la situation conflictuelle de l'époque, une époque où les guerres civiles plongent la France dans la tourmente.

Christine de Pizan—qui n'est pas toujours très tendre envers le peuple, sauf parfois pour les paysans[32]—trouve pourtant nécessaire d'alarmer le pouvoir au tout début de ces luttes fratricides et prend l'initiative de s'adresser à Isabeau de Bavière, « mère et confortarresse, et advocate de ses subjiez et de son peuple ».[33] Laurent de Premierfait s'adresse, lui, à Jean de Berry.

Dans un contexte politique, où le roi ne gouverne que par intermittence, le duc de Berry semble être le seul à pouvoir jouer d'une certaine autorité au sein d'une famille royale déchirée par la haine, à se donner—la plupart du temps vainement, hélas—pour réconcilier les neveux, pour rétablir la paix. En outre, comme le souligne Françoise Autrand, Jean de Berry, malgré le travail d'une longue vie pour la couronne, reste également un prince territorial.[34] En vertu de ce regard sur les réalités locales, il ne devait pas ignorer le sort de la partie la plus humble de cette France profonde, les paysans, les premiers à être touchés par les événements funestes du royaume. L'appel au duc, les vives remontrances contre « noblesse mondaine » qui semble avoir déserté « l'ostel de roys françois », s'insèrent logiquement dans cette situation conflictuelle que vit le peuple.[35]

Laurent de Premierfait aurait pu adresser ces mêmes propos à son autre protecteur, Louis de Bourbon, mais celui-ci abandonne, en quelque sorte, de bonne heure la scène politique. La mort de son neveu, Louis d'Orléans ayant été pour lui « un coup terrible »—c'est encore le témoignage de Michel Pintoin—il renonce à toute rencontre avec Jean Sans Peur et se retire dans ses terres.[36] Néanmoins pour Laurent, le duc de Bourbon incarne encore l'idéal du prince, d'un prince qui descend en ligne directe de saint Louis. Il en est de même, à vrai dire, pour Jean de Berry, dans le prologue du *Des cas des nobles hommes*. Toutefois, c'est dans la dédicace à Louis de Bourbon du *De la vieillesse* que l'exaltation de la descendance royale prend le pas sur les contingences du moment. Le « bon » duc est « descendu en terre pour servir a Dieu par vraie religion et pour seignourir aux hommes par justice ».[37] Ce qui donne aussi bien un portrait fidèle de ce prince qu'une définition passe-partout de son action politique.

Laurent de Premierfait a vécu la triste expérience de la guerre civile. Comme ses contemporains, comme le Religieux de Saint-Denis, il a pu constater amèrement que, depuis que « la haine des deux princes [Louis d'Orléans et Jean Sans Peur] était arrivée à son comble et présageait de nouvelles fureurs », le peuple « était près de se partager en deux camps ».[38] Laurent aussi est obligé d'opter pour un camp.

Boccace avait donné aux jeunes conteurs le cadre du paisible paysage de la campagne toscane, où la peste qu'ils avaient fuie ne pouvait les atteindre. Le bel hôtel de Bureau de Dammartin a dû mettre à l'abri des tumultes parisiens celui qui a choisi de traduire en français ce même ouvrage, mais il n'a pas fermé son cœur aux cris de détresse venant de l'extérieur.

Laurent de Premierfait qui a choisi, ou a été obligé de choisir, ce havre de paix—paix somme toute relative mais sans doute agréable pour son travail—ne peut rester étranger aux événements qui touchent tout un peuple. C'est ainsi qu'il lance ses dernières diatribes contre le pouvoir royal lâche et pusillanime, si bien représenté, dans la fiction, par le roi de Chypre. Ce qui ne l'empêche pas, dans le même temps, d'espérer encore dans l'action politique de Jean de Berry qui seul est habilité à incarner ce pouvoir.

Le protégé doit certes adresser à celui qui le protège la marque particulière de respect et de soumission d'un « humble clerc » et d'un « subjet », mais il en est le « subjet volontaire ». Par la suite, l'identification à l'« homme populaire » ne viendrait-elle pas comme un rappel au duc de ce pacte préconisé entre le peuple et le pouvoir? Ne serait-il pas le dernier sursaut d'un lettré qui est bien conscient que « les nouvelles » qu'il présente « soubz gracieuses manieres et honnestes paroles » ne pourront vraiment « esbaudir les esprits des hommes »[39] tant que la guerre civile fera rage?

La voix de Laurent de Premierfait, les voix de Christine de Pizan et de bon nombre de leurs contemporains vont bientôt cesser de « crier dans le désert ».[40] A l'entrée des Bourguignons dans Paris, il ne reste plus que le souvenir des amis disparus ou dispersés. Jean de Montreuil et Gontier Col n'échappent pas aux massacres lors de la prise de la capitale; d'autres, Gerson, Christine et Nicolas de Clamanges, s'exilent.

Quant à Laurent, il est l'une des probables victimes de la peste, de ce fléau que notre auteur n'a pu éviter, à l'inverse de la joyeuse brigade des Florentins.[41]

NOTES

[1] Pour la vie et pour les manuscrits contenant les œuvres de cet auteur, se reporter en particulier à: Bozzolo, *Manuscrits des traductions françaises*; Bozzolo et Jeudy, « Stace et Laurent de Premierfait; » Bozzolo, « Le dossier Laurent de Premierfait; » Famiglietti, « Laurent de Premierfait; » Bozzolo, *Un traducteur et un humaniste*; Hedeman, *Translating the Past*. Par ailleurs, au cours de l'article, les principales traductions de Laurent de Premierfait, se rapportant aux textes consultés, seront ainsi citées: *DA* = *De l'amitié*, Paris, Bibliothèque nationale de France, MS français. 126 (fols. 153r–189v); *DCHF* = *Des cas des nobles hommes et femmes*, Paris, Bibliothèque nationale de France, MS français. 131, et également d'après: Gathercole, *Laurent de Premierfait's Des cas*; *CN* = *Cent nouvelles*, d'après: Boccace, *Decameron*, et également d'après le Paris, Bibliothèque nationale de France, français. 129; *DV* = *De la vieillesse*, Paris, Bibliothèque nationale de France, MS latin. 7789 (fols. 34r–104r).

² Pour ce personnage, receveur général des Aides puis général des finances de Charles VI, Laurent termine la traduction le samedi 13 novembre 1400.

³ La traduction du *De senectute* est achevée le 5 novembre 1405. Quant à la traduction du *De amicitia*, terminée, selon le colophon d'un des manuscrits de cet ouvrage, le 9 juillet 1416, elle avait sans doute été commencée bien avant car le prologue est adressé au duc de Bourbon.

⁴ Après la première traduction du *De casibus virorum illustrium*, l'évêque de Chartres, Martin Gouge, confie à Laurent la tâche d'en donner une nouvelle version qui sera terminée le 15 avril 1409 et qui sera donc dédiée à Jean de Berry. Laurent traduit encore de 1411 à 1414 le *Decameron* pour le duc. C'est peut-être grâce à l'appui de ce dernier que Premierfait achève la traduction du *De amicitia* chez son autre protecteur, Bureau de Dammartin. Pour ce dernier personnage, voir: Bozzolo, Loyau et Ornato, « Hommes de culture », en particulier Loyau, « Une approche monographique ».

⁵ Le séjour de Laurent chez Dammartin est évoqué par Guillebert de Mets dans sa « Description de la ville de Paris », in Le Roux de Lincy et L. M. Tisserand, *Paris et ses historiens*, 42.

⁶ Famiglietti, « Laurent de Premierfait », 32.

⁷ Famiglietti, « Laurent de Premierfait », 32–33.

⁸ Pour ces appellations, voir Bozzolo, *Manuscrits des traductions françaises*, en particulier pp. 3–15.

⁹ Sur l'humanisme des quatorzième et quinzième siècles, voir en particulier Ezio Ornato, *Jean Muret*.

¹⁰ *DV*, fol. 121r; *DA*, fol. 1r.

¹¹ *DCHF*, edited by Gathercole, 75; *CN*, edited by Di Stefano, 1.

¹² *DCHF*, 75; *CN*, 3.

¹³ Hicks, ed. *Le débat sur le Roman de la Rose*, 25; Christine de Pizan, *Epistre Othea*, 195, v. 17.

¹⁴ *CN*, 3.

¹⁵ *CN*, 3.

¹⁶ Sur le commentaire à Térence, voir Bozzolo, « Laurent de Premierfait et Térence ».

¹⁷ Voir Bozzolo, « La conception du pouvoir ».

¹⁸ *DCHF*, II, 6, fol. 46r. Pour les amplifications d'histoire romaine opérées par Laurent de Premierfait, voir Bozzolo, « L'intérêt pour l'histoire romaine ».

¹⁹ *DCHF*, VI, 2, fol. 180v.

²⁰ *DCHF*, II, 5, fol. 44r.

²¹ *DCHF*, VI, 2, fol. 181v.

²² *DCHF*, III, 2, fol. 74v et fol. 75v.

²³ *CV*, 98.

²⁴ Voir Sigal, « Christine de Pizan et le peuple ».

²⁵ Gerson, *Œuvres complètes*, 326–28.

²⁶ *DCHF*, fol. 92v; fol. 93v.

[27] *DCHF*, fol. 46r.
[28] *DCHF*, 84.
[29] Tao Qian (372–427), connu également comme Tao Yuan Ming, chantre de la vie solitaire et des petites joies quotidiennes offertes par la nature.
[30] *DCHF*, 86.
[31] Bellaguet ed. et trad. *Chronique du Religieux de Saint-Denys*, I, 518–20; III, 149.
[32] Sigal, « Christine de Pizan et le peuple », 826.
[33] Kennedy, ed. « Christine de Pizan's *Epistre a la reine* (1405) », 255, ligne 28.
[34] Autrand, *Jean de Berry,* 353.
[35] *DCHF*, 82.
[36] *Chronique du Religieux de Saint-Denys*, III, 743.
[37] *DV*, fols. 33v–35r. Pour le portrait—moral surtout—du duc, voir Mattéoni, « L'image du duc Louis II ».
[38] *Chronique du Religieux de Saint-Denys*, III, 335.
[39] BnF, MS fr. 129, fol. 2v. Les passages du prologue des *Cent nouvelles* cités ici ne figurent pas dans l'édition Di Stefano, établie d'après le Vat. Pal. MS lat. 1989.
[40] Sur le désarroi chez les écrivains-humanistes et les historiens de l'époque, voir Bozzolo, « Familles éclatées ».
[41] Voir Bozzolo, *Manuscrits des traductions françaises*, 9.

Bibliographie sélective

Autrand, Françoise. *Jean de Berry. L'art et le pouvoir*. Paris: Fayard, 2000.
Bellaguet, Louis François, ed. and trans. *Chronique du Religieux de Saint-Denys*. 6 Vols. Paris,
1839–1852; repr. with a preface by Bernard Guenée. 3 Vols. Paris: CTHS, 1994.
Boccaccio, Giuseppe. *Decameron, traduction (1411–1414) de Laurent de Premierfait,* edited by G. Di Stefano Montréal: Ceres, 1999.
Bozzolo, Carla. "La conception du pouvoir chez Laurent de Premierfait." In *Préludes à la Renaissance*, edited by Carla Bozzolo et Ezio Ornato, 191–205. Paris: Éditions du centre national de la recherche scientifique, 1992.
Bozzolo, Carla. "Familles éclatées, amis dispersés: échos des guerres civiles dans les écrits de Christine de Pizan et de ses contemporains." In *Contexts and Continuities: Proceedings of the IVth International Colloquium on Christine de Pizan (Glasgow 21–27 July 2000)*, published in honour of Liliane Dulac. Edited by Angus J. Kennedy, Rosalind Brown-Grant, et alii. 3 Vols. Glasgow University Medieval French Texts and Studies, 1. Glasgow: University of Glasgow Press, 2002.

Bozzolo, Carla. "Laurent de Premierfait et Térence." In *Vestigia. Studi in onore di Giuseppe Billanovich*, edited by R. Avesani, M. Ferrarari et alii, 2 vols. Storia e letteratura, 162. Roma: Edizioni di storia e letteratura, 1984.

Bozzolo, Carla. *Manuscrits des traductions françaises d'œuvres de Boccacce, XVe siècle*. Padua: Antenore, 1973.

Bozzolo, Carla. *Un traducteur et un humaniste de l'époque de Charles VI: Laurent de Premierfait*. Textes et documents d'histoire médiévale, 4. Paris: Publications de la Sorbonne, 2004.

Bozzolo, Carla and Jeudy, Colette. "Stace et Laurent de Premierfait." *Italia medioevale e umanistica* 22 (1979): 413–47.

Bozzolo, Carla, Hélène Loyau, and Monique Ornato. "Hommes de culture et hommes de pouvoir parisiens à la Cour amoureuse." In *Pratiques de la culture écrite en France au XVe siècle*, edited by Monique Ornato and Nicole Pons, 259–78. Louvain-La-Neuve: Fédéra tion Internationale des Instituts d'Études Médiévales, 1995.

Bozzolo, Carla. "L'intérêt pour l'histoire romaine à l'époque de Charles VI: l'exemple de Laurent de Premierfait." In *Saint-Denis et la royauté. Études offertes à Bernard Guenée*, edited by François Autrand, Claude Gauvard, and Jean-Marie Moeglin, 109–24. *Histoire ancienne et médiévale*, 59. Paris: Publications de la Sorbonne, 1999.

Christine de Pizan. *Epistre Othea*, edited by Gabriella Parusssa. Geneva: Droz, 1999.

Christine de Pizan. *Epistre a la reine*, see Kennedy, Angus J. ed. "Christine de Pizan's *Epistre a la reine* (1405)." *Revue des langues romanes*, 92 (1988): 253–264.

Famiglietti, Riccardo C. "Laurent de Premierfait: the Career of a Humanist in Early Fifteenth-Century Paris." *Journal of Medieval History* 9 (1983): 25–42.

Gathercole, Patricia, ed. *Laurent de Premierfait's "Des cas de nobles hommes et femmes." Book I translated from Boccaccio, a Critical Edition Based on Six Manuscripts*. Chapel Hill: University of North Carolina Press, 1968.

Hedeman, Anne D. *Translating the Past. Laurent de Premierfait and Boccaccio's De casibus*. Los Angeles: Paul Getty Museum, 2008.

Hicks, Eric, ed. *Le débat sur le Roman de la Rose*. Paris: Champion, 1977.

Jean Gerson. *Œuvres complètes*, edited by Palémon Glorieux. 10 Vols. Paris: Desclée, 1960–1973.

Le Roux de Lincy and L. M.Tisserand. *Paris et ses historiens au XIVe et au XVe siècle*. Paris, 1867.

Loyau, H. "Une approche monographique: Bureau de Dammartin." In *Pratiques de la culture écrite en France au XVe siècle*, edited by M. Ornato and N. Pons. Louvain-La-Neuve: Fédération Internationale des Instituts d'Etudes Médiévales, 1995.

Mattéoni, Olivier. "L'image du duc Louis II de Bourbon dans la littérature du temps de Charles VI." In *Saint-Denis et la royauté. Études offertes à*

Bernard Guenée, edited by Françoise Autrand, Claude Gauvard and Jean-Marie Moeglin, 145–56. Histoire ancienne et médiévale, 59. Paris: Publications de la Sorbonne, 1999.

Ornato, Ezio. *Jean Muret et ses amis Nicolas de Clamanges et Jean de Montreuil.* Geneva-Paris: Droz, 1969.

Sigal, Pierre-André. "Christine de Pizan et le peuple." In *Contexts and Continuities. Proceedings of the IVth International Colloquium on Christine de Pizan (Glasgow 21–27 July 2000), published in honour of Liliane Dulac,* edited by Angus J. Kennedy with Rosalind Brown-Grant, James C. Laidlaw, Catherine M. Muller. 3 Vols. III: 811–28. Glasgow University Medieval French Texts and Studies, 1. Glasgow: University of Glasgow Press, 2002.

Carla Bozzolo is a specialist in early French humanism, history of the book, prosopography and court culture. She is a member of the research team, "Pratiques et systèmes de communication" in the Centre National de la Recherche Scientifique (CNRS) Laboratoire de médiévistique occidentale de Paris (LAMOP).

Abstract Carla Bozzolo addresses issues of adaptation and transmission as she examines why Laurent de Premierfait characterizes himself as an "homme populaire" in the dedication of his translation of the *Decameron* to Duke Jean de Berry. She considers this statement first within Premierfait's use of the conventional formulas of dedications throughout his œuvre and then within a group of political themes that recur in his works, linking this unusual qualification of Premierfait's concern with the problem of political legitimacy, and specifically with the prince's duty to base his authority on the protection of the people.

Un « Manuel » d'économie domestique bourgeoise : Laurent de Premierfait et les *Économiques* du Pseudo-Aristote

Nicole Pons†

PARMI LES HUMANISTES PARISIENS exerçant leurs activités sous le règne de Charles VI, Laurent de Premierfait[1] occupe une place toute particulière car une grande partie de sa production est constituée par des traductions, notamment de Boccace et de Cicéron. Il lui est arrivé également de remanier des traductions antérieures, comme il l'a fait avec celle de Tite-Live que Pierre Bersuire avait procurée un demi-siècle plus tôt. On lui attribue aussi une autre révision, celle de la traduction des *Économiques* du pseudo-Aristote réalisée antérieurement par Nicole Oresme. C'est à ce travail de Premierfait qu'est consacrée l'étude suivante.[2]

Après avoir présenté brièvement la traduction (1), j'examinerai son contenu (2) en évoquant tout d'abord ses principaux thèmes (A) avant de m'arrêter sur les deux idées fondamentales qui la sous-tendent, le juste milieu et le profit (B). Je terminerai cette partie par une comparaison avec deux autres traités contemporains: le *Mesnagier de Paris* et le *Livre des trois vertus* de Christine de Pizan (3). La seconde partie de mon travail sera consacrée à l'étude de la tradition manuscrite (4): après un rapide examen de l'ensemble des témoins (A), l'un d'entre eux retiendra plus particulièrement mon attention car il témoigne d'une réception « bourgeoise » du texte (B). En conclusion, je reviendrai sur des questions qui se posent sur la paternité de cette révision des *Économiques* (5).

Pour ne pas alourdir inutilement l'exposé, avant d'examiner la question de la paternité du texte—examen qui dépend d'éléments qui seront établis au cours de l'étude—nous considérerons à titre provisoire que la traduction est l'œuvre de Premierfait. En réalité, trois témoins seulement—dont l'un est tardif—la lui attribuent et plusieurs indices tendent à montrer que Premierfait n'a pas eu le temps d'achever ce qu'il avait entrepris.

À la base du travail de Premierfait, il y a donc la traduction réalisée par Nicole Oresme. On connaît les facettes variées de celui qui fut bien plus qu'un haut prélat ecclésiastique (à sa mort survenue en juillet 1382, Oresme était évêque de Lisieux après avoir été longtemps chanoine de Notre-Dame de Paris et doyen de Rouen). Mais c'est surtout l'image d'un très grand savant que la postérité a retenue; éminent universitaire, docteur en théologie, son influence intellectuelle fut considérable. À côté de son activité scientifique, celle de traducteur fut également prolifique; son nom est associé à la grande entreprise voulue par Charles V pour que soit connue en langue vulgaire l'œuvre d'Aristote; c'est ainsi que dans les années 1370, il entreprit de traduire et commenter le *corpus* moral aristotélicien: la *Politique*, les *Éthiques* et les *Économiques*.

Ces derniers se présentent comme un ensemble de trois livres, intégré au *corpus* des œuvres du Stagirite avant le douzième siècle, dont seul le premier est sans doute dû à Aristote. Plusieurs traductions latines existent; la plus importante est celle réalisée en 1267 par le dominicain Guillaume de Moerbecke qui a traduit les livres I et III. C'est sur cette traduction que Nicole Oresme a travaillé.[3]

La révision de Premierfait

De son côté, Laurent n'a pas opéré de nouveau travail sur le texte latin, mais a simplement revu celui de son prédécesseur: en effet, les traductions des *Économiques* dans les versions données par Oresme et Premierfait sont la plupart du temps quasiment identiques. Cependant, les deux textes se séparent parfois et en les confrontant, une constatation s'impose d'emblée: le second se veut une « vulgarisation ». Sa présentation est nettement moins universitaire: aucun passage ne se présente comme une glose. Alors que Nicole Oresme a soigneusement séparé de sa traduction du traité latin ses propres commentaires en introduisant des gloses, Premierfait présente son texte sans solution de continuité. Les distinctions opérées par Oresme ont disparu et je citerai comme exemple le début du deuxième chapitre du livre I. La version d'Oresme transmet le texte suivant:

> T.[4] De maison est partie ce qu'a humain entendement et aussi possession est partie de maison – G. Il entent par maison communité domestique oveques les appartenances – T. Et comme ainsi soit que de chescune chose la nature est trouvee par cognoissance en ses parties tres petites, semblablement est il de maison – G. Car de chescune chose qui est composee la cognoissance de ses parties la fait cognoistre et donques convient il cognoistre les parties de maison. Et pour ce dit il après.[5]

La version de Premierfait, elle, se présente ainsi:

> Homme ou femme qui ont humain entendement et aussy qui ont possessions de choses mondaines sont partie de maison, c'est a dire communité domestique avec les autres circonstances pertinens a yconomie. Or est ainsy que de chacune chose mondaine la nature et naissance est trouvee et congneue en ses parties tres petites, et ainsy des parties de la maison, car de chacune chose composee et faite de diverses parties la congnoissance de ses parties fait ycelle congnoistre, si convient donques congnoistre les parties de la maison.[6]

Un autre moyen, plus usuel, est également utilisé par notre humaniste pour rendre plus accessible l'œuvre d'Oresme: il supprime tout ou partie des réminiscences érudites. On le voit procéder ainsi dès la première glose du premier chapitre du livre I où disparaissent les références étymologiques au grec. Prenons un exemple dans le passage suivant qui se trouve dans Oresme:

> Une [partie de la science morale] est dicte *ethique*, de *ethos* en grec, qu'est meurs ou acoustumance; et de ycos, qu'est science. Et aucuns l'appellent *monostique*, qu'est de monos en grec, qu'est un; et de ycos, qu'est science, non pource qu'elle soit de vie solitaire, mes pource que par elle un homme se scet gouverner absolument et generalment en tant comme homme et non pas en especial, comme partie de maison ou de cité.[7]

Ce passage est rendu ainsi par Premierfait: « Et aucuneffois science ethique est autrement nommee monostique pour ce que par elle un seul homme peut soy gouverner singulierement et generalment, et non pas en estat especial comme est parciale maison ou cité particuliere ».[8]

Nombreux sont les exemples de ces suppressions opérées par Laurent et qui ont comme résultat logique de rendre son texte moins lourd et plus lisible que celui de son prédécesseur.

Contenu de la traduction

Ayant beaucoup perdu de son caractère universitaire, la version de Premierfait est par bien des façons nettement plus accessible que celle de son prédécesseur. Elle souligne certains aspects, comme par exemple les notions de « juste milieu » et de « profit », ce qui transforme le texte en un manuel d'économie domestique et lui permet d'atteindre un public plus large que le public universitaire. Elle rejoint ainsi d'autres textes contemporains comme le *Mesnagier de Paris* et le *Livre des trois vertus* de Christine de Pizan.[9]

Principaux thèmes

Le premier livre est consacré à des généralités et à la conduite de l'homme, « seigneur de la maison ». Il débute par un chapitre à coloration savante où il n'est guère facile de suivre le raisonnement de l'auteur,[10] mais cela tient sans doute au fait que ce chapitre est conçu comme un prologue. En effet, dès que l'auteur aborde les sujets à traiter, le style devient beaucoup plus simple et très accessible à tout lecteur peu habitué au langage universitaire.

Dans le second chapitre l'auteur délimite les trois « parties matérielles » de la maison: l'homme, la femme et le bœuf. Ce dernier symbolise les possessions matérielles et c'est essentiellement à la manière de les acquérir qu'est consacré le discours. C'est donc après un long développement sur les biens matériels qu'il est question du mariage (appelé la « communication nuptiale ») formant la matière du troisième chapitre. Le mariage possède six qualités. Il est naturel car la nature a veillé à ce que les espèces se reproduisent; raisonnable, c'est-à-dire conforme à la raison, car il associe un seul homme et une seule femme alors que s'adonner à l'union libre par simple désir charnel relève de la conduite animale. Il est aimable car les époux s'entraident et deviennent une même chair; en outre on garde le souvenir du plaisir ressenti. Il est profitable, c'est-à-dire bénéfique pour tous: les enfants ont besoin des parents tant qu'ils sont trop jeunes pour se débrouiller; les parents ont besoin des enfants quand ils sont devenus impotents. Il est divin car Jésus naquit en mariage et approuva ce dernier comme une chose sainte. Enfin il est convenable, car homme et femme sont appelés à se compléter.

Le quatrième chapitre aborde des questions plus pratiques. Il est d'abord question des quatre règles qu'un mari doit observer vis-à-vis de sa femme: ne l'injurier ni en paroles ni en actes (c'est-à-dire ne pas la tromper); lui faire l'amour selon une juste mesure; épouser une femme jeune afin que celle-ci adopte sans difficulté les mœurs du mari; se vêtir de manière semblable.[11] Le cinquième chapitre est consacré aux serviteurs, à la manière de les nourrir et de les traiter pour qu'ils soient « bons opérateurs » et qu'ils fassent « le profit et l'honneur » de la maison. Enfin, dans les sixième et septième chapitres, l'auteur revient à un langage savant pour traiter de la science économique; toutefois, derrière ce langage, se cachent des conseils d'ordre pratique destinés au maître de maison (par exemple, être le premier levé et le dernier couché pour surveiller à bon escient la marche de la maison).

Alors que le premier livre des *Économiques* s'intéresse au mari, le second, lui, contient de nombreux conseils destinés à l'épouse. Sont tout d'abord présentés les devoirs de la femme, le premier d'entre eux étant l'obéissance au mari: l'épouse n'a pas à accueillir une personne que le mari ne veut pas voir; elle n'a pas non plus à se mêler des affaires publiques ou du choix des gendres comme des brus; plus concrètement, elle doit économiser sur les dépenses et se vêtir modestement. Dans le second chapitre, il est plutôt question de son comportement moral: que l'épouse soit d'une même pensée avec son mari, et si ce dernier la maltraite, qu'elle mette cela au compte de la maladie ou de la folie; de même, il lui faut être courageuse dans l'adversité car on la louera d'autant plus qu'elle supportera cette dernière avec vaillance. Le mari, de son côté, a tout intérêt à bien traiter son épouse: c'est la teneur du chapitre suivant. En effet, de même que le laboureur travaille la terre pour une meilleure récolte, « de tant plus doit le mary estudier a faire sa femme bonne puisque c'est elle qui met au monde les doulz enfans plains de vie »;[12] n'est-elle pas « venue en la maison du mary comme compaigne afin de procreacion d'enfans? »[13] C'est pourquoi l'homme doit « mectre cure et diligence et trouver honnestes lois et bonnes regles qui soient usitees envers sa femme ».[14]

Avec le quatrième chapitre on revient à des considérations moins matérielles car le discours est axé sur la nécessité d'une fidélité conjugale réciproque; il est intéressant de relever que tout un passage est consacré au rejet des bâtards: ce dernier point mérite de retenir l'attention et nous y reviendrons plus loin. Curieusement, ce n'est pas dans le chapitre suivant, mais dans le sixième qu'est donnée en modèle de fidélité l'attitude d'Ulysse rejetant les avances de Nausicaa tandis qu'Agamemnon qui imposa à sa femme la présence d'une jeune maîtresse sert de contre-exemple. Au milieu de ce discours sur la fidélité conjugale, se place un chapitre consacré au comportement du mari vis-à-vis de sa femme: ni trop indulgent, ni trop sévère.

L'œuvre prend fin sur la célébration des bienfaits tirés d'une union où règnent concorde et unité. Unis dans une même préoccupation à propos des soins à donner aux enfants comme dans la manière d'acquérir différents biens, unis dans un même comportement humble et débonnaire, le mari et l'épouse font alors régner une harmonie dont les enfants tirent profit; les époux de leur côté arrivent sans encombre à l'âge où « la recordacion de la bonne vie passee est tres grande et souefve delectacion en cuer humain quant le corps est ramené en vieillesse ». Cette célébration lyrique est toutefois immédiatement tempérée par une note beaucoup plus prosaïque: « quant les pere et mere seront plungiez en l'aage de vieillesse, ilz soient beneurement repeuz et nouriz par leurs enfans ou heritiers futurs et legitimes »,[15] note sur laquelle s'achève le traité.

Les idées sous-jacentes

Derrière tous ces thèmes qui abordent la bonne conduite à observer sur le plan moral et le traitement des problèmes matériels touchant la vie domestique, se perçoivent nettement deux idées qui parcourent l'ensemble du traité—le juste milieu (le « moien ») et le profit—révélant parfaitement toutes deux la mentalité 'bourgeoise' dont le texte est empreint.

Le juste milieu

Ni trop ni trop peu: la formule n'apparaît pas mais elle pourrait fort bien s'appliquer à nombre de conseils donnés par l'auteur des *Économiques*. Cette notion, relevée par Oresme, est considérablement amplifiée et soulignée dans la traduction de Premierfait. Le chef de famille se doit d'observer une juste mesure dans ses rapports conjugaux: en effet

> [...] se le mary estoit trop abstinent d'amours, la femme necessitee pourroit acointier autre homme; et se le mary au commencement du mariage frequentoit moult le jeu d'amours avecques sa femme, après ce qu'il seroit malade ou absent, la femme qui aroit acoustumé telle chose ne se pourroit contenir ne atremper en amours.[16]

Juste milieu sur le plan charnel, mais également dans le comportement quotidien, comme je l'ai déjà signalé plus haut: l'homme ne doit être ni trop indulgent, ni trop rigoureux:

> [...] que le mary ne soit point envers sa femme negligent ne molastre ne rigoreux, mais *garde le moien* sans trop ne pou de negligence ne de molesce ne de rigueur, afin que la seigneurie de la maison ne viengne aux mains de la femme par negligence ou moleste du mary, lequel aussy, s'il est trop rigoreux ou trop dur envers sa femme, elle contendra son yre en son couraige et mauvais pensement dont esclandes et confusions et grans rottes sourdroit en la maison.[17]

C'est le même type de conduite que doit observer le maître de maison quand il s'occupe des questions matérielles:

> les seigneurs des maisons [...] dispensent et distribuent a leurs enfans et serfs les fointz et les vitailles en telle quantité [...] selon la grande ou moienne quantité des vitailles estans en la maison d'un chacun particulier seigneur qui, selon sa rente ou son gaing, doit mesurer sa despence afin que, en trop despendant, il n'encoure vice de prodigalité, et en despendant moins qu'il ne doit, qu'il n'encoure le vice de orde avarice. Et par ainsy le seigneur de la maison doit *tenir le moien* en dispensant les fruits, et il sera lors vertueulx et liberal yconomique.[18]

Et c'est encore dans sa manière de traiter les serviteurs que le maître de maison garde un juste milieu : « doit chacun seigneur *garder juste moien* de non estre trop dur ne trop mol envers ses subgez; ains les doit tenir, garder et gouverner en juste obedience ».[19] D'ailleurs, les serviteurs eux-mêmes ne doivent être ni trop forts, ni trop faibles.[20]

Le profit

Une deuxième idée, plus encore peut-être que le souci d'une voie moyenne, parcourt l'ensemble du traité: la recherche du profit, de ce qui est non pas utile, mais « profitable », sans que l'on sache toujours si cette notion veut dire « nécessaire au bien-être » ou « nécessaire à l'acquisition des biens », tant l'adjectif se retrouve constamment sous la plume de Premierfait. Il se trouve déjà à maintes reprises chez le pseudo-Aristote—on en a vu plus haut un exemple à propos de la nature du mariage traitée dans le troisième chapitre du livre I (ce dernier est raisonnable, etc. [...] et profitable). Premierfait, de son côté, multiplie les références à cette notion de « profit ». Je n'en donnerai qu'un exemple pris dans la rubrique du quatrième chapitre du livre II; sous la plume d'Oresme, il se présente ainsi: « ou quart chapitre il monstre par quelles loys et comme le mary doit faire que sa femme soit bonne; »[21] chez notre traducteur, cette rubrique devient: « Le quatriesme chappitre ouquel Aristote monstre par quelles lois et regles et comment le mary doit faire que sa femme soit bonne en honneur et prouffit ».[22]

Le profit est donc une notion relevée par Nicole Oresme et largement reprise et amplifiée par Laurent de Premierfait. Aussi ne faut-il pas s'étonner en lisant les *Économiques* de retrouver sans cesse le terme. Ce profit est d'ordre général: « Les aydes et prouffiz qui viennent des parens aux enfans et des enfans aux parens; »[23] « se le mary ait seignorie sur soy mesmes [...] il sera tres bon, c'est a dire prouffitable et honneste gouverneur de toute la vie domestique; »[24] « les biens et les prouffis qui aviennent entre les mariez par unanimité et concorde; »[25] « plus grans biens soient faiz par lui ou par elle ou prouffit de la maison ».[26]

Il s'applique également aux mœurs—« convenable chose et prouffitable envers homme que il espouse pucelle »[27]—comme à des règles d'hygiène corporelle: « lever de nuyt aprés la digestion est chose prouffitable au corps humain »,[28] tout autant qu'à des conseils agricoles: « le bon yconomique met grant labour et cuisançon a faire champ fructueux et prouffitable ».[29]

Plutôt cependant que multiplier les références au profit, à ce qui est profitable, il est intéressant de remarquer que l'honneur—qui est « le droit salaire et loyer de vertu »[30]—va de pair avec le profit, aussi bien en ce qui concerne les serviteurs—« est expedient que tel serf soit prudent pour faire le prouffit et l'onneur de la maison et acomplir l'onneste plaisir de la maison »[31]—qu'en ce qui concerne l'épouse.[32]

Premierfait et les autres traités domestiques

Les idées que le traité transmet ne sont pas sans parenté avec des thèmes assez courants dans la littérature de l'époque—par exemple la misogynie ou encore l'honneur—mais elles tranchent aussi bien avec la vision cléricale qu'avec la vision aristocratique du monde. Se fait jour ici une « mentalité » qui ne se préoccupe ni de recherche intérieure de la sagesse ou de la vertu morale, ni du faste ou du prestige de l'apparence, mais qui est plutôt soucieuse de la bonne marche d'une maison aux dimensions du couple et de l'accroissement de sa richesse matérielle. Nous avons là l'expression même des valeurs de la famille bourgeoise. On a vu plus haut que tout un passage était consacré au rejet des bâtards: rien de plus étranger aux coutumes de la noblesse où ces derniers tiennent le même rôle que les enfants légitimes.

Il n'est pas sans intérêt de comparer ce texte avec d'autres œuvres approximativement contemporaines. Pour rester dans le domaine domestique qui est celui des *Économiques*, on examinera brièvement deux livres d'éducation: le *Mesnagier de Paris* et le *Livre des trois vertus* de Christine de Pizan.

Le premier est une œuvre anonyme écrite par un bourgeois parisien à la fin du quatorzième siècle à l'intention de sa jeune épouse.[33]

On y trouve un portrait de l'épouse chrétienne idéale, observant strictement toutes les règles morales, religieuses et sociales. Grâce à ses prières et à une pratique religieuse intensive (messe, confession, examen de conscience), la bonne épouse sera ce que lui demande d'être tout moraliste médiéval: chaste, fidèle, prudente, discrète, pleine de révérence envers son mari; elle sera surtout et principalement obéissante. Nous retrouvons donc le même idéal bourgeois rencontré chez Premierfait.

Le *Livre des trois vertus* de Christine de Pizan[34] est destiné à l'enseignement des princesses, mais celles-ci doivent servir d'exemple aux autres femmes. Les trois vertus—Raison, Droiture et Justice, souveraines de la Cité des dames vertueuses—ont comme porte-parole « dame Prudence »: quand cette dernière s'adresse aux bourgeoises, elle leur livre quatre enseignements:

> [...] le premier, est de ce qui touche et apertient a l'amour et foy que devez avoir a voz mariz et comment vers eulx voz devez porter; le second point, au fait du gouvernement de vostre mainage; et le tiers touche voz vesteures et abillemens; le quart, comment vous garderez de blasme et de cheoir en diffame.[35]

Certes il est surtout question de conduite morale. Mais si l'on se rapporte à ce qui est dit du « gouvernement du ménage », on est frappé par la similitude d'avec notre traduction:

> [...] vous devez mettre grant peine et diligence de distribuer sagement et mettre a proufit les biens et la chevance que voz mariz, par leur labour, office, ou rente, ameinent ou pourchacent. Et est l'office de l'omme d'acquerre et faire venir ens les provisions; et la femme se doit ordonner et dipenser par bonne discrecion et ordre convenable sans trop grant escharceté, et aussi bien se garder de fole largece[...].[36]

Comme chez Premierfait, la recherche du profit et du juste milieu doit guider la conduite des femmes.

Sans vouloir poursuivre la comparaison entre les œuvres de Premierfait et de ses contemporains, on notera cependant encore un autre aspect: dans tous ces traités, qu'il s'agisse de l'éducation des femmes ou de celle des enfants, il n'est pas question d'études; aucun programme d'enseignement livresque n'est indiqué quelque part. Si l'épouse est dans la maison pour faire fructifier le ménage et élever les enfants—de concert avec son mari—il n'est pas précisé comment on doit les élever. Il suffit aux bourgeoises de posséder assez de lettres pour avoir la capacité de s'adonner à des lectures pieuses; on ne leur demande rien de plus. Cet état d'esprit perdure tout au long du siècle.[37]

La tradition manuscrite des *Économiques*

Les différents témoins

Assurément, l'œuvre érudite de Nicole Oresme n'était pas lisible par tout un chacun. Les trois grands traités—*Politique, Éthiques, Économiques*—ont été copiés ensemble dans un ou deux gros in-folios; richement décorés, ils faisaient partie de bibliothèques princières; plus sobres, ils proviennent d'institutions universitaires comme Saint-Victor de Paris; mais tous, ils ne sont guère transportables. Or les *Économiques*, bien qu'ils soient l'œuvre d'un philosophe commenté ensuite par un universitaire qui est en même temps un dignitaire ecclésiastique, traitent de la bonne conduite à tenir dans les affaires domestiques. Leur sujet devrait donc les amener à être entre les mains de laïcs mariés, ce qui apparemment n'était pas le cas, du moins si l'on considère les témoins parvenus jusqu'à nous. Est-ce pour cette raison et pour rendre l'œuvre accessible que, près d'un demi-siècle plus tard, Laurent de Premierfait entreprit de réviser l'œuvre de son prédécesseur? Ce qu'on connaît de ses autres traductions rend cette hypothèse *a priori* peu vraisemblable. En effet, si son but en traduisant telle ou telle œuvre antique était certes de rendre accessibles des textes qui ne l'étaient pas en raison de la langue, son travail s'est toujours adressé à un public d'aristocrates et de clercs. Dans le cas présent, cependant, il semble obéir à une autre logique: peut-être répondait-il à une demande de son commanditaire. Tout au moins, comme nulle part Laurent n'expose les raisons de son travail, on peut le supposer.

Laurent a-t-il réussi dans son entreprise? A-t-il fait passer son message et enseigné à des bourgeois une saine gestion des affaires domestiques? Seule la tradition manuscrite peut apporter quelques éléments de réponse à ces questions. On connaît actuellement neuf manuscrits des *Économiques* dans la version de Premierfait.[38] Trois d'entre eux—Chantilly, Bibliothèque du Château, MS. 278 (575); Oxford, Bodleian Library, MS. 965a; Rouen, Bibliothèque municipale, MS. 927—relèvent d'une diffusion aristocratique ou universitaire et la transmission s'est faite dans les mêmes conditions que pour les traductions de

Nicole Oresme. Beaux in-folios comportant tout ou partie du *corpus* aristotélicien, et pour deux d'entre eux richement enluminés, ils ne pouvaient guère quitter leur lieu de conservation.

Des autres témoins, quatre ont connu une transmission un peu différente, mais qu'on ne saurait qualifier de bourgeoise. Les manuscrits Paris, Bibliothèque nationale de France, MSS. Français. 1085 et 2591, sur parchemin et datant de la fin du quinzième siècle, ne transmettent que les *Économiques* et le premier a appartenu au célèbre bibliophile Louis de Bruges, seigneur de la Gruythuse. Les *Économiques* sont transmises avec une autre traduction de Premierfait, le *De amicitia* de Cicéron, dans les manuscrits Bern, Burgerbibliothek, MS. 246 et Paris, Bibliothèque nationale de France, MS. Français. 24283; ce dernier, sur papier et datant du troisième quart du quinzième siècle, provient du chapitre de Notre-Dame de Paris.

Le manuscrit Paris, Bibliothèque nationale de France, MS. Français. 1020, quant à lui, présente un intérêt tout particulier pour l'étude de la transmission. Il est écrit sur parchemin et comporte trois miniatures dont le style, dérivé de celui du Maître de Bedford, permet de le dater du deuxième quart du quinzième siècle.[39] Œuvre de deux copistes, il transmet, outre les *Économiques*, deux autres traductions de Premierfait datées de 1405, le *De amicitia* et le *De senectute* de Cicéron, ainsi que la traduction faite par Jean Courtecuisse en 1403 du traité de Martin de Braga faussement attribué à Sénèque, la *Formula honestae vitae*. On y trouve également des notes morales extraites de classiques (Cicéron, Sénèque, Valère-Maxime) et de Vincent de Beauvais, ainsi que les prières usuelles (pater, ave, credo). Une quatrième miniature était prévue dans la copie des *Économiques* entre les premier et deuxième livres, mais elle n'a pas été exécutée. Ce manuscrit est donc resté inachevé et bien qu'il soit relativement luxueux, il pourrait avoir appartenu à un bourgeois car on relève en marge des *Économiques* un *nota bene* à propos de la nécessité pour une femme de s'habiller modestement […][40]

Mais c'est sans doute le manuscrit Paris, Bibliothèque nationale de France, MS. Latin. 4641B qui est le plus intéressant du point de vue qui est le nôtre: il valide l'hypothèse selon laquelle Laurent a atteint réellement un public bourgeois par une œuvre d'inspiration savante mais traitant d'économie domestique; en tout cas, c'est ce qui s'est passé avec ce témoin.

Un témoin bien particulier

Le manuscrit Latin 4641B—qui date des années 1430–1440—fait partie de la catégorie des « recueils privés », en entendant par ce terme des œuvres disparates copiées pour un individu, et parfois par cet individu lui-même. Il mêle des pièces religieuses ou profanes, d'ordre domestique ou professionnel, mais toutes manifestent les curiosités de son possesseur, révélant par là même non seulement ses centres d'intérêt, mais aussi les ressorts de sa pensée.

Notre manuscrit est l'œuvre d'un bourgeois parisien, qui, après avoir copié de nombreux textes relatifs à ses études de droit et à ses activités professionnelles à la Cour des aides, a transcrit toute une série de pièces religieuses, morales, littéraires, historiques. Le compilateur du manuscrit ne s'est pas contenté de recopier l'œuvre de Premierfait, premier indice déjà de l'intérêt qu'il portait à une saine économie domestique. Il a porté en marge de plusieurs passages des *nota* qui montrent l'importance qu'il accordait à ce que déclarait le pseudo-Aristote. Treize passages l'ont particulièrement intéressé, dont un seul a une portée générale: un serviteur ne saurait aimer un maître plus mauvais que lui; il le redoute simplement, et s'il l'honore c'est par peur et dans la honte.[41] Les autres passages soulignés concernent tous la vie du couple et de leurs enfants. Parmi ceux-ci un seul ne s'adresse qu'au mari—un seul mais qui est tout à son honneur car il y est question de la fidélité qu'un mari doit à son épouse.[42] Un autre *nota* concerne les parents qui se doivent de montrer l'exemple à leurs enfants.[43]

Tous les autres *nota* se rapportent à l'épouse dont on a déjà vu que son rôle principal est d'assurer la descendance: « la femme est en la maison pour finale grace et cause d'avoir enfans ».[44] Si son premier rôle est d'enfanter, son premier devoir est d'obéir à son mari: « la femme en toutes choses entende diligemment a obeir a son mary »,[45] de même qu'elle doit le suivre en toutes choses.[46]

Autre devoir de la femme: secourir son mari même si ce dernier se comporte mal; et si elle estime qu'elle a trop à supporter par la faute du mari, qu'elle se console en pensant que l'adversité du mari entraîne la renommée de la femme pour la postérité.[47] Enfin, la femme « doit craindre son mary ».[48]

Craindre son mari, lui obéir, le respecter quoi qu'il arrive, mettre au monde des enfants: l'épouse n'existe guère en tant qu'être humain autonome. Cependant son portrait est un peu plus nuancé car notre bourgeois lui reconnaît au moins une qualité qui lui est propre et qui est certes utile dans la conduite d'un ménage; elle est plus économe car « plus restraint la despence que ne fait le mary ».⁴⁹

Une révision voulue par Premierfait?

Ainsi donc, l'œuvre de Premierfait a touché un public bourgeois. Mais cette « nouvelle traduction » comme on l'appelle couramment,⁵⁰ est-elle réellement l'œuvre de notre humaniste?

Il faut noter tout d'abord que les *Économiques* ne comportent aucun prologue ni aucune dédicace contrairement aux autres traductions de Laurent. En outre quelques bizarreries étonnent sous la plume d'un humaniste. On a souligné au début de cette étude que texte et glose ne sont plus soigneusement distingués comme dans le cas de la traduction commentée de Nicole Oresme. Non seulement cela n'est pas le cas pour les autres traductions de Premierfait et notamment pour celles des œuvres de Cicéron qui sont transmises dans le manuscrit Paris, Bibliothèque nationale de France, MS. Français 1020, mais cette suppression des gloses donne un récit qui contient nombre d'anachronismes impensables chez n'importe quel lettré: c'est ainsi qu'à propos du mariage on lit que « pour ce saint Pol dit que homme et femme mariez sont en une mesme char » et un peu plus loin: « Aussy Jhesucrist, Dieu et filz de Dieu, naquist en mariage; il honnora mariage et fut present aux nopces. Illec il commença les signes de sa puissance divine: il mua et converty l'eaue en vin vermeil, par quoy il approuva mariage comme chose sainte ».⁵¹ Le discours étant dans la bouche d'Aristote, Laurent ne pouvait ignorer qu'il était absurde; et là encore, ce n'est qu'un exemple des nombreuses références à l'Écriture que l'on trouve dans les *Économiques* et qui sont totalement anachroniques.

Par ailleurs, il est surprenant de trouver un langage scientifique peu compréhensible introduisant des conseils très terre à terre. J'y ai déjà fait allusion en évoquant le contenu du sixième chapitre du premier livre qui se rapporte à l'économie domestique. Le pseudo-Aristote distingue « quatre formes de industrie: acquisitive, conservative, ordinative, usuale ou dispensative », ce qui est une manière plutôt absconse de s'exprimer. Or si l'on s'intéresse par exemple à cette « industrie pertinent a yconomie » qu'est la « conservative », on apprend simplement à faire en sorte que le grenier ou la grange soit bien situé (au nord et à l'est) pour que le blé se conserve mieux [...]⁵²

Comment expliquer ces bizarreries? Un seul témoin (Oxford, Bodleian Library, MS. 965a), donne des précisions sur l'auteur de la traduction:

> Cy fine le livre de Yconomiques composé par Aristote [...] qui selon le pur texte fut ramenez en langaige françois par moy Laurens de Premierfait a la requeste et en la maison de Symon Du Bois varlet de chambre du roy nostre Sieur l'an mil .cccc. et .xvij. le premier jour du mois de fevrier.[53]

1er février 1417 ancien style c'est-à-dire 1418: notre auteur est mort précisément cette année-là;[54] il s'agit donc de sa dernière œuvre. Certes, le colophon est sans ambiguïté: Laurent de Premierfait a traduit les *Économiques* d'Aristote. Mais curieusement aucun autre témoin ne comporte de datation et la plupart (parmi lesquels le manuscrit français 1020 dont j'ai souligné l'importance) sont anonymes; or ce n'est jamais le cas pour les autres traductions de notre humaniste. Qui plus est, le manuscrit d'Oxford comporte une autre particularité troublante: non seulement il ne semble pas être un original, mais les *Économiques* sont précédés des *Éthiques* qui se présentent sous une forme anonyme.[55]

C'est pourquoi on pourrait peut-être envisager qu'il s'agit d'un travail interrompu et que le colophon a été ajouté pour donner du prestige à la traduction. Cette dernière, tout au moins dans son état actuel, n'est probablement pas l'œuvre de Laurent, peut-être tout simplement en raison de sa mort survenue au cours de son entreprise. Il est tout à fait possible que Premierfait n'ait pas eu le temps de remanier l'œuvre de Nicole Oresme ou qu'il ait seulement voulu la recopier en l'abrégeant. Il est tout à fait possible que la traduction n'ait jamais été achevée par Premierfait et que quelqu'un d'autre, d'un niveau intellectuel bien moindre (peut-être un de ses copistes?), soit intervenu pour terminer le travail après sa mort. Le colophon nous apprend en tout cas que c'est à la demande d'un bourgeois, Simon du Bois, garde de la porte du Temple,[56] que le travail a été réalisé; c'est bien d'un milieu bourgeois qu'émane cet intéressant « manuel » d'économie domestique.

NOTES

[1] Pour la bibliographie le concernant, voir en dernier lieu: Bozzolo, *Un traducteur et un humaniste*.

[2] Bien qu'une dizaine de manuscrits transmettent les *Économiques* dans la version de Premierfait, l'œuvre reste mal connue. Par contre, le traité de Nicole Oresme a été édité par Menut: « Maistre Nicole Oresme ».

[3] Menut, « Maistre Nicole Oresme », 786.

[4] « T. » indique le texte latin traduit par Oresme, « G. » la glose du traducteur.

⁵ Menut, « Maistre Nicole Oresme », 809.

⁶ Paris, Bibliothèque nationale de France, MS. Latin 4641B, fol. 179rv. Pour des raisons qui seront explicitées *infra*, les citations des *Économiques* dans la version de Premierfait sont faites d'après ce témoin, sur lequel voir maintenant mon article, « Honneur et profit ». La collation sur les autres manuscrits, notamment le fr. 1020, montre que l'utilisation de nombreux pieds-de-mouche gardait la trace de la distinction entre texte et glose. Cette distinction—qui n'était plus en fait vraiment explicite—s'est cependant perdue lors de la transmission

⁷ Menut, « Maistre Nicole Oresme », 807.

⁸ Fol. 178v.

⁹ L'œuvre de Premierfait, comme on l'a déjà dit (cf. n. 2), a souffert d'un certain désintérêt. Il est probable que l'avis exprimé par Menut—il considère la révision opérée par l'humaniste français comme « un remaniement confus et décousu », (799)—a influencé ceux qui ont étudié les œuvres traitant d'économie domestique ou du comportement de l'épouse dans le mariage.

¹⁰ Exemple: « Et la chose qui est cause materielle ou eficiente, par quoy aucune chose soit ou par quoy elle soit faicte, icelle chose est la substance ou necessaire fondement de la chose dont la substance est cause, c'est assavoir que en la diffinicion de cité doivent estre adioustez les huit derreniers moz paravant ycy mis, c'est assavoir 'habundance de hommes bien vivans selon vertu' » (fol. 179r).

¹¹ J'énumère les quatre règles selon l'ordre dans lequel elles apparaissent dans le texte.

¹² Fol. 189r.

¹³ Fol. 188v.

¹⁴ Fol. 188v.

¹⁵ Fol.193r.

¹⁶ Livre I, chapitre 4, fol. 183r.

¹⁷ II, 5, fol. 190r.

¹⁸ I, 7, fol. 185r.

¹⁹ I, 5, fol. 183v.

²⁰ J'ai souligné dans tous ces extraits les formules « garde le moien », « tenir le moien », « garder juste moien », pour mettre en évidence cette recherche du « juste milieu ». Il est frappant de constater que le même souci se retrouvait déjà chez Eustache Deschamps, qui fréquentait lui aussi les milieux lettrés de la cour. Dans sa ballade « Comment homme doit estre content de sa vie en ce monde », il prône l'idéal d'un juste milieu s'opposant à la richesse et à la privation: « Pour ce fait bon l'estat moien mener » (Ballade 240; voyez Boudet and Millet, eds. *Eustache Deschamps en son temps*, 39–40). À un quart de siècle de distance, nos deux auteurs ont les mêmes préoccupations, le même idéal de vie […]

²¹ Menut, « Maistre Nicole Oresme », 834.

²² Fol. 189r.

²³ I, 3, fol. 181v.

[24] II, 5, fol. 190v.
[25] II, 7, fol. 192r.
[26] II, 8, fol. 192v.
[27] I, 4, fol. 183r.
[28] I, 6, fol. 185r.
[29] II, 3, fol. 189r.
[30] I, 5, fol. 184r; voir également II, 4: « honneur est la tres bonne et tres precieuse chose de tous les biens mondains qui sont dehors le corps de l'omme » (fol. 189v).
[31] I, 5, fol. 183v.
[32] Comme dans le cas du juste milieu, on remarquera que Premierfait, là encore, est proche d'Eustache Deschamps déclarant dans une ballade proverbiale: « Qu'onneur vault po, puisque proffit defaut » (Ballade 824, Boudet and Millet, eds. *Eustache Deschamps en son temps*, 43–44).
[33] Edited by Brereton and Ferrier, translated by Karin Ueltschi. Le *Mesnagier* est transmis par trois manuscrits, dont un faisait partie de la bibliothèque du duc de Bourgogne.
[34] Edited by Willard and Hicks. On connaît vingt manuscrits de ce traité, mais deux d'entre eux seulement sont contemporains de l'auteur.
[35] Pizan, *Trois vertus*, 172.
[36] Pizan, *Trois vertus*, 173–74.
[37] Voir Beaune and Lequain, « Femmes et histoires », (spéc. 114).
[38] Gathercole (« The Manuscripts of Laurent de Premierfait's Works » et « The Manuscripts of Laurent de Premierfait's Works. Additions and Changes ».) a donné la liste de sept d'entre eux: Bern, Burgerbibliothek, MS. 246; Chantilly, Bibliothèque du Château, MS. 278 (575); Oxford, Bodleian Library, MS. 965a; Paris, Bibliothèque nationale de France, MSS. Français 1020, 1085, 24283; Rouen, Bibliothèque municipale, MS. 927. Deux autres ont été identifiés par la suite: Paris, Bibliothèque nationale de France, MS. Français 2591 par Carla Bozzolo et MS. Latin 4641B par moi-même.
[39] Je remercie Madame Marie-Thérèse Gousset, conservateur au Département des manuscrits de la Bibliothèque nationale de France, de m'avoir très obligeamment fourni ces indications.
[40] Fol. 108v.
[41] II, 6, fol. 191r.
[42] II, 6, fol. 191r.
[43] II, 6, fol. 188v.
[44] I, 2, fol. 179v; voir également II, 3 (fol. 188v).
[45] II, 1, f. 186v; voir également fol. 187r.
[46] II, 1, fol. 187r.
[47] II, 2, fols. 187v et 188r.
[48] II, 6, fol. 190v.
[49] II, 1, fol. 186v.

[50] Seule, ou à peu près, Sylvie Lefèvre parle d'une « révision » dans sa notice sur Laurent de Premierfait du *Dictionnaire des Lettres françaises,* 923.

[51] I, 3, fols. 181v et 182r. Le manuscrit Paris, Bibliothèque nationale de France, MS. Français 1020, de son côté, utilise des pieds-de-mouche pour éviter cet anachronisme, mais même un lecteur averti aurait du mal à en comprendre la logique, perceptible seulement si l'on se réfère au texte de Nicole Oresme.

[52] I, 6, Paris, Bibliothèque nationale de France, MS. Français 1020, f. 105rv; le MS. Latin 4641B est lacunaire à cet endroit.

[53] Fol. 306rb.

[54] L'année de sa mort est connue par une note de Jean Lebègue, greffier de la Chambre des comptes, dans le recueil épistolaire de Jean de Montreuil; voyez Nicole Pons, « Érudition et politique », 287.

[55] L'auteur du catalogue des manuscrits de la Bodléienne a supposé dans ces conditions que les *Éthiques* étaient également l'œuvre de Premierfait: voyez Falconer Madan, A *Summary Catalogue of Western Manuscripts*, 409, (n° 28099).

[56] Famiglietti qualifie Simon du Bois « d'oficier royal mineur » (« Laurent de Premierfait », 37).

Bibliographie sélective

Beaune, Colette and Élodie Lequain. "Femmes et histoires en France au XVe siècle: Gabrielle de La Tour et ses contemporaines." *Médiévales* 38 (Spring 2000): 111–36.

Boudet, J.-P. and Millet,H., eds. *Eustache Deschamps en son temps*. Textes et documents d'histoire médiévale, 1. Paris: Publications de la Sorbonne, 1997.

Bozzolo, Carla. *Un traducteur et un humaniste de l'époque de Charles VI: Laurent de Premierfait*. Textes et documents d'histoire médiévale, 4. Paris: Publications de la Sorbonne, 2004.

Brereton, Georgina and Ferrier, Janet M., eds. Ueltschi, Karin, trans. *Le Mesnagier de Paris*. Lettres gothiques. Paris: L.G.E./Livre de Poche, 1994.

Christine de Pizan. *Le Livre des trois vertus*, edited by Charity Cannon Willard and Eric Hicks. Bibliothèque du XVe siècle, 50. Paris: Champion, 1989.

Famiglietti, Riccardo C. "Laurent de Premierfait: the Career of a Humanist in Early Fifteenth-Century Paris." *Journal of Medieval History* 9 (1983): 25–42.

Gathercole, Patricia M. "The Manuscripts of Laurent de Premierfait's Works. Additions and Changes." *Modern Language Quarterly* 23 (1962): 225–28.

Lefèvre, Sylvie. "Laurent de Premierfait." *Dictionnaire des Lettres françaises. Le Moyen Âge*, edited by Geneviève Hasenohr and Michel Zink. Paris: Fayard, 1992.

Madan, Falconer. *A Summary Catalogue of Western Manuscripts in the Bodleian Library at Oxford.* Vol. 5. Oxford: Clarendon Press, 1905.

Menut, Albert Douglas, ed. "Maistre Nicole Oresme, *Le Livre de Yconomique d'Aristote*; Critical Edition of the French Text from the Avranches Manuscript with the Original Latin Version, Introduction and English Translation," *Transactions of the American Philosophical Society* New Series, 47, Part 5 (1957): 782–853.

Pons, Nicole. "Érudition et politique. La personnalité de Jean le Bègue d'après les notes marginales de ses manuscrits." In *Les serviteurs de l'État au Moyen Âge. Actes du XXIXe Congrès de la S.H.M.E.S. [Société des Historiens Médiévistes de l'Enseignement Supérieur Public] (Pau, mai 1998).* Histoire ancienne et médiévale, 57. Paris: Publications de la Sorbonne, 1999.

Pons, Nicole. "Honneur et profit. Le recueil d'un juriste parisien au milieu du XVe siècle." *Revue Historique* 310 (2008): 3–32.

Illustrations to Jaeger, "Albrecht Dürer's Self-Portrait (1500) and the Charisma of Images"

Revised Nov. 11, 2015

Nicole Pons[†] a member of the CNRS Laboratoire de médiévistique occidentale de Paris, is internationally recognized for her research on the literary and political texts of the late Middle Ages, early French humanism, manuscript composition and circulation, and the practice of translation.

Abstract In the early fifteenth century, the Humanist Laurent de Premierfait revised Nicole Oresme's translation of the pseudo-Aristotle's *Economics*. Premierfait's translation is in several ways a more telling document than that of Oresme. It places a new emphasis on domestic themes, specifically "le juste milieu" and "profit." This in effect transforms the text into a manual of bourgeois domestic economy that bears comparison with other texts of the period, namely the *Mesnagier de Paris* and Christine de Pizan's *Livre des trois vertus*, His translation identifies an emergent bourgeois *mentalité*.

Dürer's Self-Portrait (1500) and the Charisma of Images

C. Stephen Jaeger

THE ECHO IN MY title of David Freedberg's *The Power of Images* (also echoed in the title of this volume) is intentional.[1] Freedberg's book looks insistently at responses to art and is minimally concerned with the once conventional orientation of art-historical scholarship toward history of forms and formal analysis. My argument in a larger study of charisma and art[2] and in this essay is that there is a species of "powerful" art that operates, both in its aesthetics (formally) and in its effect on the viewer, like the human quality of charisma. If "power" relates in a general way to the effect of art on the viewer, "charisma" suggests both a mode of representation (hence has some definable formal characteristics) and at the same time suggests an effect on the viewer parallel to that of charisma embodied in a living person. There is very little critical literature studying what I call the charismatic mode of representation,[3] and so I will take some time in the first instance to introduce it. It is useful to situate the charisma of art within the much discussed and intricately theorized mode of "the sublime."[4]

The ancient world knew a "high" style in sculpture, literature, and oratory. It has come down to us as "the sublime." The Greek terms are *hypsos*, height or loftiness; and *megaloprépeia*, "suited to grandeur" or "to magnificence"; and *mégethos*, meaning great size, or greatness, or grandeur; Latin, *sublimitas* and *grandiloquentia* or *magniloquentia* The famous first-century tract in Greek ascribed to a certain Longinus, *Peri Hypsous*, treats literary style and oratory in the main but draws comparisons widely enough to include music and representational art, and in fact, general aesthetic response. A few central ideas will serve to sketch in the hypermimetic mode and charismatic effects.

> The effect of the Sublime is not to persuade readers, but to transport them out of themselves. Orators and prose writers are content with what can persuade and please. The sublime requires wonder and the miraculous, so that amazement will shake the reader out

of his or her everyday frame of mind. The sublime overwhelms
the reader with irresistible force. A well-timed flash of sublimity
shatters everything like a bolt of lightning. (1. 4).[5]

The sublime breaks through the world governed by natural and moral laws and into a realm that presents itself as being above nature and human bounds. The suggestion here, further developed later in the tract, is that sublime elements unite the audience by lifting them out of their individual opinions and convictions and compelling wonder and admiration of the thing or experience described; that is, it creates unity of sentiment in an audience (cf. Longinus, *On the Sublime*, 7.4, 181). The sublime can have its effects only when its subjects have genuine grandeur:

> The true sublime naturally elevates us: uplifted with a sense of proud exaltation, we are filled with joy and pride, as if we had ourselves produced the very thing we heard. (7. 1–2, 179)

The sublime allows us "to develop our natures to some degree of grandeur" (1.1, 161). Its effect is both hypnotic and exalting:

> ... it casts a spell on us and always turns our thoughts towards what is majestic and dignified and sublime and all else that it embraces, winning a complete mastery over our mind. (39. 3, 287).

The sublime is clearly at odds with rational judgment and critical thought. It has elements of what Nietzsche called the Dionysian: its irrationalism, its overwhelming of the sober mind by *enthousiastikon pathos*, its momentary shattering of the contours of individualism and creation of a unified audience starkly divided in absence of the sublime. However its creation of a lofty illusion, which elevates the mind of the reader, places it closer to the Apollinian.

The charisma of art, I argue, shares many of these qualities. The main elements of the sublime peculiar to charisma are participation and imitation. Longinus does not mention these, but they loom large in the treatment of the topic by Edmund Burke. The fundamental impulse behind charismatic art is to create a world greater and grander than the one the reader/viewer lives in—a world of sublime emotions, god-like human beings, heroic motives and deeds—in order to draw the humbled viewer up into its realms, dazzle, educate, and transform him or her through the vision of the higher being s/he could become. The effect of charismatic art depends on its ability to cloud the distinction between illusion and reality. It absorbs the viewer into its world—experienced as reality, not illusion. Because of that magnetism it has the potential to transform the reader and reshape him or her in the image and likeness of the higher character it represents. Accordingly, only human beings can be charismatic. Mountain ranges, volcanoes, and violent storms are not, though they may be, or may be represented as sublime.

Immanuel Kant's *Critique of Judgment* is the watershed in the discussion of the sublime. Kant does not regard it as a subject with any application to art and literature. It is a quality of nature and the response of humans to it. Kant opened the discussion of the sublime to modern theorists like Theodore Adorno, François Lyotard, and Jean-Luc Nancy, who represent it as a means to shatter and reconstruct consciousness rather than lull it into beliefs in the real presence of a higher world. In the twentieth century, the Sublime parts company with the Charismatic.

The provocative theme of the present volume lends itself to the idea of charismatic art, since it suggests a common anthropology of art (at least of images) and human presence. "Authority" is primarily a human quality which can be abstracted from the physical presence and applied to representation, but is not originally rooted in the mediating word or image. The Authority of Images: a radical idea! The topic makes the force of art into the primary interest, while the traditional topics of art history—aesthetics, technique, style, analogues, and conventions—are various instruments of the human-body-like effect of art.

The idea that the written word and the painted image can live is both ancient and contemporary. It has its own mythology, from Pygmalion and Galatea to Gepetto and Pinocchio. Also ancient and contemporary is the idea of art's "heightening" effect.[6] I stress that both elements, "living art" and "heightening" effects, are not exclusive to any given period. They are still at work clearly in the movies and in advertising photography.

Charisma inspires love or respect, admiration or fear, awe or reverence, desire or worship. It allies itself with power and authority, sexual attractiveness, great accomplishments and sublime acts. In itself it is neither good nor evil; both Hitler and Mother Theresa had it. It is closely related to authority. Both charisma and authority have a numbing effect on the will and judgment of the spell-bound admirer. The one binds them in awe and admiration, the other in respect shading into fear. It also plays a part in love relations. There is a special constellation of lovers, where the one in love experiences the spell of charisma. He/she adores, worships, idealizes the beloved and goes slightly crazy in the pursuit of her or him. The lover also creates illusions of the beloved, which he does not distinguish from her real qualities. The illusions must be nurtured. If they are broken, the love is endangered. Fictional studies of this constellation are Proust's *Swann in Love* and Hitchcock's *Vertigo*.[7] Charisma experienced in love shows the heightening effect in a way that most of us have experienced it: the beloved takes on the aura of a higher being, especially if love is not requited, or if we are not sure whether it is.

My argument is that works of art and literature can exert the spellbinding influence that a charismatic person possesses, in fact that it is the grounding of art and literature in certain historical phases—and in other phases it is that which realist or non-representational art resists (neo-realism reacting against Fascist pomposity).

Charismatic art is not mimetic; it is mimetic, and then some. I will call it hyper-mimetic. Mimesis is humble by comparison, since it wants only to arouse sympathy and empathy by creating a world like that of the viewer ("How life-like! Bees settle on this painter's flowers"). Mimesis understood as verisimilitude, imitation of nature, does not transform.[8] For that reason we can take Narcissus as its defining myth. Narcissus sees a mirror image, a perfect imitation of himself, but it opens no door to change, offers no means of "heightening," no elevation of the viewer by absorption into a larger reality. Mimetic art can only replicate. It is narcissistic and ends, like its patron god, in stagnation, sterility, and suicide—with apologies for heaped sibilants. If the "presence" in the artwork is not greater than that of the viewer, then the charismatic effect is absent.

We can take Rilke's poem "Archaic Torso of Apollo" as a defining myth of charismatic art.[9] The poet looks at an ancient statue of Apollo. Only the torso is left; the head is broken off, but though eyeless, vision, sublimated, suffuses its body. It emits something like a consciousness. As the poet looks, he realizes that the statue is looking back and that its gaze is more powerful than his own. Light, a dazzling radiance breaks from its every curve and contour and stuns the observer. The poem ends with the enigmatic line and a half: "There is no point that does not see you. You must change your life." The work of art exercises a father-like authoritarian influence over the weaker living presence, whose sense of the impassable barrier between reality and art is eroded in the course of their meeting. It is a god standing there before him with the force of presence, the threat, and the sexuality the god himself might have exuded. (That it is the god of Rilke's art may add to its authority for him.) Rilke capitulates

DÜRER'S SELF-PORTRAIT (1500) AND THE CHARISMA OF IMAGES

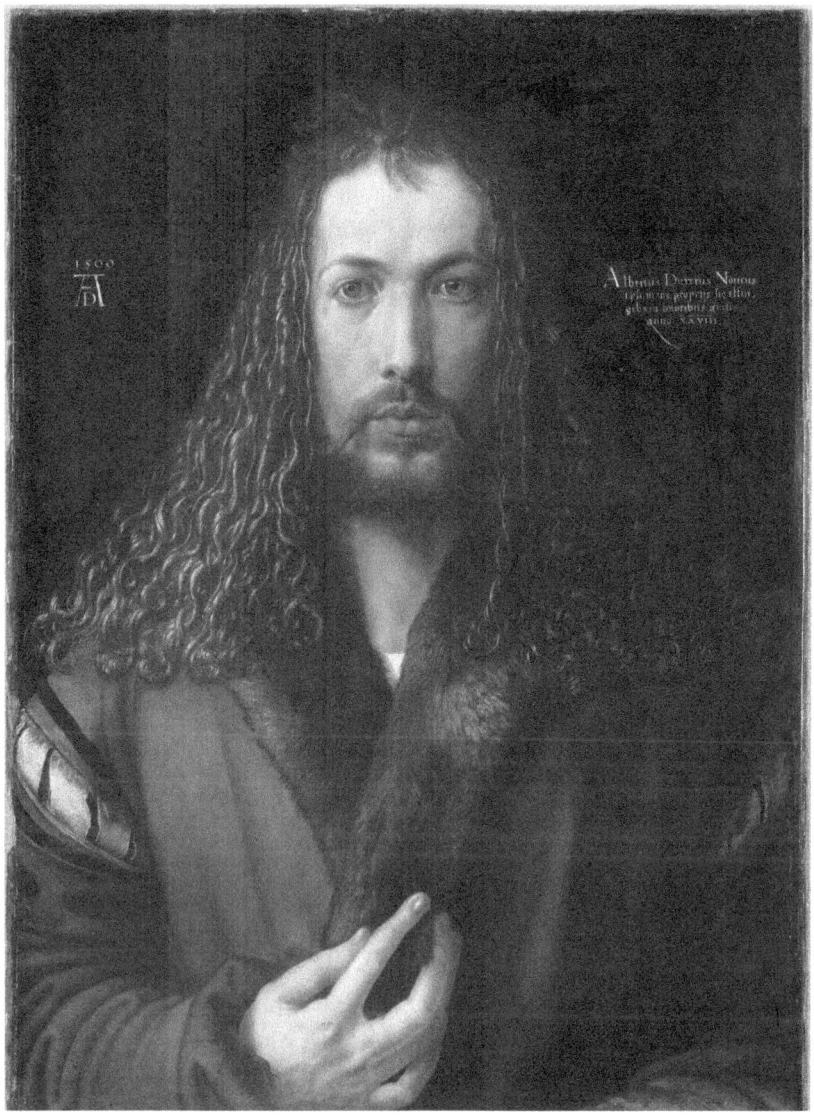

Figure 10.1. Albrecht Dürer, *Self-Portrait*, 1500.
Alte Pinakothek, Bayerische Staatsgemäldesammlungen, Munich, Germany.
(Photo: Bildarchiv Preussischer Kulturbesitz / Art Resource, NY)

to its unspoken commandments, the way a guilty person might confess in the mere presence of a daunting judge.

Charismatic art has to astonish the viewer and overwhelm the narrow rationalism that sees in the work of art only illusion, not vision or prophecy or epiphany. The overcoming of illusion makes it possible to live in the work of art and refashion life on that higher model.

I focus in this essay on Albrecht Dürer's self-portrait from 1500. I have little to add to several generations of incisive study of this inexhaustibly rich portrait, other than to interpret earlier commentaries in the light of charismatic effects of art and to suggest that the "christomorphic" character of the portrait is one example of a technique broadly observable in Renaissance portrait painting, not restricted to sacred or semi-sacred art, which I will call "incarnation."

I want to analyze some examples of incarnation in portrait painting, starting with Dürer's self-portrait of 1500 (fig. 10.1). An anecdote from a colleague in art history at the University of Illinois confirms for me its charismatic quality. In the course of a lecture at Urbana the Harvard art historian, Jeffrey Hamburger, showed and discussed the Dürer self-portrait. After the lecture a graduate student in the audience told my colleague, "I'm in love with Albrecht Dürer!" The student was not just recognizing the attractiveness of the man represented in the portrait, but succumbing—at least claiming to succumb—to some spell the painted image cast. The charisma of the image in this case (and in general) takes us far from a Kantian aesthetic of detachment and a pleasantly disengaged "free play of the imagination and understanding."

Virtually any portrait from the European Renaissance strongly suggests "the individual"; "similitude," the actual physiognomy of the subject, "seeing the soul expressed in the body," "the inner self shining through the body," are some of the critical terms that describe individualizing portrait painting.[10] But incarnation is a prominent technique of creating charisma and "giving face." Dürer's self-portrait takes its authority from the suggestion of a supernatural force alive and at work in the living subject.

The portrait presents itself to the viewer as a precisely observed rendering of an individual, evoking a living presence with such skill that we can virtually experience the fading of the distinction between art and real presence. We enter a relationship of I and Thou to the artwork, no longer I and It. The inscriptions in the margin of the painting also proclaim individual identity: it is firmly located in time by the date "1500" just

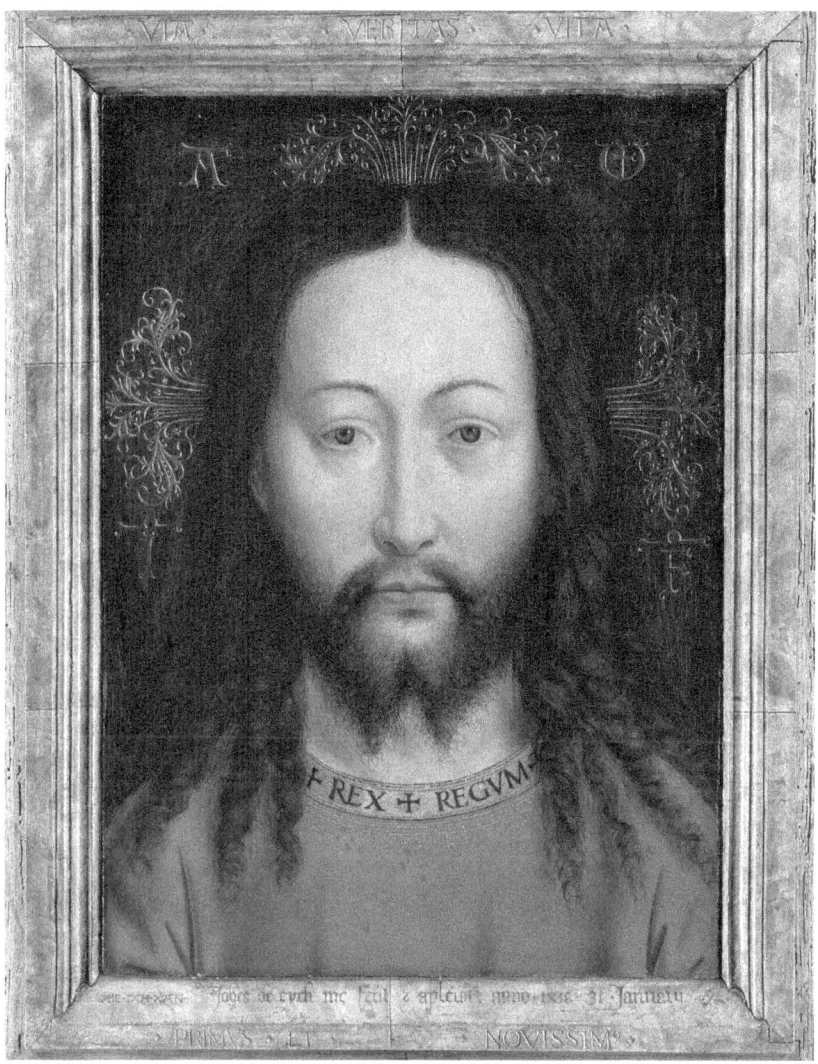

Figure 10.2. Follower of Jan Van Eyck, *Head of Christ*. Copy after a lost painting from 1438. Gemäldegalerie, Staatliche Museen, Berlin, Germany. (Photo: Bildarchiv Preussischer Kulturbesitz / Art Resource, NY)

above the artist's monogram "AD," Dürer's ubiquitous signature, in the upper left corner, and further localized by the inscription on the right, in which "I Albert Dürer" states that he depicted himself thus "according to my own proper appearance at the age of 28."[11] The man himself according to his own appearance could hardly emerge more assertively and non-

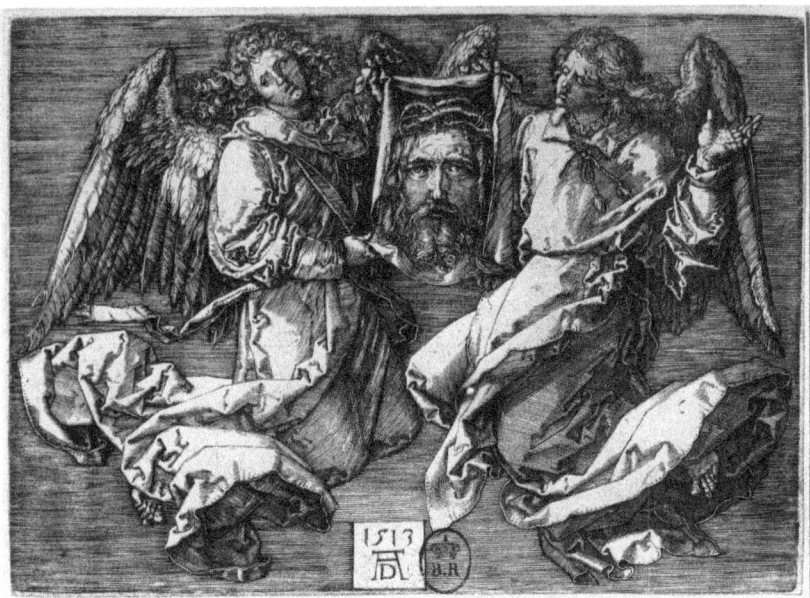

Figure 10.3. Albrecht Dürer. Sudarium, 1513. Lower half of Saint Anthony and The Face of Jesus Christ. (Photo: Bridgeman-Giraudon / Art Resource, NY)

transferably—as himself and no one else—than in this portrait. Joseph Koerner describes it as follows in a masterly study: "Dürer gazes out at us from a completed world in which every hair, every visible surface, is wholly accounted for, as if the moment of self-portraiture had indeed been the total and instant doubling of the living subject onto the blank surface of the panel."[12]

And yet dense as it appears, the portrait is "layered." Erwin Panofsky sums up a consensus of art historians in commenting: "The effect of this hieratic arrangement [exactly vertical, fully frontal] is paralleled only by half-length images of Christ, [fig. 10.2] and this resemblance is strengthened by the position of the hand which occupies the same place as the blessing right of the *Salvator Mundi*.... Dürer deliberately styled himself into the likeness of the Saviour. He not only adopted the compositional scheme of [Christ's] image, but idealized his own features so as to make them conform to those traditionally attributed to Christ."[13] By giving himself features conventionally used to represent Christ, he has made himself into a kind of devotional image, an icon.[14] The aura of the face is established in no small degree by its sacred contents.

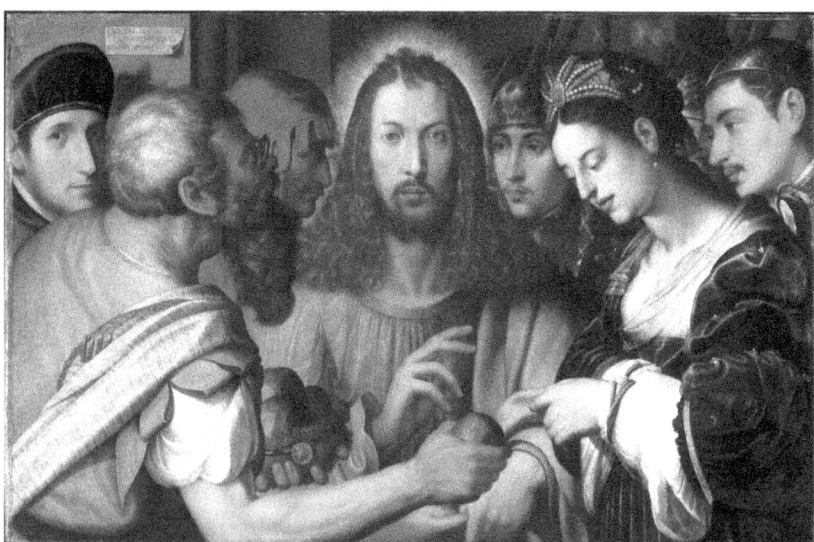

Figure 10.4. Georg Vischer, *Christ and the Woman Taken in Adultery*, 1637. Alte Pinakothek, Bayerische Staatsgemäldesammlungen, Munich, Germany. (Photo: Bildarchiv, Preussischer Kulturbesitz / Art Resource, NY)

Joseph Koerner strengthened the arguments for Dürer as imitator of Christ by regarding the portrait as an "imprinting miracle" and showing its association with the veil of St. Veronica, on which Christ's face imprinted itself miraculously on his way to the crucifixion.[15] Like Christ's image on the veil, Dürer's seems not to have been painted at all, Koerner argues. It presents itself as an image not made by human hands, an *acheiropoieton*—as though Albrecht Dürer had repeated on canvas the miracle of Christ's laying his face on the veil of Veronica (fig. 10.3). The result is a work of miraculous reproduction. It shows, says Koerner, "a purity of organization comparable to the Virgin birth."[16]

Dürer's self-stylization as Christ has posed problems of interpretation. A Christo-morphic Dürer might be blasphemous self-glorification or humble imitation of Christ. It may represent a claim of the divine origins of human artistic talent, an announcement of a new Renaissance sense of the artist as individual and divine at the same time, perhaps also a sense of the emergence of a titanic, quasi-divine art in a new epoch of history beyond the "Middle Ages" (this watershed indicated directly by the significant date "1500"[17]). The portrait was interpreted as an effigy of Christ-in-Dürer in the following century. The German Baroque artist

Georg Vischer lifted his depiction of Christ from the self-portrait in his "Christ and the Woman taken in Adultery" (fig. 10.4).

The precise meaning of Dürer's Christ-like self-portrait is not of any particular interest to my project. That is, I have no interest in extracting from the daring portrait an idea that could be weighed and measured in its relations to Christian doctrine or devotional practices. I resist the idea that the portrait is an allegory or the realization of an idea. More important in understanding it is to grasp the way it operates within the logic of charisma and charismatic art. It makes Christ look like Albrecht Dürer; it also makes Albrecht Dürer look like Christ. It puts the two of them into the same face. Dürer's physiognomy in other portraits appears cruder. Compare for instance his self-portrait of 1498 (fig. 10.5). If the hair were not similarly curled, it could be a different man. The eyes are narrower, the bend in the bridge of the nose more pronounced, the physiognomy less refined. In the portrait from two years later the artist has straightened the nose that in other self-portraits appears bent at the bridge and bulbous at the tip. The eyes are widened and softened. There is love, gentleness, and luminosity in the Munich self-portrait but none in the one from two years previous. The aforementioned graduate student who "loved Albrecht Dürer" might well have reacted differently to the man in the 1498 painting. The point is that the presence of Christ in him exalts Dürer, makes him more beautiful than he is.

The theologian and philosopher Nicholas of Cusa had earlier posited a relation between God and man in which the image is capable of growing more and more like his model. The relationship is specifically analogous to model and portrait. In his work, *The Uneducated Man on the Mind* (*Idiota de mente*, 1450),[18] he likened the individual human—i.e., the living human—to a self-portrait of God. This idea places us fully in the logic of charismatic effects and gives us a perspective from which we can read the Dürer self-portrait. Dürer has represented himself not as he really appeared, but as the archetype, Christ, has molded, transformed, and improved him. It is an imitation of Christ that remodels the imitator, and allows him to approximate, visibly, the image of God planted in humankind at creation. Dürer presents himself in his self-portrait of 1500 as the beneficiary of the process of man's assimilation to God; the artist has imagined himself remodeled, "heightened," in the image of Christ. This self-portrait captures the moment of completion in the self-remodeling of Dürer according to the model of Christ. It shows us a heightened Albrecht Dürer and at the same time a reincarnated Christ. Christ lives

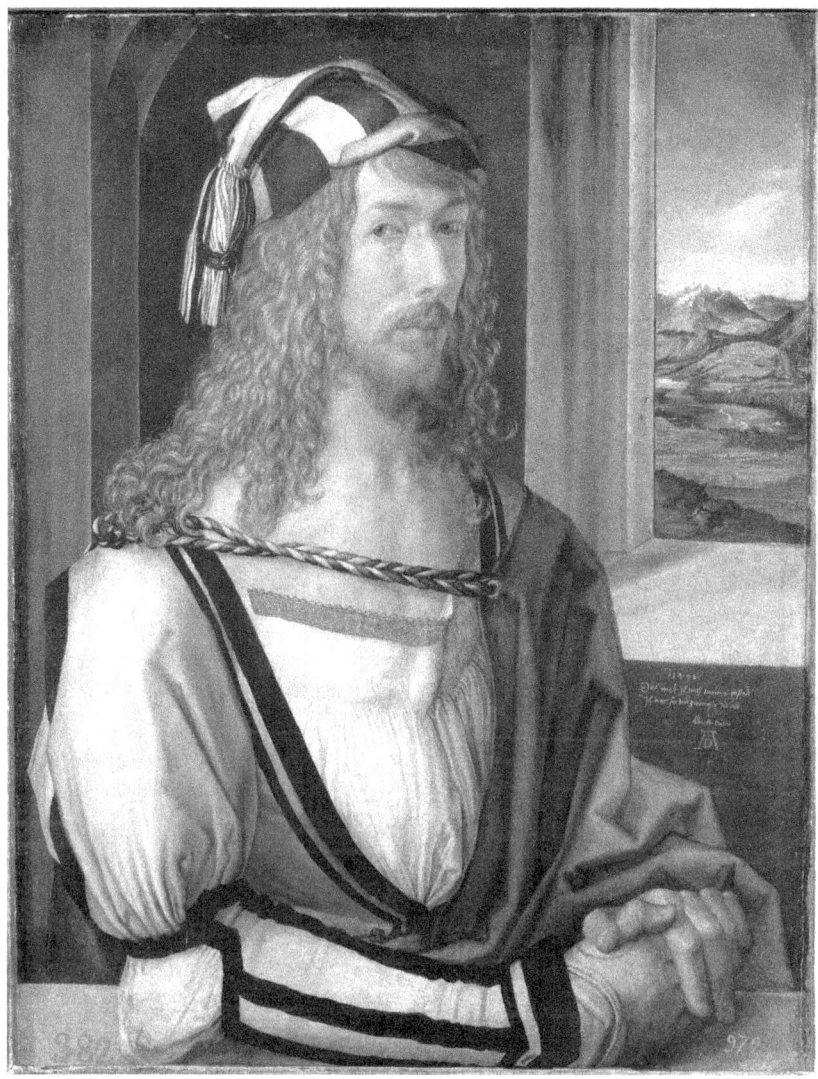

Figure 10.5. Albrecht Dürer, *Self-Portrait*, 1498. Museo del Prado, Madrid, Spain. (Photo: Erich Lessing / Art Resource, NY)

in Dürer. They share a single physiognomy, greater than its borrower, less divine than its lender. The painter, operating in "momentaneity," can do what the writer, operating in the flow of time, cannot: make the mere undescribed, uninterpreted presence be, in the same instant, both man and God, make incarnation an unmediated aesthetic experience.

The self-portrait is a significant moment in the theology of the image in Christianity. It overcomes the division between ego (the artist's) and image (Christ's);[19] it overcomes the dualism of God and individual. God and man remain separate so long as the one is archetype and the other image. The full identification of the individual with God must have appeared border-line blasphemy, though early Christianity and the Middle Ages flirted with the idea. In pictorial representation, however, the Middle Ages maintained the dualism of individual and God, and so the full identification suggested in the Dürer self-portrait was not possible. Franciscan spirituality, given its preoccupation with the humanity of Christ, came close to realizing the idea of second and multiple incarnations of Christ in living men (fig. 10.6).

The stigmata of Christ appear miraculously on St. Francis's body. That is, it is no longer an "inner image," the "image and likeness" of God in man, but Christ physically imprinted in the flesh. But it is far from an identification of Christ with St. Francis. As if to cut off any thought of a second incarnation, the iconography of the stigmata stresses separation. The crucified Christ floats in the sky above the saint, wound joined to wound by lines of light or mystical force, which keep immediate participation at a distance. The stigmata are conceived in terms of metaphysics: the giving body is heavenly and in a sphere above nature; the receiving body physical. Christ is matrix; Francis the medium of the imprint. We are still far from a reincarnation of Christ in the body of the saint. In Dürer's self-portrait we have full identification, not imprinting on the figure in nature from the supernatural archetype. The portrait of Francis is a kind of visual narrative. The viewer reads its elements, which present themselves with the clarity of a diagram to which it would be easy to add annotations: here is Christ in heaven; here his power emerges from his wounds; here it flows to earth and connects to the corresponding points on the body of Francis.

The Dürer self-portrait is "profound" because its metaphysics resides on its surface. The union in which Christ and man merge is more complete than one in which man on earth is tied by mystical cords to Christ in heaven. The painted convergence of Dürer and Christ merges what was separated in Giotto's St. Francis. It is best to avoid the question of "meaning" in this context. Does Dürer "stand for" Christ? Christ for Dürer? These are questions from a hermeneutic of allegory and symbol, which are at the far end of a spectrum from incarnation. Allegory always divides the object into surface and idea, into real object and abstract area

DÜRER'S SELF-PORTRAIT (1500) AND THE CHARISMA OF IMAGES 203

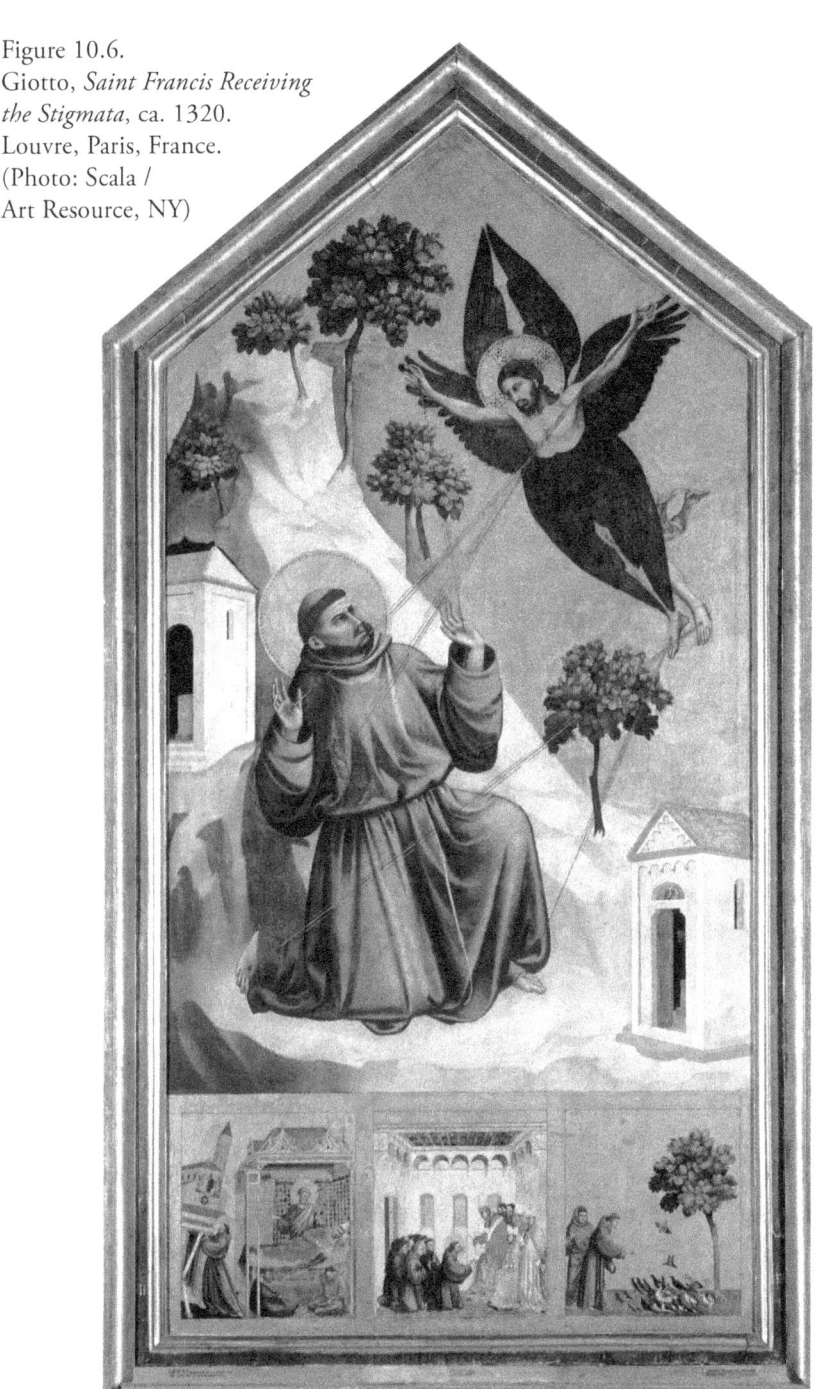

Figure 10.6.
Giotto, *Saint Francis Receiving the Stigmata*, ca. 1320.
Louvre, Paris, France.
(Photo: Scala / Art Resource, NY)

of reference. It is always metaphysical. The reduction to a "statement" or a "message" or an "idea" deprives the surface of its depth and consigns it, against the spirit of the painting, to some abstract realm. Allegory is the opposite of a charismatic mode of depiction. The surface objects in an allegory always point beyond themselves, pose intellectual puzzles to be solved by knowledge and appreciated by understanding. Charisma is far more elemental. It is like what Goethe called a "primal phenomenon" (*Urphänomenon*). It is a concrete, sensual object which embodies rather than conveys meaning, a thing itself, not a sign. Such primal phenomena, in themselves, just as they present themselves to the eyes, are mysteries of great profundity—though their depth is visible on the surface. "Don't look behind phenomena," Goethe wrote, "They themselves are the theory." Panofsky's reading of the self-portrait is a metaphysical reading. To see the self-portrait as charismatic art it is necessary to see it as, say, the Virgin Mary or Mary Magdalene would have seen it. The response of the viewer in the moment of recognition is amazement, maybe even that other "sublime" effect foregrounded by the modern discussion of the Sublime: terror.

From this point of view, "force" describes the effects of the face of the divine man better than "meaning." It is not an allegory but an incarnation. Christ is resurrected and lives again in the face of Albrecht Dürer. Whatever construction we put on this double occupancy of a single face, the result is an extraordinary individual aura, the aura of a man in whom a divine presence lives and works. The portrait conveys no message; it conveys force. The first reaction is wonder and perplexity. The recognition breaks through calm reflection and shatters analysis and judgment. It is the reaction of Michael Psellos, an eleventh-century Greek intellectual, to an icon of the virgin, which "ravishes me; as a bolt of lightning, it strikes me with its beauty, depriving me of strength and reason… I do not know whether or not the image reveals the identity of its supersubstantial original…"[20] It is also close to what Longinus had described as the effect of the Sublime, which is "to transport [the audience] out of themselves [through its ability to inspire wonder and amazement.] … A well-timed flash of sublimity shatters everything like a bolt of lightning…"[21]

As a technique of representation, "incarnation" is understandable in terms more general than a conception hatched by Dürer peculiar to the medium of painting, or to the the age of the Renaissance, or to the Christian theology of the image. Nor does it emerge in the Renaissance in the context of sacred images. It is true that Dürer made use of it in the

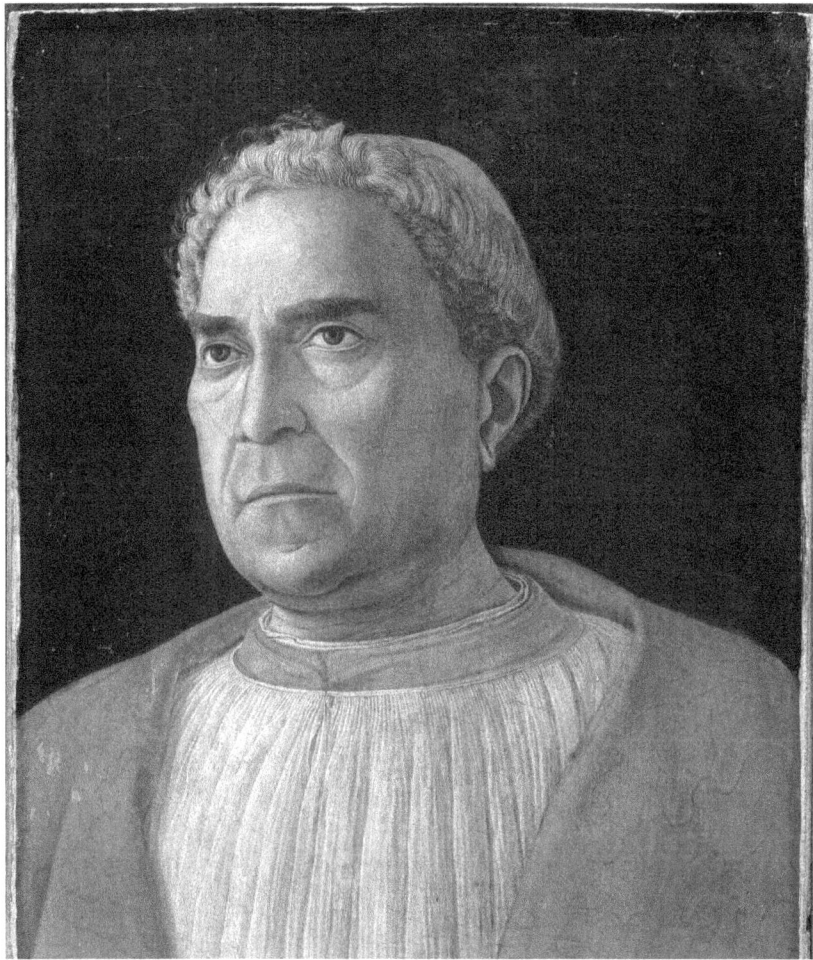

Figure 10.7. Andrea Mantegna, *Portrait of Cardinal Ludovico Trevisan*, ca. 1459–1460. Gemäldegalerie, Staatliche Museen, Berlin, Germany. (Photo: Bildarchiv Preussischer Kulturbesitz / Art Resource, NY)

specific terms of Christian iconography, devotional concepts, evoking a theology of the self or of the artist, or a celebration of a new kind of divine art and artist emerging on the threshold of a new age. Incarnation, however, is at work in earlier, less impressively conceived portraits.

Portrait painting is virtually always charismatic. The genre has built into it the need of the artist to elevate the subject, we might say, to give face to it. The portrait commemorates; it conveys the subject's rank and standing, self-image, historical role, and, last and least, his or her actual physiognomy.[22] Of course, it can vary from this idealizing role to a realism like that of Rembrandt's portraits, but the necessary collusion of painter and sitter tends to favor heightening the aura of the subject.

Here are two instances of incarnation from Italian Renaissance painting. Mantegna's portrait of Cardinal Ludovico Trevisan (1460) is modelled on a classical Roman bust (fig. 10.7). The portrait suggests that the Cardinal brings to life in his own person an ancient Roman senator, though given the hardness of the features and the odd coloring of the face, "life" seems not quite the right term. It is more as if the Cardinal were morphing into ancient marble. Dürer absorbed the presence of Christ into his own person; the Roman senator seems to absorb Cardinal Trevisan.

Less subtle yet is Agnolo Bronzino's portrait of Andrea Doria as Neptune (early 1530's) (fig. 10.8). As admiral of the naval forces of Emperor Charles V, Andrea Doria was no doubt flattered by the amalgam with the Olympian commander of the seas, and it is unlikely that the unsubtle layering was intended as, at least might be read as, mock-heroic. It shows how a surface, though layered, can lack depth.[23] The profundity of the surface depends on the extent to which the hidden supernatural presence can appear to have fused with the human represented. Andrea Doria as the god Neptune, with trident and naked chest, has no depth. It is nearly comical, still incarnation but not yet allegory, more like a masquerade costume than an incarnation. The contrast to Dürer's self-portrait is strong. The earlier painting shows a perfect balance in revealing and concealing the divine presence in the human.

Both the Italian portraits and the Dürer self-portrait are engaged in a process that Lisa Jardine has called "constructing charisma." [24] She uses the example of Erasmus who, she claims, self-consciously fashioned an image of himself, for publication and public consumption, which suggested that Saint Jerome was reborn and lived in him. The portraits of Erasmus by Quentin Metsys and by Hans Holbein the Younger, says Jardine, both bear out the identification of Erasmus, the Renaissance scholar, with St. Jerome, the patristic Bible scholar and translator. The process of submerging the mythical/ancestral identity into the realistic present is far from complete in the instances Jardine cites. The identification is invoked by composition and allusion via emblems shared by present scholar and ancient counterpart. This is not a "primal phenomenon" which strikes the viewer with amazement once the second pres-

DÜRER'S SELF-PORTRAIT (1500) AND THE CHARISMA OF IMAGES 207

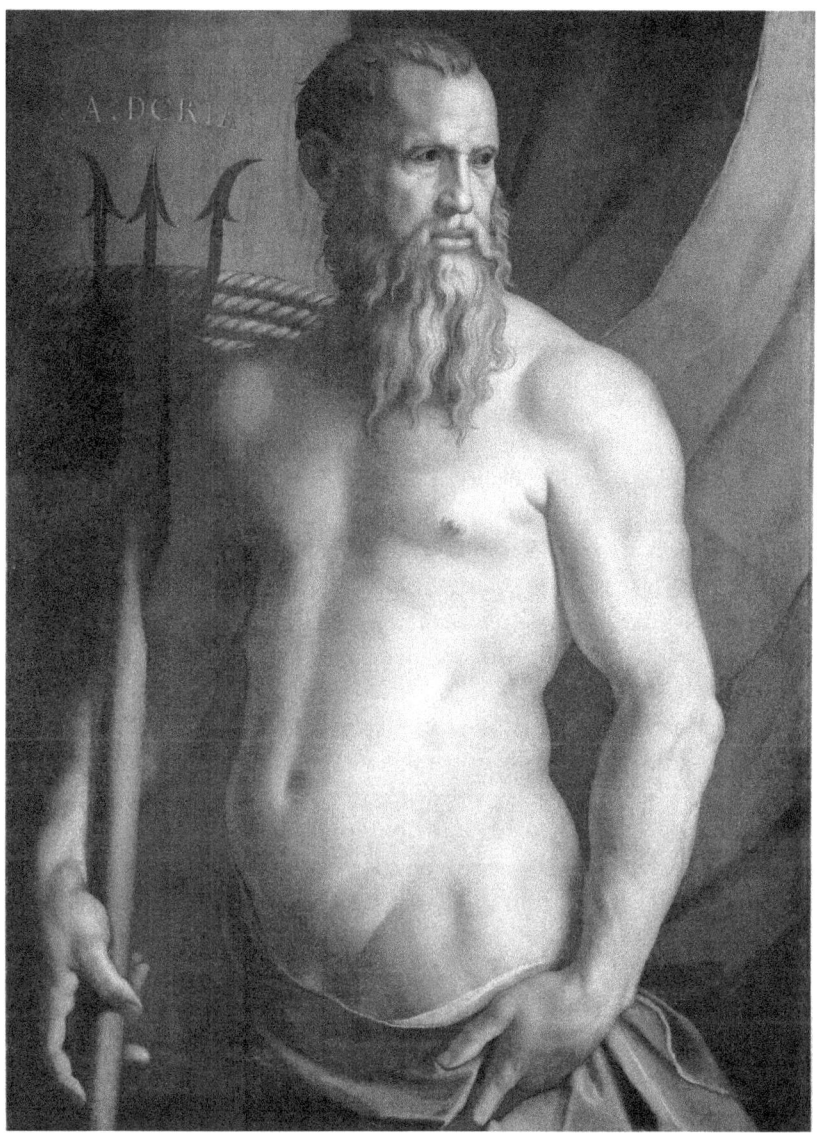

Figure 10.8. Agnolo Bronzino, *Portrait of Admiral Andrea Doria as Neptune*, ca. 1532–1533. Alte Pinakothek, Bayerische Staatsgemäldesammlungen, Munich, Germany. (Photo: Bildarchiv Preussischer Kulturbesitz / Art Resource, NY)

ence hidden on the surface emerges in the consciousness of the viewer. It is, rather, visual narrative writing a "myth" of Erasmus as he replays in the modern world the role of Jerome in the ancient. Jardine identifies this process with contemporary (i.e., twentieth-century) image-making through manipulation of the media and seems to think of it in terms of what Erving Goffman would call "face-work."[25] That. However, is a drastic narrowing of what is really at work. The principle of historical recurrence, "figura," typological thinking, describes better what is at work here. Erich Auerbach described "figural" representation as a kind of horizontal symbolism in which a connection or identification is made between one moment, event or figure in the past and another in the present.[26]

The suggestion of supernatural forces living in and working through an individual is one of the standard ways of constructing charisma in life as in art. The claim of a god within (or ancestor, or saint, or hero) is something like a universal, at least very widespread, tenet in the construction of charisma, though the means of representing the claim differ widely. My point is that the Dürer self-portrait is one example of a widespread technique of charismatic representation. Its aggrandizing effects are available to glorify its object, to inspire awe, religious adoration, or love.

Incarnation accounts, in part, for the charisma of Dürer's painting, but just as strong a factor is its gazing. All communication to and from the painting is limited, by the position of Dürer's head and eyes, to a stark and uncompromising reciprocity; nothing happens in the frame of the picture but what passes between his eyes and ours; nothing engages Dürer but your eyes. Nothing distracts you from this arresting gaze: no background, no events on the margin, no mountains or buildings. The soft, melancholy intensity of this gaze puts me in mind of the question of Dostoevsky's grand inquisitor to another reincarnated Christ: "Why do you look silently and searchingly at me with your mild eyes?" The directness of the gaze and the rigid frontality of the head are almost intrusive, suggesting a gentle, compassionate aggression, at least a completely uncompromising engagement with the viewer.

Its aura is established in no small part by its "ability to look back at us," but if we sense any agony of gazing (as in Rilke's contest with the statue), we capitulate quickly. Let's face it: he is looking at us more intensely than we at him—and there is more at work when he looks than when we do. It is more accurate to give in and say that faced with this much stronger presence, we simply do more or less what Rilke did faced with the statue in the Louvre: nod in assent at the force that fixes us in that stare.

An important element of charismatic painting is reciprocal gazing. Its power is the main topic of another work by Nicholas of Cusa. His *De visione Dei* (1453)[27] is a serious reflection on charismatic effects in art, though he does not call them by that name. Dürer may well have known the work. It is a meditation on "omnivoyant" portraits, that is, effigies that seem to look directly at the viewer from whatever angle s/he approaches them. Cusa develops a theology out of the all-seeing portrait. His point of departure is a self-portrait (now lost) by Roger van der Weyden and certain images of Christ. Cusanus's work takes the form of the author's monologue with God as represented in the image. A reciprocity develops between viewer and viewed, so complete that the one is absorbed into the other, and the other into the one: "What else, o lord, is your seeing, when you look upon me with the eye of mercy, than your being seen by me?"[28] The sense of illusion (he is talking with a painting) fades. This is heightened by the form of address: Cusanus speaks with God (in the second person, I to Thou), and God is imagined as present and visible, as if the man-made portrait were the unmediated beatific vision. The immersion in an image of such depth that the object seems an unmediated presence is of course entirely realizable, in fact a common experience, as common as the complete absorption of a viewer into an opera, play, or movie. The experience for painting is described by Charles Peirce: "In contemplating a painting, there is a moment when we lose consciousness that it is not the thing; the distinction of the real and the copy vanishes…."[29] The experience of passing beyond the illusion to the thing itself, the sense of participation and reciprocity between artwork and viewer, is the fundamental experience of charismatic art. Cusanus suggests the condition of complete absorption in the icon, a condition in which

> all of my striving is turned toward you because all of yours is turned toward me, when I give all my attention only to you and never remove my mind's eyes because you hold me in your constant vision, and when I direct my love to you alone because you, who are love, are turned toward me alone.[30]

Nicholas of Cusa's theology of gazing is so extravagant that he can define his existence by Christ's gaze: "I am because you look at me."[31] We might rewrite the phrase, "tu me respicis—ergo sum." "You look at me; therefore I am." For Descartes, thought proves being: "Cogito ergo sum." "I think;

therefore I am." For Cusanus, the godlike gaze does much more: it creates being, or at least awakens it. Cusanus's claim represents a short-circuiting of the arduous processes of birth, growth, development, conversion. That whole process is framed as a single, instantaneous act of seeing God. A kind of demiurgic magic is at work, as if the vision of God worked by the logic of the creating word, "Let there be …" Charismatic effects do not get any more powerful than that: seeing creates being.

In both the Rilke poem and Cusanus's dialogue with Christ's portrait, the authority of the image is established by the life in its eyes and the consequent ability of the image to look back at the viewer (especially striking because the statue of Apollo in the Rilke poem has no head). This reciprocity is what Walter Benjamin calls "experiencing the aura" of art: "To experience the aura of a thing means, to invest it with the ability to look back at you."[32] Still, Rilke's line, "There is no inch of the surface that does not see you" is very much like Cusanus's "your seeing is your being seen by me." And Cusanus's "I am because you look at me" has its distant echo in the statue's patriarchal edict to Rilke, "You must change your life."

* * *

Finally, a word on the realism of Dürer's self-portrait. David Price's study, *Dürer's Renaissance*, has reminded us of the impact of the self-portrait in Dürer's life-time: no contemporary of Dürer remarked on the aspects just discussed. No one expressed concern about blasphemic self-aggrandizement or edification at the artist's imitation of Christ. It was the verisimilitude of Dürer's art that impressed contemporaries, at least those who commented on it and whose comments have been recorded. The portrait's impact registered first on humanists and provoked praise and interpretation from the humanist perspective: "As far as their reactions are recorded, Renaissance viewers did not acclaim any religious concept but rather, first and foremost, the phenomenal success of the likeness."[33] The self-portrait first gained Dürer the epithet of "second Apelles," or "the German Apelles," Apelles being the legendary Greek painter whose art was reputed to be indistinguishable from life. The humanist appreciation of life-likeness showed also in the revival of Pliny's story of the painter Zeuxis, whose painting of grapes so deceived the birds that they picked at the painted fruit. Contemporaries hatched a similar legend for Dürer. His friend and associate Conrad Celtis composed an epigram on the self-portrait relating that Dürer's dog took the likeness for the living master, rubbed against and licked the portrait.[34] Price can cite a number of other elements of the portrait that show its obligations rather to humanist stylistic trends than to religious forms. The earliest recognition of Christ in Dürer is the painting of Georg Vischer cited above, "Christ and the Woman taken in Sin," in which the Baroque artist represented Christ by borrowing Dürer's physiognomy from the 1500 self-portrait, a good confirmation of what is now an accepted reading of the portrait, but remarkably slow in dawning on viewers. Nearly 150 years after the portrait's composition, its christomorphic character registers.

Dürer's contemporaries admired the palpable, sensual quality of details like the hair and beard, the fur on the coat, the folds of the sleeve, the subtle play of light and shadow. These details evoke a living reality closely observed, astonishingly minutely reproduced. "Illusionism," Price calls it. The richness of the self-portrait is only enhanced by recognizing the play of iconic evocations and realistic details. Of course, this is not to suggest a visual *sermo humilis*. The realism of details heightens and magnifies the personality of the subject. They are not qualities of a humble and everyday world. Every detail, every hair on the painter's coat is lifted to the sublime both by precision of observation, aristocracy of vision, and multiplicity of reference. The position of the hand evokes the ultimate in manual blessing: the salvation of the world (*salvator mundi*), but its sacrality is immanent in the surface reality conveyed: the point of coalescence of sacred and secular contents is the hand of the artist, the tool of creative genius.

The realism of this portrait is one of the instruments of charismatic effect. The cooperation of sensuous reality and hyper-reality together account for the power and authority of this image. Its uncanny character registers in the viewer when s/he first is drawn into the lived reality of a master artist, second in encountering a god there. However, one never has the sense of a world reduced to everyday details. The brilliant style is far from a claim that real life as lived and experienced is ordinary, threadbare, and full of vulgarity and the humdrum. Realism has been subordinated to charisma and serves it. If a work of art has charismatic effects, then this will be a common relationship of realism to hyperrealism, of mimesis to charismatic "heightening." What appears as the means of reproducing the experienced world (realism) is in fact the principal instrument of deception.[35] The combination of idolic presence with sensuous realism is powerfully at work in the Dürer self-portrait.

NOTES

¹ Freedberg, *The Power of Images*. This material originally appeared in C. Stephen Jaeger, "Albrecht Dürer's Self-Portrait (1500): The Face and Its Contents," chapter 7 in *Enchantment: On Charisma and the Sublime in the Arts of the West* (Philadelphia: University of Pennsylvania Press, 2012). Reprinted with permission of the University of Pennsylvania Press.

² Jaeger, *Enchantment*.

³ Jaeger, *Enchantment*; also my essays, "Aura and Charisma," "Bookburning at Don Quixote's" and "Charismatic Body — Charismatic Text." Two studies by Raphael Falco on Elizabethan drama focus on charisma as a literary theme, not a mode of representing: *Charismatic Authority* and "Charisma and Tragedy." The concept has not been of much use to film theory, surprisingly, given the casual usage of the term in the language of stardom. Some observations may be found in Dyer, *Stars*, 30–32; and Dyer, "Charisma," 57–59. A recent book by Joseph Roach studies charisma and seduction, hypnotic qualities and charismatic effects in stage and film performance—the admirably clipped title: *It*.

⁴ Two recent surveys of theory of the sublime: Kirwan, *Sublimity*, and Shaw, *The Sublime*. On the sublime in painting, Joshua Reynolds's *Discourses* are useful. Reynolds knew Burke's *Philosophical Enquiry into the Origin of our Ideas of the Sublime and the Beautiful* (1757/59), but excludes the element that came to predominate in theory of the sublime, the shock value ("terror") of sublime objects, and the resulting shattering of consciousness or shaking of confidence in the judgment of the senses (Kant). He limits the "grand manner" in painting to grand conceptions, a mode that aggrandizes and "corrects" nature, "improves" the viewer, captivates his imagination by its grandeur, and diminishes critical judgment. See Reynolds, *Discourses*, 102–15 and 330.

⁵ Longinus, *On the Sublime*.

⁶ "Hypsos," Longinus's term for "the sublime," means literally "height," "the high." Whalley, trans. *Aristotle's Poetics*, ch. 25, 1461b, 13–14, (157): "… it is true that [Zeuxis] painted men better than they are, but the ideal type is to be preferred to the actual reality." Cicero, *Orator*, Intro., quoted in Panofsky, *Idea*, 11–12: "When Phidias made Jove he didn't have in mind an individual whom he imitated, but rather there was formed in his mind an exalted form of beauty, and he copied that mental image"; Alberti, *On Painting*, 60–61: "Painting makes precious things more precious"; Sidney, "Defense of Poetry," quoted in Krieger, *Poetic Presence*, 4: "Poetry must give us a world better than the world around us, the 'golden' world rather than the 'brazen' one we live in."

⁷ See the discussion of Proust in "Aura and Charisma," and of *Vertigo* in *Enchantment*, ch. 12, 321–46.

⁸ A point made by Reynolds in his third *Discourse*.

⁹ Wir kannten nicht sein unerhörtes Haupt,
   darin die Augenäpfel reiften. Aber

sein Torso glüht noch wie ein Kandelaber,
in dem sein Schauen, nur zurückgeschraubt,
sich hält und glänzt. Sonst könnte nicht der Bug
der Brust dich blenden, und im leisen Drehen
der Lenden könnte nicht ein Lächeln gehen
zu jener Mitte, die die Zeugung trug.

Sonst stünde dieser Stein entstellt und kurz
unter der Schultern durchsichtigem Sturz
und flimmerte nicht so wie Raubtierfelle;
und bräche nicht aus allen seinen Rändern
aus wie ein Stern: denn da ist keine Stelle,
die dich nicht sieht. Du mußt dein Leben ändern.

       Rilke, *Sämtliche Werke*, 2, 557 (New Poems, Part 2).

[10] See Berger, Jr., "Fictions of the Pose."

[11] On the inscription see Price, *Albrecht Dürer's Renaissance*, 94–95; and Koerner, *The Moment of Self-Portraiture*, 85.

[12] Koerner, *The Moment of Self-Portraiture*, 185.

[13] Panofsky, *The Life and Art of Albrecht Dürer*, 43.

[14] On the influence of Byzantine icon painting on the Munich self-portrait, see Hess, "Dürers Selbstbildnis von 1500," 66–68.

[15] For a reproduction of such an image, attributed to the Master of the Playing Cards, ca. 1440, see Koerner, *The Moment of Self Portraiture*, 100.

[16] Koerner, *The Moment of Self-Portraiture*, 85. Dürer's self-representation as Christ continues in his late *Self-Portrait as Man of Sorrows* (1522). David Price has added to the inventory of Dürer-Christ imitations an engraving of 1513, in which the image of Christ on Veronica's veil takes the features of Dürer's face: *Albrecht Dürer's Renaissance*, 91–92.

[17] See Wuttke, "Dürer und Celtis."

[18] Honecker, grans. *Idiota de mente*, 78. Cited in Koerner, *The Moment of Self-Portraiture*, 132.

[19] I borrow these terms from Bedos-Rezak, *When Ego Was Imago*.

[20] Psellus, *Scripta Minora*, vol. 2, 220–21. Quoted in Kazhdan and Wharton Epstein, *Change in Byzantine Culture*, 199. See also Belting, *Bild und Kult*, 296.

[21] Longinus, *On the Sublime,* ch. 1. 4, 163.

[22] See the article by Berger, cited above, n. 9.

[23] Bronzino's portrait of Cosimo I de' Medici likewise incarnates a god in the living subject, in this case the god Orpheus. Holding a lyre and bow, flanked by the three-headed guardian dog of the underworld, now tamed by Orphic music, the god-man sits, his back – exposed, his head angled as if detached from the body and floating near but not exactly on its natural place. But oddly composed or not, the portrait is a good example of incarnation. See Simon, "Bronzino's *Cosimo I*."

[24] Jardine, *Erasmus*.
[25] Goffman, "On Face-Work."
[26] Auerbach, "Figura," in his *Gesammelte Aufsätze*, 55–92.
[27] Hopkins, *Nicholas of Cusa's Dialectical Mysticism*. On the implications of Cusanus's work for Renaissance conceptions of art, see Olds, "Aspect and Perspective."
[28] Jasper, ed. *De visione Dei*, 15. 1–2, ch. 5, 130.
[29] Peirce, "On the Algebra of Logic," 181; quoted in Redfield, "Art and Icon," 44.
[30] Jasper, ed. *De visione Dei*, ch. 4, 12: 16–19.
[31] "Ego sum quia tu me respicis." Jasper, ed. *De visione Dei*, 11.12, ch. 4, 126.
[32] Benjamin, "Über einige Motive bei Baudelaire," vol. l. 461. The brief comment has taken root. See Didi-Huberman, *Ce que nous voyons*. Also Elkins, *The Object Stares Back*.
[33] Price, *Dürer's Renaissance*, 92.
[34] Cited in Price, *Dürer's Renaissance*, 92.
[35] This hierarchy of causes ending in the effect of enchantment is nowhere more distinct than in the classic Hollywood movies of the 1930's; film is the medium that most enables a combination of the magnified image and the idolic personality with sensuous realism. For a trenchant criticism of the concepts of realism and "reality" in the context of representation, see Jameson, "The Existence of Italy," in his *Signatures of the Visible*, 155–229.

Select Bibliography

Alberti, Leon Battista. *On Painting*, edited and translated by Cecil Grayson. London: Phaidon, 1972.
Aristotle. *Aristotle's Poetics*, translated with a commentary by George Whalley, edited by J. Baxter and P. Atherton. Montreal and Kingston: McGill/Queens University Press, 1997.
Auerbach, Erich. "Figura." In *Time, History and Literature: Selected Essays of Erich Auerback*, translated by Jane O. Newman. Princeton: Princeton University Press, 2014.
Bedos-Rezak, Brigitte. "From Ego to Imago: Mediation and Agency in Medieval France." *The Haskins Society Journal* 14 (2005): 151–73.
Bedos-Rezak, Brigitte. *When Ego was Imago: Signs of Identity in the Middle Ages*. Leiden: Brill, 2010.
Bedos-Rezak, Brigitte and Martha Rust, eds. *The Faces of Charisma: Text, Image, Object in Byzantium and the Medieval West*. Leiden: Brill (forthcoming).
Belting, Hans. *Bild und Kult: Eine Geschichte des Bildes vor dem Zeitalter der Kunst*. Munich: Beck, 1990.
Benjamin, Walter. "Über einige Motive bei Baudelaire." In *Schriften*, edited by T. and G. Adorno. 2 Vols. Frankfurt: Suhrkamp, 1955.
Berger, Harry, Jr. "Fictions of the Pose: Facing the Gaze of Early Modern Portraiture." *Representations* 46 (1994): 87–120.
Didi-Huberman, Georges. *Ce que nous voyons, ce qui nous regarde*. Paris: Éditions de Minuit, 1992.
Dyer, Richard. "Charisma." In *Stardom: Industry of Desire*, edited by Christine Gledhill. London and New York: Routledge, 1991.
Dyer, Richard. *Stars*, Revised edition with Paul McDonald. London: British Film Institute, 1998.
Elkins, James. *The Object Stares Back: On the Nature of Seeing*. San Diego: Harcourt Brace, 1997.
Falco, Raphael. *Charismatic Authority in Early Modern English Tragedy*. Baltimore: Johns Hopkins University Press, 2000.
Falco, Raphael. "Charisma and Tragedy: An Introduction." *Theory, Culture and Society* 16 (1999): 71–98.
Freedberg, David. *The Power of Images: Studies in the History and Theory of Response*. Chicago: University of Chicago Press, 1989.
Hopkins, Jasper. *Nicholas of Cusa's Dialectical Mysticism: Text, Translation and Interpretive Study of De visione Dei*. Minneapolis: Banning Press, 1988.
Jaeger, C. Stephen. "Aura and Charisma." *Eademque utraque Europa* 2 (2006): 125–54; rpt. as "Aura and Charisma: Two Useful Concepts in Critical Theory," *New German Critique* 114 (2011): special volume: "Narrating Charisma," edited by Eva Horn, 17–34.

Jaeger, C. Stephen. "Bookburning at Don Quixote's: Thoughts on the Educating Force of Courtly Romance." In *Courtly Arts and the Art of Courtliness: Selected Papers from the Eleventh Triennial Congress of the International Courtly Literature Society*, edited by Keith Busby and Christopher Kleinhenz. Woodbridge: Boydell and Brewer, 2006.

Jaeger, C. Stephen. "Charismatic Body—Charismatic Text." *Exemplaria* 9 (1997): 117–37.

Jaeger, C. Stephen. *Enchantment: On Charisma and the Sublime in the Arts of the West*. Philadelphia: University of Pennsylvania Press, 2012.

Jaeger, C. Stephen, ed. *Magnificence and the Sublime in Medieval Aesthetics: Art, Architecture, Literature, Music*. New York: Palgrave-Macmillan, 2010.

Jardine, Lisa. *Erasmus, Man of Letters: The Construction of Charisma in Print*. Princeton: Princeton University Press, 1994.

Kazhdan, Aleksander and Epstein, Ann Wharton. *Change in Byzantine Culture in the Eleventh and Twelfth Century*. Berkeley and Los Angeles: University of California Press, 1985.

Kirwan, James. *Sublimity: The Non-Rational and the Irrational in the History of Aesthetics*. New York and London: Routledge, 2005.

Koerner, Joseph. *The Moment of Self-Portraiture in German Renaissance Art*. Chicago: University of Chicago Press, 1993.

Krieger, Murray. *Poetic Presence and Illusion: Essays in Critical History and Theory*. Balti more: Johns Hopkins University Press, 1979.

Longinus. *On the Sublime*, translated by W. H. Fyfe, revised by Donald Russell. Loeb Classical Library, 199. Cambridge, MA: Harvard University Press, 1995.

Nicolas of Cusa. *Idiota de mente = Der Laie über den Geist*, translated by M. Honecker. Hamburg: Meiner, 1949.

Olds, Clifton. "Aspect and Perspective in Renaissance Thought: Nicholas of Cusa and Jan Van Eyck." In *Nicholas of Cusa on Christ and the Church: Essays in Memory of Chandler McCuskey Brooks for the American Cusanus Society*, edited by G. Christianson and T. Izbicki. Leiden: Brill, 1996.

Panofsky, Erwin. *Idea: A Concept in Art History*, translated by Joseph J. S. Peake. Columbia: University of South Carolina Press, 1968.

Panofsky, Erwin. *The Life and Art of Albrecht Dürer*. Princeton: Princeton University Press, 1955.

Peirce, Charles S. "On the Algebra of Logic: A Contribution to the Philosophy of Notation." *American Journal of Mathematics* 7, 2 (January 1885): 180–96.

Price, David. *Albrecht Dürer's Renaissance: Humanism, Reformation and the Art of Faith*. Ann Arbor: University of Michigan Press, 2003.

Psellus, Michael. *Scripta Minora*, edited by Edward Kurtz. Milan: Vita e pensiero, 1941.

Redfield, Robert. "Art and Icon." *Aspects of Primitive Art*. Lecture series. New York: Museum of Primitive Art, distributed by University Publishers, 1959.

Reynolds, Sir Joshua. *Discourses*, edited by Pat Rogers. London: Penguin Books, 1992.
Rilke, Rainer Maria. *Sämtliche Werke; Zweiter Band*. Herausgegeben vom Rilke-Archiv in Verbindung mit Ruth Sieber-Rilke besorgt durch Ernst Zinn. Frankfurt am Main: Insel-Verlag, 1956; repr. 1974.
Roach, Joseph. *It*. Ann Arbor: University of Michigan Press, 2007.
Shaw, Philip. *The Sublime*. Oxford: Routledge, 2006.
Wuttke, Dieter. "Dürer und Celtis: Von der Bedeutung des Jahres 1500 für den deutschen Humanismus: 'Jahrhundertfeier als symbolische Form'." *Journal of Medieval and Renaissance Studies* 10 (1980): 73–129.

C. Stephen Jaeger (University of Illinois, Urbana-Champaign) Gutsgell Professor Emeritus of Germanic Languages and Literatures and of Comparative Literature and past Director of the Program in Medieval Studies, pursues research that brings literary, historical and theological approaches to the study of clerical and courtly culture, medieval aesthetics, and the intellectual and social history of Humanism.

Résumé La thèse de cet essai est qu'une œuvre d'art, tout comme une personne, peut exercer une influence charismatique sur celui qui la contemple. Tandis que l'art mimétique cherche à reproduire la nature, l'art charismatique a comme but de représenter un monde plus grand, plus attrayant et plus séduisant que le monde naturel. Un monde ainsi représenté nous transforme en bouleversant la raison et en affaiblissant le jugement critique. L'autoportrait de Dürer de 1500, où il se donne des traits qui évoquent ceux du Christ, fournit un exemple de cet art qui incarne une force divine. Des comparaisons avec d'autres portraits de la même période permettent de distinguer une "logique du charisme" par rapport à la technique de l'allégorie. En puisant dans l'idée de la représentation figurale développée par Auerbach et dans la notion de Nicolas de Cusa du regard réciproque qui passe entre le portrait et celui qui le contemple, l'essai analyse la force créatrice propre à l'image charismatique.

List of Manuscripts

Bern, Burgerbibliothek, MS. 246, **183**, **188n38**
Bruxelles, Bibliotheque royale, MS. 10231, **151**
Caen, Bibliotheque municipale, Coll. Mancel MS. 146, **151**
Cambridge, Gonville and Caius College, MS. 113/182, **120**
Cambridge, Jesus College MS. Q B 9, **119**
Cambridge, Pembroke College MS. 133, **128n31**
Cambridge, Pembroke College MS. 158, **120**
Cambridge, Peterhouse MS. 233, **119**
Cambridge, University Library, MS Ee 2 17, **118**
Cambridge, University Library, MS. Ff 4 38, **120**
Cambridge, University Library, MS. Ii 2 8, **119**
Canterbury, Dean and Chapter Library, MS. B 11, **119**
Chantilly, Bibliotheque du Château, MS. 1337, 153–54
Chantillly, Bibliotheque du Château, MS. 278, **182**, **188n38**
Cherbourg, Bibliotheque municipale, MS. 56, **153**
Chicago, University Library, MS. 533-v., **118**
Copenhagen, Rigsarkiv, TKUA, speciel del Sachsen, MS. A II 20, **90–91n15**, **91n26**, **n27**, **n29**, **n31**, **n32**
Dresden, Sächsisches Hauptstaatsarchiv, Loc. MS. 7977, **90n10**, **n11**, **n13**
Dresden, Sächsisches Hauptstaatsarchiv, Loc. MS. 8687, Nr. 1, **91n25**
Dresden, Sächsisches Hauptstaatsarchiv, Loc. MS. 10550, **91n15**, **92n41**
Glasgow, University Library, Hamilton MS. 141, **120**, **121**
Hereford, Cathedral Library, MS. P V 7, **120**
London, British Library, Additional MS. 20811, **153**
London, British Library, Cotton Vitellius MS. F XVI, **152**
London, British Library, Fairfax MS. 10, **119**
London, British Library, Lambeth Arc. MS. L 40/ L 26, **118**
London, British Library, Lambeth MS. 184,, **118**
London, British Library, Lambeth MS. 150, **119**
London, British Library, Royal MS. 5 C. III, **120**
London, British Library, Royal MS. 6 B. V, **118**
London, British Library, Royal MS. 15 E. VI , **118**, **153**
London, British Library, Royal MS. 17 F. III, **128n26**

London, British Library, Royal MS. 19 B. XIV, **153**
London, British Library, Sloan MS. 1413, **30n14**
London, British Library, Yates Thompson MS. 33, **150**
London, Westminster Abbey, MS. 34/9, **153**
Madrid, Real Biblioteca de El Escorial, Codex Escorialensis MS. II–U–10, **12n14**
Malibu, J. Paul Getty Museum, coll. Ludwig MS. XIII 4, **150**
New York, Pierpont Morgan Library, MS. M 122, **118**
New York, Pierpont Morgan Library, MS. M 456, **30n10**
Nottingham, University Library, MS. Mi I 37, **128n38**
Oxford, All Souls College, MS. 92, **120**
Oxford, All Souls College, MS. 98, **128n29**
Oxford, Bodleian Library, Bodley MS. 42, **128n32**
Oxford, Bodleian Library, Bodley MS. 234, **117**
Oxford, Bodleian Library, Digby MS 233, **117**
Oxford, Bodleian Library, Fairfax MS. 10, **119**, **129n39**
Oxford, Bodleian Library, Cod. Barocci MS. 131, **12n14**
Oxford, Bodleian Library, Laud Misc. MS. 652, **120**
Oxford, Bodleian Library, Laud Misc. MS. 702, **118**, **119**
Oxford, Bodleian Library, Laud Misc. MS. 745, **153**
Oxford, Bodleian Library, MS. French C. 25, **152**
Oxford, Bodleian Library, MS. 965a, **182**, **185**, **188n38**
Oxford, Jesus College, MS. 12, **121**
Oxford, Jesus College, MS. Q.B.9, **119**
Paris, Archives Nationales de France, MS. X1A 4914, **67–73**
Paris, Bibliotheque de l'Arsenal, MS. 4095, **150**
Paris, Bibliotheque de l'Arsenal, MS 5103, **31n23**
Paris, Bibliotheque nationale de France, MS. Français 129, **167n1**, **169n39**
Paris, Bibliotheque nationale de France, MS. Français 1020, **183**, **185**, **186**, **187n6**, **188n38**, **189n51**
Paris, Bibliotheque nationale de France, MS. Français 1085, **183**, **188n38**
Paris, Bibliotheque nationale de France, MS. Français 1119, **152**
Paris, Bibliotheque nationale de France, MS. Français 2591, **183**, **188n38**
Paris, Bibliotheque nationale de France, MS. Français 2623, **152**
Paris, Bibliotheque nationale de France, MS. Français 2651, **152**
Paris, Bibliotheque nationale de France, MS. Français 2871, **149n22**, **154**
Paris, Bibliotheque nationale de France, MS. Français 4619, **152**
Paris, Bibliotheque nationale de France, MS. Français 5028, **151**
Paris, Bibliotheque nationale de France, MS. Français 5327, **151**
Paris, Bibliotheque nationale de France, MS. Français 5328, **154**
Paris, Bibliotheque nationale de France, MS. Français 5329, **153**
Paris, Bibliotheque nationale de France, MS. Français 5388, **148n19**, **151**
Paris, Bibliotheque nationale de France, MS. Français 5389, **154**
Paris, Bibliotheque nationale de France, MS. Français 5390, **154**

Paris, Bibliotheque nationale de France, MS. Français 5947, **150**
Paris, Bibliotheque nationale de France, MS. Français 5949, **150**
Paris, Bibliotheque nationale de France, MS. Français 6062, **152**
Paris, Bibliotheque nationale de France, MS. Français 10468, **151**
Paris, Bibliotheque nationale de France, MS. Français 11533, **31n33**
Paris, Bibliotheque nationale de France, MS. Français 11899, **154**
Paris, Bibliotheque nationale de France, MS. Français 11900, **153**
Paris, Bibliotheque nationale de France, MS. Français 11901, **150**
Paris, Bibliotheque nationale de France, MS. Français 16939, **150**
Paris, Bibliotheque nationale de France, MS. Français 18929, **150**
Paris, Bibliotheque nationale de France, MS. Français 24283, **183**, **188n38**
Paris, Bibliotheque nationale de France, MS. Français 24976, **145**
Paris, Bibliotheque nationale de France, MS. Latin 4641B, **183**, **184**, **187n6**, **188n38**, **189n52**
Paris, Bibliotheque nationale de France, MS. Latin 7789, **167n1**
Paris, Bibliotheque nationale de France, MS. nouvelles acquisitions françaises, 481, **65n13**, **75n4**
Paris, Bibliotheque nationale de France, MS. nouvelles acquisitions françaises, 6860, **154**
Paris, Bibliotheque Sainte-Genevieve, MS. 805, **154**
Rouen, Bibliotheque municipale, MS. 927, **182**, **188n38**
Rouen, Bibliotheque municipale, MS. 1233, **151**
Vatican, Biblioteca Apostolica Vaticana, Reg. lat. MS. 726, **152–53**
Vatican, Biblioteca Apostolica Vaticana, Reg. lat. MS. 884, **154**
Vatican, Biblioteca Apostolica Vaticana, Pal. lat. MS. 1989, **169n39**
Wien, Österreichische Nationalbibliothek, MS. 2569, **150**
Wien, Österreichische Nationalbibliothek, MS. 2629, **151**

Bibliography

Aigrefueille, Charles D'. *Histoire De La Ville De Montpellier. Depuis Son Origine Jusqu'A Notre Tems; Avec un Abregé Historique de tout ce qui précéda son Etablissement: A Laquelle On A Ajouté L'Histoire particuliére des Juridictions Anciénes & Modernes de cette Ville, avec les Statuts qui lui sont propres. Par Messire Charles D'Aigrefeulle, Prêtre, Docteur en Theologie, & Chanoine de l'Eglise-Cathédrale Saint-Pierre de Montpellier*. Montpellier: Jean Martel, 1737.

Alberti, Leon Battista. *On Painting*, edited and translated by Cecil Grayson. London: Phaidon, 1972.

Alston, Robin C. *Books with Manuscript. A Short-Title Catalogue of Books with Manuscript Notes in the British Library*. London: British Library, 1994.

Antonopoulou, Theodora. "Homiletic Activity in Constantinople Around 900." In *Preacher and Audience: Studies in Early Christian and Byzantine Homiletics*, edited by Mary B. Cunningham and Pauline Allen, 317–48. Leiden: Brill, 1998.

Aristotle. *Aristotle's Poetics*, translated with a commentary by George Whalley, edited by John Baxter and Patrick Atherton. Montreal and Kingston: McGill/Queens University Press, 1997.

Aquilon, Pierre. "Paris et la Bible française, 1516–1586." In *Censures: de la Bible aux "Larmes d'Eros"; conception et réalisation Martine Poulain et Françoise Serre*, 12–22. Paris: Bibliothèque Publique d'Information, Centre Georges Pompidou, 1987.

Ascham, Roger. *A Report and Discourse written by Roger Ascham, of the affaires and state of Germany and the Emperour Charles his Court, duryng certaine yeares, while the sayd Roger was there*. London: John Daye, n.d.

Ascham, Roger. *The Whole Works*, edited by Rev. Dr. Giles. 3 Vols. London: John Russell Smith, 1864–1865.

Asdracha, Catherine. "L'image de l'homme occidental à Byzance: le témoignage de Kinnamos et de Choniatès." *Byzantinoslavica* 44 (1983): 31–40.

Attaliota, Michael. *Michaelis Attaliotae Historia, Corpus scriptorum historae Byzantinae, 4*, edited by Barthold Georg Niebuhr. Bonn: Weber, 1853.

"Au Roy De France Et De Pologne, Henry III." In *Dantis Aligerii, praecellentiss. poetae de vulgari eloquentia libri duo. Nunc primùm ad vetusti, & unici scripti Codicis exemplar editi*. Paris: Jo. Corbon, 1577.

Auerbach, Erich. "Figura." In *Time, History and Literature: Selected Essays of Erich Auerbach*, translated by Jane O. Newman. Princeton: Princeton University Press, 2014.

Autrand, Françoise. *Jean de Berry. L'art et le pouvoir*. Paris: Fayard, 2000.

Autrand, Françoise, Claude Gauvard and Jean-Marie Moeglin, eds. *Saint-Denis et la royauté. Études offertes à Bernard Guenée*. Histoire ancienne et medieval, 59. Paris: Publications de la Sorbonne, 1999.

Avril, François. *Jean Fouquet: Peintre et enlumineur du XVe siècle*. Paris: Bibliothèque Nationale de France, 2003.

Babel, Rainer and Jean-Marie Moeglin, eds. *Identité régionale et conscience nationale en France et en Allemagne du Moyen Âge à l'époque moderne. Actes du colloque organisé par l'Université Paris XII-Val de Marne, l'Institut universitaire de France et l'Institut historique allemand à l'Université Paris XII et à la Fondation Singer-Polignac (6–8 octobre 1993)*. Sigmaringen: J. Thorbecke, 1997.

Baïf, Jean-Antoine De. *Euvres en rime*, edited by Ch. Marty-Laveaux. 5 Vols. Paris: A. Lemerre, 1881–1890; repr. Geneva: Slatkine, 1966.

Balibar, Renée. *L'Institution du français. Essais sur le colinguisme des Carolingiens à la République*. Paris: Presses Universitaires de France, 1985.

Barbey, Jean. *Être roi. Le roi et son gouvernement en France de Clovis à Louis XVI*. Paris: Fayard, 1992.

Barton, John. "Le *Donait françois*: La plus ancienne grammaire du français. Édition avec introduction," edited by Pierre Swiggers. *Revue des langues romanes* 89 (1986): 235–51.

Basharov, Justinia. *The Imagery of the Igor Tale in the Light of Byzantino-Slavic Poetic Theory*. Leiden: Brill, 1956.

Basilakes, Nikephoros. "Against Bagoas." In *Nicephorus Basilaca Orationes et Epistolae*, edited by Antonio Garzya, 92–110. Leipzig: Teubner, 1984.

Bäumel, Jutta. "Die Festlichkeiten zur Hochzeit Herzog Augusts von Sachsen mit Anna von Dänemark 1548." *Dresdner Hefte* 21 (1990): 19–28.

Bäumel, Jutta. "De sachsiska kurfurstarnas torneringar under 1500-talet/Tournaments of the Electors of Saxony in the 16th Century." In *Riddarlek och Tornerspel/Tournaments and the Dream of Chivalry*, edited by Lena Rangström, 96–100 (Swedish) and 350–51 (English). Stockholm: Royal Armory, 1992.

Beaud, Marie-Joseph. "À propos des éditions grecques de trois officines parisiennes (1539–1549)." In *Le Livre dans l'Europe de la Renaissance. Actes du XXVIIIe Colloque international d'études humanistes de Tours*, edited by Pierre Aquilon and Henri-Jean Martin, 197–208. Nantes: Promodis, 1988.

De Beaumanoir, Philippe. *Coutumes de Beauvaisis. Texte critique publié avec une introduction, un glossaire et une table analytique*, edited by Georges Hubrecht. 3 Vols. Paris: A. & J. Picard, 1970–1974 (1899–1900).

Beaune, Colette and Élodie Lequain. "Femmes et histoires en France au XVe siècle: Gabrielle de La Tour et ses contemporaines." *Médiévales* 38 (Spring 2000): 111–36.
Beaune, Colette. *Naissance de la nation France*. Paris: Gallimard, 1985.
Becker-Glauch, Irmgard. *Die Bedeutung der Musik für die Dresdener Hoffeste bis in die Zeit August des Starken*. Kassel: Bärenreiter, 1951.
Bedos-Rezak, Brigitte. "From Ego to Imago: Mediation and Agency in Medieval France." *The Haskins Society Journal* 14 (2005): 151–73.
Bedos.Rezak, Brigitte. *When Ego was Imago: Signs of Identity in the Middle Ages*. Leiden: Brill, 2010.
Bedos-Rezak, Brigitte and Martha Rusrt, eds. *The Faces of Charisma. Text, Image, Object in Byzantium and the Medieval West*. Leiden: Brill (forthcoming).
Bekker, Immanuel, ed. *Synopsis historikê*. Bonn, 1837.
Bell, David N. *What Nuns Read: Books and Libraries in Medieval English Nunneries*. Kalamazoo: Medieval Institute Publications, 1995.
Bell, Dora M. *L'Idéal éthique de la royauté en France au Moyen Âge d'après quelques moralistes de ce temps*. Geneva–Paris: E. Droz-Minard, 1962.
Bellaguet, Louis François, ed. and trans. *Chronique du Religieux de Saint-Denys*. 6 Vols. Paris, 1839–1852; repr. with a preface by Bernard Guenée. 3 Vols. Paris: CTHS, 1994.
Belting, Hans. *Bild und Kult: Eine Geschichte des Bildes vor dem Zeitalter der Kunst*. Munich: Beck, 1990.
Benjamin, Walter. "Über einige Motive bei Baudelaire." In *Walter Benjamin Schriften*, edited by T. and G. Adorno. 2 Vols. Frankfurt: Suhrkamp, 1955.
Berger, Harry, Jr. "Fictions of the Pose: Facing the Gaze of Early Modern Portraiture." *Representations* 46 (1994): 87–120.
Berges, Wilhelm. *Die Fürstenspiegel des hohen und späten Mittelalters*. Monumenta Germaniae Historica, Schriften, II. Stuttgart: Hiersemann, 1938.
De Bèze, Théodore. *De francicae linguae recta pronuntiatione*. Geneva: E. Vignon, 1584.
Blaschke, Karlheinz. *Moritz von Sachsen. Eine Reformationsfürst der zweiten Generation*. Göttingen and Zürich: Musterschmidt, 1983.
Biondo Flavio. *De Roma triumphante libri decem; priscorum scriptorum lectoribus utilissimi, ad totiusq[ue] Romanae antiquitatis cognitionem perneccessarij …*. Bâle, 1531.
Boccaccio, Giuseppe. *Decameron, traduction (1411–1414) de Laurent de Premierfait*, edited by G. Di Stefano Montréal: Ceres, 1999.
Bodin, Jean. *Le Theatre De La Nature Universelle De Jean Bodin Jurisc. Auquel on peut contempler les causes efficientes & finales de toutes choses, desquelles l'ordre est continué par questions & responces en cinq livres. Œuvre non moins plaisant que profitable à ceux qui voudront rendre raison de toutes questions proposées en Philosophie. Traduict du Latin par M. François de Fougerolles Bourbonnois Docteur aux Arts & en Medecine*, translated by François de Fougerolles. Lyon: Jean Pillehotte, 1597.

Bojovic, Bosko I. *L'idéologie monarchique dans les hagio-biographies dynastiques du Moyen Âge serbe*. Orientalia Christiana Analecta, 248. Rome: Pontificio Istituto Orientale, 1995.
Bontems, Claude. Léon-Pierre Raybaud, et Jean-Pierre Brancourt, eds. *Le Prince dans la France des XVIe et XVIIe siècles*. Paris: Presses Universitaires de France, 1965.
Bouchart, Alain. *Grandes croniques de Bretaigne*, edited by Marie-Louise Auger and Gustave Jeanneau, 3 Vols. Paris: Éditions du centre national de la recherche scientifique, 1986–1998.
Boucher, Jacqueline. «Société et mentalités autour de Henri III.» Thèse, Université de Lyon-II, 1977.
Bouchet, Guillaume. *Les Sérées*, edited by C. E. Roybet. 6 Vols. Paris: Alphonse Lemerre, 1873–1882.
Bouchet, Guillaume. *Troisième livre des Sérées*. Lyon: Simon Rigaud, 1615.
Boudet, J.-P. and H. Millet, eds. *Eustache Deschamps en son temps*. Textes et documents d'histoire médiévale, 1. Paris: Publications de la Sorbonne, 1997.
Bouhaïk-Gironès, Marie. *Les clercs de la Basoche et le théâtre comique (Paris, 1420–1550)*. Paris: Champion, 2007.
Bourdieu, Pierre. *Les règles de l'art: genèse et structure du champ littéraire*. Paris: Fayard, 1992.
Boutet, Dominique. "Jehan de Lanson et les traditions normandes du motif des funérailles feintes." In *Miscellanea mediaevalia: Mélanges offerts à Philippe Ménard*. 2 Vols. 1, 173–84. Paris: H. Champion, 1998.
Bovelles, Charles. *Liber De Differentia Vulgarium Linguarum, & Gallici sermonis varietate*. Paris: Robert Etienne, 1533.
Bovelles, Charles. *Sur les langues vulgaires et la variété de la langue française*, translated by Colette Dumont-Demaizière. Dijon: C. Klincksieck, 1970.
Bozzolo, Carla. "La conception du pouvoir chez Laurent de Premierfait." In *Préludes à la Renaissance*, edited by Carla Bozzolo and Ezio Ornato, 191–205. Paris: Éditions du centre national de la recherche scientifique, 1992.
Bozzolo, Carla. "Familles éclatées, amis dispersés: échos des guerres civiles dans les écrits de Christine de Pizan et de ses contemporains." In *Contexts and Continuities: Proceedings of the IVth International Colloquium on Christine de Pizan (Glasgow 21–27 July 2000)*, published in honour of Liliane Dulac. Edited by Angus J. Kennedy, Rosalind Brown-Grant, et alii. 3 Vols. I, 115–28. Glasgow University Medieval French Texts and Studies, 1. Glasgow: University of Glasgow Press, 2002.
Bozzolo, Carla. "L'intérêt pour l'histoire romaine à l'époque de Charles VI: l'exemple de Laurent de Premierfait." In *Saint-Denis et la royauté. Études offertes à Bernard Guenée*, edited by François Autrand, Claude Gauvard, and Jean-Marie Moeglin, 109–24. Histoire ancienne et médiévale, 59. Paris: Publications de la Sorbonne, 1999.

Bozzolo, Carla. *Manuscrits des traductions françaises d'œuvres de Boccacce, XVe siècle*. Padua: Antenore, 1973.
Bozzolo, Carla. *Un traducteur et un humaniste de l'époque de Charles VI: Laurent de Premierfait*. Textes et documents d'histoire médiévale, 4. Paris: Publications de la Sorbonne, 2004.
Bozzolo, Carla and Colette Jeudy. "Stace et Laurent de Premierfait." *Italia medioevale e umanistica* 22 (1979): 413–47.
Bozzolo, Carla and Ezio Ornato, eds. *Préludes à la Renaissance: aspects de la vie intellectuelle en France au XVe siècle*. Paris: Éditions du centre national de la recherche scientifique, 1992.
Bozzolo, Carla, Hélène Loyau, and Monique Ornato. "Hommes de culture et hommes de pouvoir parisiens à la Cour amoureuse." In *Pratiques de la culture écrite en France au XVe siècle*, edited by Monique Ornato and Nicole Pons, 259–78. Louvain-La-Neuve: Fédération Internationale des Instituts d'Études Médiévales, 1995.
Bref Et Sommaire Recueil De Ce Qui A Esté Faict, Et De L'Ordre Tenu A La Joyeuse Et Triumphante Entrée De tres-puissant, & tres-honoré Prince, Françoys filz de France, & frere unique du Roy, Duc de Berry, Anjoy [...] en la ville de Bourges [...] Bourges: Pierre Bouchier, 1576.
Brereton, Georgina and Janet M. Ferrier, eds. Karin Ueltschi, trans. *Le Mesnagier de Paris*. Lettres gothiques. Paris: L.G.E./Livre de Poche, 1994.
Briggs, Charles. *Giles of Rome's De Regimine Principum. Reading and Writing Politics at Court and University, c. 1275–c. 1525*. Cambridge: Cambridge University Press, 1999.
Briggs, Charles. "Manuscripts of Giles of Rome's *De Regimine Principum* in England, 1300–1500: A Handlist." *Scriptorium* 47 (1993): 253–75.
Browning, Robert. "The Language of Byzantine Literature." In *The 'Past' in Medieval and Modern Greek Culture*, edited by Speros Vryonis, Jr., 103–33. Malibu, CA: Undena Publishers, 1978.
Browning, Robert. "Literacy in the Byzantine World." *Byzantine and Modern Greek Studies* 4 (1978): 39–54.
Browning, Robert. *Medieval and Modern Greek*. London: Hutchinson, 1969.
Brun, Auguste. *Recherches historiques sur l'introduction du français dans les provinces du Midi*. Paris: Librairie Ancienne Honoré Champion, 1923.
Brunot, Ferdinand. *Histoire de la langue française des origines à 1900*. 13 Vols. Paris: Armand Colin, 1905–1953.
Bryennios, Nikephoros. *Historiôn biblia IV*, edited by August Meineke. Bonn: Weber, 1836.
Burke, Edmond. *Philosophical Enquiry into the Origin of our Ideas of the Sublime and the Beautiful*. London: printed for R. and J. Dodsley, 1757; second edition, with an introductory discourse concerning taste, and several other additions. London: printed for R. and J. Dodsley, 1759.
Cavanaugh, Suzanne H. "A Study of Books Privately Owned in England, 1300–1540," Ph.D. Dissertation. University of Pennsylvania, 1980.

Charpentier, François. *Deffense De La Langue Françoise Pour L'Inscription De L'Arc De Triomphe Dédiée Au Roy.* Paris: Claude Barbin, 1676.

Chartier, Alain. *Livre de l'espérance,* edited by François Rouy. Paris: Honoré Champion, 1989.

Chianéa, Gérard. *Histoire des institutions publiques de la France.* 3 Vols. Grenoble: Presses universitaires de Grenoble, 1994–1996. Vol. 1. *Du démembrement à la reconstitution de l'État (476–1492).* Grenoble: Presses universitaires de Grenoble, 1994.

Chibnall, Marjorie, ed. and trans. *The Ecclesiastical History of Orderic Vitalis.* 6 Vols. Oxford Medieval Texts. Oxford: Clarendon Press, 1969–1980.

Chocheyras, Jacques. *Le théâtre religieux en Dauphiné du Moyen Âge au XVIIIe siècle.* Geneva: Droz, 1975.

Chocheyras, Jacques. *Le théâtre religieux en Savoie au XVIe siècle.* Geneva: Droz, 1971.

Choniates, Niketas. *Chronikê diêgêsis,* edited by Jan Louis van Dieten. Berlin and New York: De Gruyter, 1977.

Christine de Pizan. *Epistre a la reine,* see Kennedy, Angus J., ed. "Christine de Pizan's *Epistre a la reine* (1405)."

Christine de Pizan. *Epistre Othea,* edited by Gabriella Parusssa. Geneva: Droz, 1999.

Christine de Pizan. *Le Livre des trois vertus,* edited by Charity Cannon Willard and Eric Hicks. Bibliothèque du XVe siècle, 50. Paris: Champion, 1989.

Christine de Pizan. *Le Livre du corps de policie,* edited by Angus J. Kennedy. Paris: Honoré Champion, 1998.

Christine de Pizan. *Livre des fais et bonnes meurs du sage roy Charles Quint,* edited by Suzanne Solente. 2 Vols. Paris: Honoré Champion, 1936–1940.

Christliche Vermanunge aus dem CXXVIII Psalm zur Einsegunge des Durchlauchten Hochgebornen Fuersten Hertzogen Augustn zu Sachssen Vnd seiner Fürstl. Gemahel Fraw Anna geborne aus Kön. Stam zu Dennemarck etc. Durch Fürst Georg zu Anhalt... geschehen zu Thorgaw/ Montags den achten Octobris 1548. Leipzig: Valentin Babst, 1548.

Cibois, Philippe. *L'analyse factorielle: analyse en composantes principales et analyse des correspondances.* Paris: Presses Universitaires de France, 1983.

Clay, J.W., ed. *North Country Wills.* Surtees Society. Durham: Andrews and Company, 1908.

Coleman, Janet. *English Literature in History, 1350–1400. Medieval Readers and Writers.* London: Hutchinson, 1981.

Cornette, Joel. *La mélancolie du pouvoir. Omer Talon et le procès de la raison d'état.* Paris: Fayard, 1998.

Coyecque, Ernest. *Recueil d'Actes Notariés relatifs à l'histoire de Paris et de ses environs au XVIe siècle.* Histoire de Paris et de ses environs. 2 Vols. Paris: Imprimerie nationale, 1905, 1923.

Cunningham, Mary. "Preaching and the Community." In *Church and People in Byzantium; Society for the Promotion of Byzantine Studies Twentieth Spring Symposium of Byzantine Studies, Manchester 1986*, edited by Rosemary Morris, 24–47. Birmingham: Center for Byzantine, Ottoman, and Modern Greek Studies, University of Birmingham, 1990.

Dagron, Gilbert. "Aux origines de la civilisation byzantine: Langue de culture et langue de l'État." *Revue historique* 241 (1969): 23–56.

Dagron, Gilbert. "Le pluralisme linguistique à Byzance." *Travaux et Mémoires* 12 (1994): 219–40.

Damian-Grint, Peter. *The New Historians of the Twelfth-Century Renaissance: Inventing Vernacular Authority*. Rochester, NY: The Boydell Press, 1999.

Danmarks-Norges Traktater: 1523–1750 med dertil hørende aktstykker paa Carlsbergfondets bekostning udgivne af Laurs Laursen. Vol. 1: *1523–1560*. Copenhagen: Gad, 1907.

Davis, Norman, ed. *The Paston Letters and Papers of the Fifteenth Century*. 2 Vols. Oxford: Oxford University Press, 1971 and 1976.

Dean, Ruth J. "An Essay in Anglo-Norman Paleography." In *Studies in French Language and Mediaeval Literature presented to Professor Mildred K. Pope by pupils, colleagues, and friends*, [editor unidentified], 79–87. Publications of the University of Manchester, 268. Manchester: Manchester University Press, 1939.

Deierkauf-Holsboer, S. Wilma. *L'histoire de la mise en scène dans le théâtre français à Paris de 1600 à 1673*. Paris: Nizet, 1960.

Delisle, Léopold. *Histoire littéraire de la France*. Paris: Imprimerie nationale, 1898.

Demartres, Alice. "Étude sur l'histoire et l'organisation de la Confrérie parisienne de la Passion, 1402–1677." 2 Vols. Unpublished Ph.D. thesis, Paris, École nationale des chartes, 1939.

Demartres, Alice. Summary of "Étude sur l'histoire et l'organisation de la confrérie parisienne de la Passion, 1402–1677." *École Nationale des Chartes: Positions des thèses* 91 (1939): 43–52.

De Waele, Michel. *Les relations entre le Parlement de Paris et Henri IV*. Paris: Publisud, 2000.

Deierkauf-Holsboer, S. Wilma. *L'histoire de la mise en scène dans le théâtre français à Paris de 1600 à 1673*. Paris: Nizet, 1960.

Le Dictionnaire De L'Académie Françoise, Dedié Au Roy. 2 Vols. Paris: Jean Baptiste Coignard, 1694.

Didi-Huberman, Georges. *Ce que nous voyons, ce qui nous regarde*. Paris: Éditions de Minuit, 1992.

Di Stefano, G[iuseppe], ed. *Boccace, Decameron, traduction (1411–1414) de Laurent de Premierfait*. Montréal: Ceres, 1999.

Ditten, Hans. "ΒΑΡΒΑΡΟΙ, ΕΛΛΗΝΕΣ, ΡΩΜΑΙΟΙ bei den letzten byzantinischen Geschichtsschreibern." In *Actes du XIIe congrès international d'études byzantines*. Vol. 2: 273–99. Belgrade: Comité Yougoslave des Études Byzantines, 1961.

Dostoyevsky, Fyodor. *The Brothers Karamazov*, translated by Constance Garnett. New York: The Modern Library, 195–.
Du Bellay, Joachim. *Œuvres poétiques*, edited and translated by Geneviève Demerson. 8 Vols. Paris: Nizet, 1985.
Du Fossé, Pierre Thomas. *Mémoires Du Sieur de Pontis, Officier Des Armées Du Roy. Contenant plusieurs circonstances des Guerres & du Gouvernement, sous les regnes des Roys Henry IV Louys XIII & Louys XIV*. 2 Vols. Paris: Guillaume Desprez, 1676.
Dujcev, Ivan. "Les rapports littéraires byzantino-slaves." In *Actes du XIIe congrès international d'études byzantines (10–16 septembre 1961, Belgrade-Ochride)*. 3 Vols. Vol. 1, 411–29. Belgrade: Comité Yougoslave des Études Byzantines, 1963–1964.
Duret, Claude. *Thresor De L'histoire Des Langues De Cest Univers. Contenan les Origines, Beautés, Perfections, Decadences, Mutations, Changemens, Conversions, & Ruines des langues. Par M. Claude Duret Bourbonnais, President à Moulins*. Coligny: Matth. Berjon, 1613; repr. Geneva: Slatkine, 1972.
Dyer, Richard. "Charisma." In *Stardom: Industry of Desire*, edited by Christine Gledhill, 57–59. London and New York: Routledge, 1991.
Dyer, Richard. *Stars*, Revised edition with Paul McDonald. London: British Film Institute, 1998.
Ehrhard, Albert. *Überlieferung und Bestand der hagiographischen und homiletischen Literatur der griechischen Kirche von den Anfängen bis zum Ende des 16. Jahrhunderts*. 3 Vols. Leipzig and Berlin: Akademie Verlag, 1937–1952.
Elkins, James. *The Object Stares Back: On the Nature of Seeing*. San Diego: Harcourt Brace, 1997.
Emden, Alfred B. *A Biographical Register of the University of Cambridge to A.D. 1500*. Cambridge: Cambridge University Press, 1968.
Emden, Alfred B. *A Biographical Register of the University of Oxford to A.D. 1500*. 3 Vols. Oxford: Oxford University Press, 1957–1959; 1968.
Emden, Alfred B. *A Biographical Register of the University of Oxford A.D. 1501 to 1540*. Oxford: Oxford University Press, 1974.
The Entry of Henri II into Paris 16 June 1549, edited by I. D. McFarlane. Binghamton: Center for Medieval & Early Renaissance Studies, 1982.
Ernault, Emile. "Une Poésie officielle moyen-breton." *Revue de Bretagne* 48 (July 1912): 185–92.
Ernault, Emile. "Une Poésie officielle moyen-breton. Suite." *Revue de Bretagne* 50 (July 1913): 147–52.
Espagnet, Jean D'. *Le Rozier Des Guerres Composé Par Le Feu Roys Lois XI de ce nom: Pour Monseigneur Le Daulphin Charles son fils. Mis en lumiere sur le Manuscrit trouvé au Chasteau de Nerac dans le cabinet du Roy par le Sieur President D'Espagnet, Conseiller du Roy et ses Conseils d'Estats & Privé. Et en suite un Traitté De L'Institution Du Jeune Prince*. Paris: Nicolas Buon, 1616.

Estienne, Henri. *Hypomneses de gall. Lingua, peregrinis eam discentibus necessariae*, translated by H. Chomorat. Paris: Champion, 1999.
Estienne, Henri. *Traicté de la conformité du language françois auec le Grec*. Geneva: H. Estienne, 1565.
Estienne, Robert. *Traicté de la grammaire françoise*. Paris: R. Estienne, 1557.
Falco, Raphael. *Charismatic Authority in Early Modern English Tragedy*. Baltimore: Johns Hopkins University Press, 2000.
Falco, Raphael. "Charisma and Tragedy: An Introduction." *Theory, Culture and Society* 16 (1999): 71–98.
Famiglietti, Riccardo C. "Laurent de Premierfait: the Career of a Humanist in Early Fifteenth-Century Paris." *Journal of Medieval History* 9 (1983): 25–42.
Farge, James K. "Early Censorship in Paris: A New Look at the Roles of the Parlement of Paris and of King Francis I." *Renaissance and Reformation* 13.2 (1989): 174–75.
Farge, James K. "L'Université et le Parlement: La censure à Paris au XVIe siècle." In *Censures: de la Bible aux "Larmes d'Eros"*; conception et réalisation Martine Poulain et Françoise Serre, 88–95. Paris: Bibliothèque Publique d'Information, Centre Georges Pompidou, 1987.
Favyn, André. *Histoire de Navarre, Contenant l'Origine, les Vies & Conquestes de ses Roys, depuis leur commencement iusques a present, Ensemble ce qui c'est passé de plus remarquable durant leurs regnes en France, Espagne, et ailleurs*. Paris: Laurent Sonnius, 1612.
Fehrenbach, Robert J. and Elisabeth S. Leedham-Green. *Private Libraries in Renaissance England. A Collection and Catalogue of Tudor and Early Stuart Book-Lists*. Medieval and Renaissance Texts and Studies. 5 Vols. Binghamton-Marlborough: Adam Matthew Publications, 1992–1998.
Festus, Sextus Pompeius, Marcus Verius Flaccus and Paul the Deacon. *De verborum significatu quae supersunt cum Pauli Epitome; Thewrewkianis copiis usus*, edited by Wallace M. Lindsay. Glossaria latina, iussu Academiae Briannicae edita, 4. Paris: Les Belles Lettres, 1930.
Fontaine, Charles. *Odes, Enigmes, Et Epigrammes, Adressez pour etreines, au Roy, à Madame Marguerite, & autres Princes & Princesses de France*. Lyon: Jean Citoys, 1557.
Förstel, Christian. "Les manuscrits grecs dans les collections royales sous François Ier." *Revue Française d'Histoire du Livre* 98–99 (1902): 71–88.
Freedberg, David. *The Power of Images: Studies in the History and Theory of Response*. Chicago: University of Chicago Press, 1989.
Fribois, Noël de. *Abregé des croniques de France*, edited by Kathleen Daly with Gillette Labory. Société de l'histoire de France. Paris: Librairie Honoré Champion, 2006.
Friedberg, Emile and Aemilius Ludwig Richter, eds. *Corpus juris canonici*. Leipzig: Tauchnitz, 1879–1881.
Friedman, John B. *Northern English Books, Owners, and Makers in the Late Middle Ages*. Syracuse: Syracuse University Press, 1995.

Gadoffre, Gilbert. *La Révolution culturelle dans la France des humanistes. Guillaume Budé et François Ier.* Geneva: Droz, 1997.
Galaup de Chasteuil, Jean de. *Discours Sur Les Arcs Triomphaux Dressés En La Ville D'Aix, à l'heureuse arrivée de tres-Chrestien, tres-Grant, & tres-Juste Monarque Louys XIII Roy de France, & de Navarre.* Aix: Jean Tholosan, 1624.
Garland, Lynda. *Byzantine Empresses: Women and Power in Byzantium, AD 527–1204.* London and New York: Routledge, 1999.
Garzya, Antonio, ed. *Nicephori Basilacae Orationes et Epistolae.* Leipzig: Teubner, 1984.
Gathercole, Patricia M., ed. *Laurent de Premierfait's "Des cas de nobles hommes et femmes." Book I translated from Boccaccio, a Critical Edition Based on Six Manuscripts.* Chapel Hill: University of North Carolina Press, 1968.
Gathercole, Patricia M. "The Manuscripts of Laurent de Premierfait's Works." *Modern Language Quarterly* 19 (1958): 262–70.
Gathercole, Patricia M. "The Manuscripts of Laurent de Premierfait's Works. Additions and Changes." *Modern Language Quarterly* 23 (1962): 225–28.
Genet, Jean-Philippe. "Analyse factorielle et construction des variables: l'origine géographique des auteurs anglais (1300–1600)." *Histoire & Mesure* 17, 1–2 (2002): 87–108.
Genet, Jean-Philippe. "L'auteur politique: le cas anglais." In *Auctor et auctoritas. Invention et conformisme dans l'écriture médiévale. Actes du colloque tenu à l'Université de Versailles-Saint-Quentin-en-Yvelines (14–16 juin 1999),* edited by Michel Zimmermann, 553–67. Mémoires et Documents de l'École des Chartes, 54. Paris: École des Chartes, 2001.
Genet, Jean-Philippe. "Droit et Histoire en Angleterre: la préhistoire de la Révolution Historique." *Annales de Bretagne et des Pays de l'Ouest (Anjou, Maine, Touraine)* 87, no. 2 (1980): 319–56.
Genet, Jean-Philippe. "L'évolution du genre du Miroir au Prince en Occident." In *Religion et mentalités au Moyen Âge. Mélanges en l'honneur d'Hervé Martin,* edited by Sophie Cassagnes-Brouquet, Amaury Chauou, Daniel Pichot and Lionel Rousselo, 531–41. Rennes: Presses Universitaires de Rennes, 2003.
Genet, Jean-Philippe, ed. *Four English Political Tracts of the Later Middle Ages.* Camden Fourth Series, XVIII. London: Royal Historical Society, 1977.
Genet, Jean-Philippe. *La genèse de l'État moderne en Angleterre: culture et société politique.* Paris: Presses Universitaires de France, 2003.
Genet, Jean-Philippe. "Les lectures des laïcs, en Angleterre." In *Former, enseigner, éduquer dans l'Occident médiéval (1100–1450): textes et documents,* edited by Patrick Gilli. 2 Vols. 2: 87–96. Regards sur l'histoire, 132–33. Paris: SEDES, 1999.
"Georg III., Fürst von Anhalt," *Allgemeine Deutsche Biographie,* herausgegeben durch die Historische Commission bei der Königl. Akademie der

Wissenschaften. VIII, 595–96. 1878; repr. Berlin: Duncker & Humblot, 1968.
Gerstel, Sharon. *Beholding the Sacred Mysteries: Programs of the Byzantine Sanctuary.* Seattle: College Art Association in association with University of Washington Press, 1999.
Gilli, Patrick, ed. *Former, enseigner, éduquer dans l'Occident médiéval, 1100–1450.* Paris: SEDES, 1999.
Goffman, Erving. "On Face-Work." In *Interaction Ritual: Essays on Face-to-Face Behavior.* Garden City, New York: Anchor, 1967.
Graebner, Michael. "The Slavs in Byzantine Europe: Absorption, Semi-autonomy and the Limits of Byzantinization." *Byzantino-bulgarica* 5 (1978): 41–55.
Gransden, Antonia. *Historical Writing in England.* 2 Vols. London: Routledge & K. Paul, 1974–1982. Vol. [1] *C. 550 to c. 1307.* London: Routledge & K. Paul, 1974.
Guenée, Bernard. *Un meurtre, une société: L'assassinat du duc d'Orléans, 23 novembre 1407.* Bibliothèque des histoires. Paris: Gallimard, 1992.
Guenée, Bernard. *Histoire et culture historique dans l'Occident médiéval.* Paris: Aubier Montaigne, 1980.
Guillebert de Mets. "Description de la ville de Paris." In *Paris et ses historiens au XIVe et au XVe siècle,* edited by Le Roux de Lincy and L. M. Tisserand. Paris, 1867.
Hedeman, Anne D. *Translating the Past. Laurent de Premierfait and Boccaccio's De casibus.* Los Angeles: Paul Getty Museum, 2008.
Héroard, Jean. *Journal,* edited by Madeleine Foisil. 2 Vols. France: Fayard, 1989.
Herzog August Bibliothek, Wolfenbüttel. "Festkultur Online," <http://www.hab.de/de/home/wissenschaft/forschungsprofil-und-projekte/festkultur-online.html>
Hess, Daniel. "Dürers Selbstbildnis von 1500: 'Alter Deus' oder 'Neuer Apelles'?" In *Mitteilungen des Vereins für Geschichte der Stadt Nürnberg* 77 (1990): 66–68.
Hicks, Eric, ed. *Le débat sur le Roman de la Rose.* Paris: Champion, 1977.
Historical Manuscripts Commission, 9th report, Appendix II. London, 1884.
Holden, A. J. ed. *Roman de Rou de Wace.* 3 Vols. Société des anciens textes français. Paris: A. & J. Picard, 1971.
Hopkins, Jasper. *Nicholas of Cusa's Dialectical Mysticism: Text, Translation and Interpretive Study of De visione Dei.* Minneapolis: Banning Press, 1988.
Hughes, Jonathan. *Pastors and Visionaries. Religion and Secular Life in Late Medieval Yorkshire.* Woodbridge: Boydell, 1988.
Hunger, Herbert. *Die hochsprachliche profane Literatur der Byzantiner.* 2 Vols. Munich: Beck, 1978.
Hunt, Richard, ed. *Duke Humfrey and English Humanism in the Fifteenth Century. Catalogue of an Exhibition held in the Bodleian Library Oxford.* Oxford: Bodleian Library, 1970.

Hussey, J. M. *The Orthodox Church in the Byzantine Empire*. Oxford: Clarendon Press, 1986.
Jaeger, C. Stephen. "Aura and Charisma." *Eademque utraque Europa* 2 (2006): 125–54; rpt. as "Aura and Charisma: Two Useful Concepts in Critical Theory," *New German Critique* 114 (2011): special volume: "Narrating Charisma," edited by Eva Horn, 17–34.
Jaeger, C. Stephen. "Bookburning at Don Quixote's: Thoughts on the Educating Force of Courtly Romance." In *Courtly Arts and the Art of Courtliness: Selected Papers from the Eleventh Triennial Congress of the International Courtly Literature Society*, edited by Keith Busby and Christopher Kleinhenz, 3–28. Woodbridge: Boydell and Brewer, 2006.
Jaeger, C. Stephen. "Charismatic Body—Charismatic Text." *Exemplaria* 9 (1997): 117–37.
Jaeger, C. Stephen. *Enchantment: On Charisma and the Sublime in the Arts of the West*. Philadelphia: University of Pennsylvania Press, 2012.
Jaeger, C. Stephen, ed. *Magnificence and the Sublime in Medieval Aesthetics: Art, Architecture, Literature, Music*. New York: Palgrave-Macmillan, 2010.
Jameson, Fredric. *Signatures of the Visible*. New York: Routledge, 1992.
Jardine, Lisa. *Erasmus, Man of Letters: The Construction of Charisma in Print*. Princeton: Princeton University Press, 1994.
Jean Gerson. *Œuvres complètes*, edited by Palémon Glorieux. 10 Vols. Paris: Desclée, 1960–1973.
John of Salisbury. *Ioannis Saresberiensis Policraticus I–IV*, edited by Katherine S. Keats-Rohan. Corpus Christianorum. Continuatio Medievalis, CXVIII. Turnhout: Brepols, 1993.
John of Salisbury. *Policraticus*, edited by Clement C. J. Webb. 2 Vols. Oxford, 1909; repr. Frankfort: G. Olms Verlag, 1965.
Jouanno, Corrine. "Les barbares dans le roman byzantin du XIIe siècle." *Byzantion* 62 (1992): 263–300.
Judge, Anne. "Linguistic Legislation and Practice." In *Authority and the French Language. Papers from a Conference at the University of Bristol*, edited by Rodney Sampson, 63–73. Münster: Nodus Publikationen, 1993.
Justinian. Domini Nostri Sacratissimi Principis Iustiniani Codex Undecimus. <http://www.thelatinlibrary.com/justinian/codex11.shtml>
Keppel, Jutta and Claudia Brink, eds. *Mit Fortuna übers Meer. Sachsen und Dänemark—Ehen und Allianzen im Spiegel der Kunst (1548–1709)*. Staatliche Kunstsammlungen Dresden, Residenzschloss, 24. August 2009 bis 4. Januar 2010; vom 13. Februar bis 24. Mai 2010 in Schloss Rosenborg. Berlin: Deutscher Kunstverlag, 2009.
Kazhdan, Aleksander and Ann Wharton Epstein. *Change in Byzantine Culture in the Eleventh and Twelfth Century*. Berkeley and Los Angeles: University of California Press, 1985.
Kekewich, Margaret Lucille, Colin Richmond, Anne F. Sutton, Livia Visser-Fuchs,

John Watts, eds. *The Politics of Fifteenth Century England. John Vale's Book*. Stroud: Alan Sutton for Richard III & Yorkist History Trust, 1995.

Kennedy, Angus J., ed. "Christine de Pizan's *Epistre a la reine* (1405)." *Revue des langues romanes* 92 (1988): 253–64.

Kibbee, Douglas. "Les textes autoritaires, sources des normes linguistiques." *Histoire Épistémologie Langage* 24 (2003): 5–27.

Kinnamos, John. *Epitomê rerum ab Ioanne et Alexio [sic] Comnentis gestarum*, edited by August Meineke. Corpus scriptorium historiae byzantinae, 35. Bonn: Weber, 1836.

Kirwan, James. *Sublimity: The Non-Rational and the Irrational in the History of Aesthetics*. New York and London: Routledge, 2005.

Knecht, R. J. *Renaissance Warrior and Patron: The Reign of Francis I*. Cambridge: Cambridge University Press, 1994.

Knight, Alan E. "Faded Pageant: The End of the Mystery Plays at Lille." *Journal of the Midwest Modern Language Association* 29 (1996): 3–14.

Koerner, Joseph. *The Moment of Self-Portraiture in German Renaissance Art*. Chicago: University of Chicago Press, 1993.

Kötzschke, Rudolf and Hellmut Kretzschmar. *Sächsische Geschichte*. Frankfurt, 1936; repr, Würzburg: Weltbild Verlag, 1995.

Krieger, Murray. *Poetic Presence and Illusion: Essays in Critical History and Theory*. Baltimore: Johns Hopkins University Press, 1979.

Krynen, Jacques. "Genèse de l'État et histoire des idées politiques en France à la fin du Moyen Âge." In *Culture et idéologie dans la genèse de l'État moderne. Actes de la table ronde organisée par le Centre national de la recherche scientifique et l'École française de Rome, 15–17 octobre 1984*. Rome: EFR, 1985.

Krynen, Jacques. *Idéal du prince et pouvoir royal en France à la fin du Moyen Âge (1380–1440). Étude de la littérature politique du temps*. Paris: Éditions A. & J. Picard, 1981.

Kuev, K. "Veletske sbieneneto ma Georgi Hirovotsk περὶ τροπῶν v staroslavitskete literature." *Starobulgarska Literatura* 2 (1977): 46–59.

Labory, Gillette. "Les manuscrits de la *Grande Chronique de Normandie* du XIVe et du XVe siècle." *Revue d'Histoire des Textes* 27 (1997): 191–222.

Labory, Gillette. "Réflexions sur le remaniement de la *Grande Chronique*." In *Guerre, pouvoir et noblesse. Mélanges en l'honneur de Philippe Contamine*. Edited by Jacques Paviot and Jacques Berger, 393–99. Paris: Presses de l'Université de Paris-Sorbonne, 2000.

Lacaze, Yvon. "Le rôle des traditions dans la genèse d'un sentiment national au XVe siècle: la Bourgogne de Philippe le Bon." *Bibliothèque de l'École des Chartes* 129 (1971): 303–85.

Lau, Franz. "Georg III. der Gottselige, Fürst von Anhalt, Bishof von Merseburg." *Neue Deutsche Biographie*, Vol. 6. Berlin: Duncker and Humblot, 1964.

Laurent, Jean-Paul. "L'ordonnance de Villers-Cotterêts (1539) et la conversion des notaires à l'usage exclusif du français en Pays d'Oc." *Lengas* 26 (1989): 59–94.

Lebègue, Jean. *Les histoires que l'on peut raisonnablement faire sur les livres de Salluste*, edited by Jean Porcher. Paris: Librairie Giraud Badin, 1962.
Lebègue, Raymond. *La tragédie religieuse en France: Les débuts (1514–1573)*. Paris: Champion, 1929.
Le Braz, Anatole. *Le théâtre celtique*. Paris, 1905; Geneva-Paris: Slatkine, 1981.
Le Bret, Cardin. *De la sovveraineté dv roy*. Paris: Tovssaincts dv Bray, 1632.
Lechner, Kilian. *Hellenen und Barbaren im Weltbild der Byzantiner*. Ph.D. Dissertation, University of Munich, 1954.
Lectura super quinque libros decretalium. Venice, 1477.
Leedham-Green, Elisabeth S. *Books in Cambridge Inventories: Book-Lists from Vice-Chancellor's Court Probate Inventories in Tudor and Stuart England*. 2 Vols. Cambridge: Cambridge University Press, 1986.
Lefèvre, Sylvie. "Laurent de Premierfait." *Dictionnaire des Lettres françaises. Le Moyen Âge*, edited by Geneviève Hasenohr and Michel Zink. Paris: Fayard, 1992.
Lefort, Jacques. "Rhétorique et politique: trois discours de Jean Mauropous en 1047." *Travaux et Mémoires* 6 (1976): 265–303.
Lefranc, Abel. *Histoire du Collège de France depuis ses origines jusqu'à la fin du Premier Empire*. Paris: Hachette, 1893.
Le Goff, Jacques. *Les intellectuels au Moyen Âge*. 1955; Paris: Seuil, 1985.
Le Menn, Gwennolé. "Un 'Veni Creator' latin breton dédié à Anne de Bretagne en 1505." *Études Celtiques* 16 (1979): 223–32.
Lemerle, Paul. *Cinq études sur le XIe siècle byzantin*. Paris: Centre National de la Recherche Scientifique, 1977.
Lemerle, Paul. *Le premier humanisme byzantin; notes et remarques sur enseignement et culture à Byzance des origines au Xe siècle*. Paris: Presses Universitaires de France, 1971.
Le Roux de Lincy and L. M. Tisserand. *Paris et ses historiens au XIVe et au XVe siècle*. Paris, 1867.
Lester, G. A. *Sir John Paston's "Grete Boke." A descriptive catalogue, with an introduction, of British Library MS. Lansdowne 285*. Cambridge: D. S. Brewer, 1984.
Livy. *Ab urbe condita*. 4 Vols. Oxford: Clarendon, 1960–1961.
Longinus. *On the Sublime*, translated by W. H. Fyfe, revised by Donald Russell. Loeb Classical Library, 199. Cambridge, MA: Harvard University Press, 1995.
Lot, Ferdinand and Robert Fawtier. *Histoire des institutions françaises au Moyen Âge*. 3 Vols. Paris: Presses Universitaires de France, 1958.
Loyau, Hélène. "Une approche monographique: Bureau de Dammartin." In *Pratiques de la culture écrite en France au XVe siècle*, edited by Monique Ornato and Nicole Pons, 259–78. Louvain-la-Neuve: Fédération Internationale des Instituts d'Études Médiévales, 1995.
Luce, Siméon, ed. *Chronique des quatre premiers Valois (1327–1393)*. Société de

l'histoire de France. Publications in octavo, 109. Paris: V. J. Renouard, 1862.

Lusignan, Serge. "Le français et le latin aux XIVe et XVe siècles: pratiques des langues et analyse linguistique." *Annales; Économies, Sociétés, Civilisations* 42,4 (1987): 955–67.

Maas, Paul. "Die Musen des Kaisers Alexios I." *Byzantinische Zeitschrift* 22 (1913): 348–69.

Madan, Falconer. *A Summary Catalogue of Western Manuscripts in the Bodleian Library at Oxford*. Vol. 5. Oxford: Clarendon Press, 1905.

Maguire, Henry. *Art and Eloquence in Byzantium*. Princeton: Princeton University Press, 1981.

Manasses, Konstantinos. *Synopsis historikē*, edited by Immanuel Bekker. Bonn: Weber, 1837.

Mango, Cyril, ed. and trans. *The Homilies of Photius, Patriarch of Constantinople*. Cambridge, MA: Harvard University Press, 1958.

Mansi, Giovanni Dominico. *Sacrorum conciliorum nova et amplissima collectio*. 53 Vols. Florence, 1759–1827.

Mattéoni, Olivier. "L'image du duc Louis II de Bourbon dans la littérature du temps de Charles VI." In *Saint-Denis et la royauté. Études offertes à Bernard Guenée,* edited by Françoise Autrand, Claude Gauvard and Jean-Marie Moeglin, 145–56. Histoire ancienne et médiévale, 59. Paris: Publications de la Sorbonne, 1999.

Matthieu, Abel. *Devis De la langue francoyse, à Jehanne d'Albret, Royne de Navarre, Duchesse de Vandosme, etc. Par Abel Matthieu natif de Chartres*. Paris: Richard Breton, 1559; repr. Geneva: Slatkine, 1972.

Mauropous, John. *Johannis Euchaitarum metropolitae quae supersunt in cod. Vaticano graeco,* edited by Paul de Lagarde. Göttingen: Klasse, 1882.

Maugis, Edouard. *Histoire du Parlement de Paris*. 3 Vols. 1914–1916; Geneva: Slatkine, 1977.

McFarlane, K. B. *The Nobility of Later Medieval England*. Oxford: Oxford University Press, 1973.

Meinert, Günther. "Oberhofmarschallamt." In *Übersicht über die Bestände des sächsischen Landeshauptarchivs und seiner Landesarchive*; herausgegeben unter Mitwirkung der Historischen Kommission bei der Sächsischen Akademie der Wissenschaften, 244–45. Leipzig: Koehler & Amelang, 1955.

Menut, Albert Douglas, ed. "Maistre Nicole Oresme, *Le Livre de Yconomique d'Aristote*; Critical Edition of the French Text from the Avranches Manuscript with the Original Latin Version, Introduction and English Translation," *Transactions of the American Philosophical Society,* New Series, 47, Part 5 (1957): 782–853.

Michael Attaliota. *Michaelis Attaliotae Historia*, edited by Barthold Georg Niebuhr. Corpus scriptorum historiae Byzantinae, 4. Bonn: Weber, 1853.

Michel, Francisque, ed. *Histoire des ducs de Normandie et des rois d'Angleterre*.

Société de l'histoire de France. Publications in octavo, 18. Paris: J. Renouard et cie., 1840.
Migne, J.-P. *Patrologiae cursus completus: [...] omnium SS. patrum, doctorum scriptorumque ecclesiasticorum.* Series graeca. Parisiis: Excudebatus et venit apud J.-P. Migne, 1857–1899.
Milemete, Walter de. *The Treatise of Walter de Milemete. De nobilitatibus, sapientiis et prudentiis regum*, edited by Montague Rhodes James. Oxford: The Roxburghe Club, 1913.
Mohl, Ruth. *The Three Estates in Medieval and Renaissance Literature.* Columbia, 1933; repr. New York: Friedrich Ungar, 1962.
Monter, William. *Judging the French Reformation: Heresy Trials by Sixteenth-Century Parlements.* Cambridge, MA: Harvard University Press, 1999.
Moore, Katherine. "The Library Catalogue of the 8th and 9th Earls of Kildare," Ph.D. Dissertation. Trinity College, Dublin, 1999.
Moran, Jo Ann. *The Growth of English Schooling 1340–1548: Learning, Literacy and Laicization in Pre-Reformation York Diocese.* Princeton: Princeton University Press, 1985.
Moravcsik, Gyula. *Byzantinoturcica.* 2 Vols. Berliner Byzantinische Arbeiten, 10 and 11. Berlin: Akademie-Verlag, 1958.
Morris, Rosemary. "Dispute Settlement in the Byzantine Provinces in the Tenth Century." In *The Settlement of Disputes in Early Medieval Europe*, edited by Wendy Davis and Paul Fouracre, 125–47. Cambridge: Cambridge University Press, 1986.
Mullett, Margaret. "Aristocracy and Patronage in the Literary Circles of Comnenian Constantinople." In *The Byzantine Aristocracy*, edited by Michael Angold. BAR international series, 221, 173–201. Oxford: B.A.R., 1984.
Nazianzus, Gregory. *Oratio*, 21.35f., *Patrologiae cursus completus, Series graeca* 35 (1857): 1124A–1128A.
Nikephoros Bryennios. *Historiôn biblia IV*, edited by Antonio Meineke. Bonn, 1936.
Nicolas of Cusa. *Idiota de mente = Der Laie über den Geist*, translated by M. Honecker. Hamburg: Meiner, 1949.
Niketas Choniates. *Chronikê diêgêsis*, edited by Jan Louis van Dieten. Berlin and New York: De Gruyter, 1977.
Nogara, Bartolomeo. *Scritti inediti e rari di Biondo Flavio.* Rome: Vatican, 1927; rev. ed. 1973.
Oates, T. C. "James Morice, Clerk of Works to Margaret Beaufort." *Transactions of the Cambridge Bibliographical Society* 3 (1959–1963): 124–32.
Oikonomides, Nikos. "Mount Athos Literacy." *Dumbarton Oaks Papers* 42 (1988): 167–78.
Oikonomides, Nikos. "The 'Peira' of Eustathios Romaios." *Fontes Minores* 7 (1986): 169–92.
Olds, Clifton. "Aspect and Perspective in Renaissance Thought: Nicholas of

Cusa and Jan Van Eyck." In *Nicholas of Cusa on Christ and the Church: Essays in Memory of Chandler McCuskey Brooks for the American Cusanus Society*, edited by G. Christianson and T. Izbicki, 251–64. Leiden: Brill, 1996.
Olivier-Martin, François. *Les lois du roi.* Paris: L.G.D.J., 1997.
Ordonnances des rois de France de la troisième race. 21 Volumes. Paris: L'Imprimerie Royale, 1723–1849. Vol. 14 *Contenant les ordonnances depuis la vingt-cinquième année du règne de Charles VII, jusqu'à sa mort en 1461*, edited by Louis-Georges de Bréquigny. Paris: L'Imprimerie Royale, 1790–1849.
Ordonnāces Royaulx sur le faict de la Iustice & abbreuation des proces par tout le Royaulme de France, faictes par le Roy nostre sire, Et publiees en la court de Parlement à Paris, le sixiesme iour du moys de Septembre lan Mil.D.XXXIX. Lyon: Thibault Payen, 1540.
Ornato, Ezio. *Jean Muret et ses amis Nicolas de Clamanges et Jean de Montreuil.* Geneva-Paris: Droz, 1969.
Ornato, Monique and Nicole Pons, eds. *Pratiques de la culture écrite en France au XVe siècle.* Louvain-la-Neuve: Fédération internationale des instituts d'études médiévales, 1995.
Owen, C. A., Jr. *The Manuscripts of the Canterbury Tales.* Woodbridge: D. S. Brewer, 1991.
Panofsky, Erwin. *Idea: A Concept in Art History*, translated by Joseph J. S. Peake. Columbia: University of South Carolina Press, 1968.
Panofsky, Erwin. *The Life and Art of Albrecht Dürer.* Princeton: Princeton University Press, 1955.
Paris, Paulin. *Études sur François Ier, roi de France, sur sa vie privée et son règne.* 2 Vols. Paris: Léon Techener, 1885.
Paviot, Jacques and Jacques Verger, eds. *Guerre, pouvoir et noblesse. Mélanges en l'honneur de Philippe Contamine.* Paris: Presses de l'Université de Paris-Sorbonne, 2000.
Peirce, Charles S. "On the Algebra of Logic: A Contribution to the Philosophy of Notation." *American Journal of Mathematics* 7,2 (January 1885): 180–96.
Peletier Du Mans, Jacques. *L'Art Poetique D'Horace, traduit en Vers François par Jacques Peletier du Mans, recongnu par l'auteur depuis la premiere impression.* Paris: Michel de Vascosan, 1545.
Petit de Julleville, Louis. *Les Mystères.* 2 Vols. Paris, 1880.
Peyre, Henri. *La royauté et les langues provinciales.* Paris: Les Presses Modernes, 1933.
Politische Korrespondenz des Herzogs und Kurfürsten Moritz von Sachsen, Vol. 3. Abhandlungen der sächsischen Akademie der Wissenschaften zu Leipzig, 68. Berlin: Akademie-Verlag, 1978.
Pons, Nicole. "Érudition et politique. La personnalité de Jean le Bègue d'après les notes marginales de ses manuscrits." In *Les serviteurs de l'État au*

Moyen Âge. Actes du XXIXe Congrès de la S.H.M.E.S. [Société des Historiens Médiévistes de l'Enseignement Supérieur Public] (Pau, mai 1998), 281–95. Histoire ancienne et médiévale, 57. Paris: Publications de la Sorbonne, 1999.

Pons, Nicole, ed. "L'honneur de la couronne de France": quatre libelles contre les Anglais, vers 1418–vers 1429. Société de l'histoire de France, 503. Paris: Klincksieck, 1990.

Pons, Nicole. "Honneur et profit. Le recueil d'un juriste parisien au milieu du XVe siècle." *Revue Historique* 310 (2008): 3–32.

Price, David. *Albrecht Dürer's Renaissance: Humanism, Reformation and the Art of Faith.* Ann Arbor: University of Michigan Press, 2003.

Psellus, Michael. *History of Michael Psellus*, edited by Konstantinos N. Sathas. London: Methuen, 1899.

Psellus, Michael. *Scripta Minora*, edited by Edward Kurtz. Milan: Vita e pensiero, 1941.

Rabelais, François. *Le Tiers livre*, edited by M. A. Screech. Geneva: Droz, 1974.

Radosevic, Ninoslava. "Danilo II i Vizantijtska drovtska retorika." In *L'archevêque Danilo II et son époque*, edited by Vojislav J. Djuric, 245–52. Belgrade: Srpska akademija nauka i umetnosti, 1991.

Raine, James, Sr., James Raine, Jr. and J. W. Clay, eds. *Testamenta Eboraciensia, or Wills registered at York*. Surtees Society. Durham: Andrews and Company, 1836, 1855, 1865, 1869, 1884, 1902.

Raine, James, William Greenwell, John Crawford Hodgson. *Wills and Inventories illustrative of the History ... of the Northern Counties of England.* Surtees Society. Durham: Andrews and Company, 1835.

Ramus, Pierre. *Grammaire*. Paris: André Wechel, 1572.

Rapp, Claudia. "Byzantine Hagiographers as Antiquarians." *Byzantinische Forschungen* 21 (1985): 31–44.

Recueil des principaux titres concernant l'acquisition de la propriété des masures & place où a esté bastie la maison (appelee vulgairement l'hostel de Bourgogne) sise en ceste ville de Paris, és ruës de Mauconseil, & neuvfve S. François, faicte par les doyens, maistres & gouverneurs de la Confrerie de la Passion & Resurrection de nostre Seigneur Jesus-Christ, maison & hostel de Bourgogne, dés le 30. & penultieme aoust 1548 ... Paris, 1629, 1632.

Redfield, Robert. "Art and Icon." *Aspects of Primitive Art*. Lecture series. New York: Museum of Primitive Art, distributed by University Publishers, 1959.

Regel, Vasilij È. and Nikolaj Ivanovič Novosadskij. *Fontes rerum byzantinarum*. 2 Vols. St. Petersburg: Eggers and S. and I. Glasunof, 1892, 1917.

Repingdon, Lincoln Philip. *The Official Correspondance of Thomas Beckington*, edited by G. Williams. London: Rolls Series, 1872.

Reynolds, Sir Joshua. *Discourses*, edited by Pat Rogers. London: Penguin Books, 1992.

Rickard, Peter. *La langue française au seizième siècle: étude suivie de textes*. Cambridge: Cambridge University Press, 1968.

Rigsarkiv, Copenhagen, Denmark, Tyske Udenrigske Afdeling (TKUA, Deutsche Kanzlei), speciel dell Sachsen, A II 20, *Akter og Dokumenter vedr. det politiske Forhold til Sachsen. Ægteskabet August og Anna, 1548–1554.*
Rilke, Rainer Maria. *Sämtliche Werke; Zweiter Band.* Herausgegeben vom Rilke-Archiv in Verbindung mit Ruth Sieber-Rilke besorgt durch Ernst Zinn. Frankfurt am Main: Insel-Verlag, 1956; repr. 1974.
Roach, Joseph. *It.* Ann Arbor: University of Michigan Press, 2007.
Roelker, Nancy Lyman. *One King, One Faith: The Parlement of Paris and the Religious Reformations of the Sixteenth Century.* Berkeley: University of California Press, 1996.
Ronsard, Pierre de. *Œuvres complètes.* Les Hymnes de 1555; Le second livre des hymnes de 1556, edited by Paul Laumonier. Paris: Nizet, 1984.
Runnalls, Graham A. "Confrérie de la Passion." *Medieval France: An Encyclopedia.* New York: Garland, 1995.
Runnalls, Graham A. "La Confrérie de la Passion et les mystères: Recueil de documents relatifs à l'histoire de la confrérie de la Passion depuis la fin du XIVe jusqu'au milieu du XVIe siècle." *Romania* 122 (2004): 135–201.
Sächsisches Hauptstaatsarchiv. *Schriftenreihe des Staatsarchivs Dresden,* edited by Reiner Gross. Weimar: H. Böhlaus Nachfolger, 1955–.
Sainte-Beuve, Charles-Augustin. *Tableau de la poésie française au XVIe siècle.* Paris, 1828.
Salatino, Kevin. *Incendiary Art: The Representation of Fireworks in Early Modern Europe.* Los Angeles: The Getty Research Institute, 1997.
Sammut, Alfonso. *Unfredo duca di Glocester e gli Umanisti Italiani.* Medioevo e umanesimo, 41. Padoue: Editrice Antenore, 1980.
Schnitzer, Claudia. "Das Türkenmotiv im höfischen Fest." In *Im Lichte des Halbmonds*, edited by Claudia Schnitzer and Holger Schuckelt, 227–34. Dresden: Staatliche Kunstsammlungen, 1995.
Schnitzer, Claudia and Petra Hölscher. *Eine gute Figur machen. Kostüm und Fest am Dresdner Hof.* Dresden: Verlag der Kunst, 2000.
Selwyn, David G. *The Library of Thomas Cranmer.* Oxford Bibliographical Society, 3rd Series, 1. Oxford: Oxford Bibliographical Society, 1996.
Sevcenko, Ihor. "Levels of Style in Byzantine Literature." *Jahrbuch der österreichischen Byzantinistik* 31 (1981): 289–312.
Shaw, Philip. *The Sublime.* Oxford: Routledge, 2006.
Shennan, J. H. *The Parlement of Paris*, 2nd ed. Thrupp, Stroud, Gloucestershire: Sutton, 1998.
Sigal, Pierre-André. "Christine de Pizan et le peuple." In *Contexts and Continuities. Proceedings of the IVth International Colloquium on Christine de Pizan (Glasgow 21–27 July 2000), published in honour of Liliane Dulac,* edited by Angus J. Kennedy with Rosalind Brown-Grant, James C. Laidlaw, Catherine M. Muller. 3 Vols. 3: 811–28. Glasgow University Medieval French Texts and Studies, 1. Glasgow: University of Glasgow Press, 2002.

Simon, Robert B. "Bronzino's *Cosimo I de' Medici* as Orpheus." *Bulletin of the Philadelphia Museum of Art* 81, Nr. 349 (Fall 1985): 17–32.

Skemer, Don C. "Reading the Law: Statute Books and the Private Transmission of Legal Knowledge in Late Medieval England." In *Learning the Law: Teaching and the Transmission of Law in England 1150–1900*, edited by Jonathan Bush and Alain Wijffels, 113–31. London: Hambledon Press, 1999.

Skemer, Don C. "Sir William Breton's Book: Production of the *Statuta Angliae* in the Late Thirteenth Century." In *English Manuscript Studies, 1100–1700*, Vol. 6, edited by Peter Beal and Jeremy Griffiths. London: British Library, 1997.

Smart, Sara. *The Ideal Image: Studies in Writing for the German Court 1616–1706*. Amsterdamer Publikationen zur Sprache und Literatur, 160. Berlin: Weidler, 2005.

Stein, Gabriele. *John Palsgrave as Renaissance Linguist*. Oxford: Clarendon Press, 1997.

Steude, Wolfram. "Die Hofmusik unter Kurfürst Moritz." *Dresdner Hefte* 52 (1997): 57–64.

Thomas de Beckington. *The Official Correspondence of Thomas Beckington*, edited by George Williams. 2 Vols. 1:151–55. Rerum Britannicarum medii aevi scriptores 56, 1–2. London: Longman, 1872.

Tory, Geoffroy. *Champ fleury; ou l'Art et science de la proportion des lettres; reproduction phototypique de l'édition princeps de Paris, 1529*. Paris: Charles Bosse éditeur, 1931.

Tractatus de Regimine Principum ad Regem Henricum Sextum. In *Four English Political Tracts of the Later Middle Ages*, edited by Jean-Philippe Genet, 40–173. Camden Fourth Series, XVIII. London: Royal Historical Society, 1977.

Trudeau, Danielle. *Les inventeurs du bon usage (1529–1647)*. Paris: Les Éditions de Minuit, 1992.

Turville-Petre, Thorlac and Dorothy Johnston. *Image and Text, Mediaeval Manuscripts at the University of Nottingham*. Nottingham: Djanogly Art Gallery, 1996.

Van Houts, Élisabeth, ed. *Gesta Normannorum ducum*. 2 Vols. Oxford Medieval Texts. Oxford: Oxford University Press, 1992 and 1995.

Vaugelas, Claude Favre de. *Remarques sur la langue françoise*. Paris: Camusat, 1647. Facsimile of the original edition; critical introduction by Jeanne Streicher. Geneva: Droz, 1934.

Vlasto, A. P. *The Entry of the Slavs into Christendom: An Introduction to the Medieval History of the Slavs*. Cambridge: Cambridge University Press, 1970.

Vorzeichnus was vor Chuer und Fuersten etc. Auff dem herlichen beylager und freud des hochlieblichen Fuersten Herrn Augusten Hertzogen zu Sachssen etc. mit der deuchlauchten Fuerstin freulein Anna etc. Koe. Wirde zu Dennemarck

etc. Tochter gescheen den siebenden tag Octobris anno etc. XLVIII zu Torgaw gewesen. n.p., 1548.
Vryonis, Speros. "The *Peira* as a Source for the History of Byzantine Aristocratic Society in the First Half of the Eleventh Century." In *Near Eastern Numismatics, Iconography and History: Studies in Honor of George C. Miles*, edited by Dickran K. Kouymjian, 279–84. Beirut: American University of Beirut, 1974.
Wade, Mara R. "Politics and Performance: Saxon-Danish Court Festivals 1548–1709." In *Musical Entertainments and the Politics of Performance*, edited by Marie-Claude Canova Green, 41–56. London: Goldsmiths College, 2000.
Wailly, Natalis de, ed., *Récits d'un ménestrel de Reims au treizième siècle*, Société de l'histoire de France, Publications in octavo, 179. Paris: Librairie Renouard, 1876.
Walz, Christian, ed. *Rhetores graeci*. Tubingae: Sumtibus J. G. Cottae, 1832–1836.
Watanabe-O'Kelly, Helen. *Court Culture in Dresden From Renaissance to Baroque*. Houndsmills, Basingstoke: Palgrave, 2002.
Watanabe-O'Kelly, Helen and Anne Simon. *Festivals and Ceremonies. A Bibliography of Works relating to Court, Civic and Religious Festivals in Europe, 1500–1800*. London: Mansell, 2000.
Weaver, J. H. and A. Bearwood, eds. *Some Oxfordshire Wills Proved in the Prerogative Court of Canterbury, 1393–1510*. Oxfordshire Record Society, XXXIX, 1958.
Weck, Anton. *Der Chur-Fürstlichen Sächsischen weitberuffenen Residentz- und Haupt-Vestung Dresden Beschreib: und Vorstellung: auf der Churfürstlichen Herrschafft gnädigstes Belieben in vier Abtheilungen verfaßet, mit Grund: und anderen Abrißen, auch bewehrten Documenten erläutert*. Nürnberg: Hoffmann, 1680.
Willard, Charity Cannon and Éric Hicks, eds. *Livre des trois vertus*. Bibliothèque du XVe siècle, 50. Paris: Champion, 1989.
Wilson, Nigel G. "A Byzantine Miscellany: MS Barocci 131 Described." *Jahrbuch der österreichischen Byzantinistik* 27 (1978): 157–79.
Wuttke, Dieter. "Dürer und Celtis: Von der Bedeutung des Jahres 1500 für den deutschen Humanismus: 'Jahrhundertfeier als symbolische Form'." *Journal of Medieval and Renaissance Studies* 10 (1980): 73–129.
Ydriard, G. "Dixian al lengaige de Tolosa." In Bernard de Poey, *Poesie En diverses langues. Sur La Naissance De Henry De Bourbon Prince Tresheureus, Ne Au Chasteau De Pau Au Mois De Decembre, 1553*. Toulouse: Jacques Colomiés, 1554.
Zepos, and Ioannus D. Zepos. *Ius Graeco-Romanum*. 8 Vols. Athens: Fexis, 1931.

Index

Academie Française, 20, 46
Adorno, Theodore, 193
Agincourt, 143
allegory
   and charisma, 204
   contrasted with incarnation,
      202, 206
   mumming as, 84–85
Alsatian language, 19
Anonyme de Béthune, 136, 144, 145
Antonio d'Arezzo, 159
archaizing, in Byzantine Greek, 5–6
Aristotle, 112, 114, 123, 125
   commentaries on, 121–22
   ethical works of, 174–75
   in libraries, 111
   translations of, 174
[Aristotle], *Economics,* translations of,
      173–86
art
   and authority, 194–96
   charisma in, 194–96, 205–8, 211
   mimesis in, 194
   responses to, 194
Ascham, Roger, 28
audiences
   for Byzantine rhetoric, 6–9
   and charisma, 192–93
   for Comedy, 162
   for the *Grande Chronique de
      Normandie,* 138–39
   for Laurent de Premierfait's
      translations, 162, 175–76,
      178, 180–86

   for mystery plays, 59
   and the sublime, 192
Auerbach, Erich, 208
August, Elector of Saxony, 80–89
Augustine, Saint, 100, 108, 112,
      123, 125
   commentaries on, 121–22
   popularity in book collections,
      111–12
Augustine of Ancona, 112, 114, 122
Autrand, F., 166

Baïf, Jean-Antoine de, 22
barbarians, Byzantine view of, 3–4,
      9, 10n1
Basque language, 19
Beaune, C., 135
Benjamin, Walter, 210
Benoît de Sainte-Maure, 137, 147
blasphemy. *See* heresy
Boccaccio, Giovanni
   Decameron translated into French,
      159, 161–62, 164, 166–67, 173
   political comments by, 163–64
books
   collection of, 97–126
   definitions and formats of, 100
   increase in numbers of, 101–3
   on law, 107–8
   literary, 100
   political, 97–99, 101–2, 104–8,
      111, 117, 122–26
   prices of, 103
   religious, 105–7

Bouchart, Alain, 145
Bouchet, Guillaume, 26
Bouhaik-Gironès, 65n10, n18
Bourbon dynasty, and the French language, 19, 46
Bourdieu, Pierre, 105
bourgeoisie, as audience for Laurent de Premierfait, 180–85
Bovelles, Charles, 26
Breton language, 19, 26–27
Briggs, C., 116
Bronzino, Agnolo, 206, 213n23
Browning, R., 13n18
Budé, Guillaume, 25
Burgh, Benedict, 124
Byzantium
  Greek language in, 3–10
  rhetoric in, 4–6

censorship
  by the French king, 62–63
  by Parlement, 62–63
  of religious texts, 62–63.
    See also heresy
chanson de geste, as source for the *Grande Chronique de Normandie*, 139, 148n16
charisma
  and allegory, 204
  in art, 194–96
  and authority, 193–94
  construction of, 206–8
  definitions of, 191–92
  and love, 193–94
  and portrait painting, 205–8
  and power, 191
  and realism, 211
  and the sublime, 192–93
  and the supernatural, 208
  as uniquely human, 193
Charles V of France, 21
Charles V (Holy Roman Emperor), language abilities of, 22, 28

Charles VII of France, and the justice system, 39
Charles VIII of France
  language abilities of, 22
  and the justice system, 39
Charpentier, François, 20
Chartier, Alain, 25
Chaucer, Geoffrey
  Canterbury Tales, 106, 121, 123, 124
  in private libraries, 106, 113, 115, 121, 123, 124, 125
children
  and *profit*, 179–80
  rules for raising, 177–78.
    See also marriage
Choisnet, Pierre, 145
Christ
  Albrecht Dürer depicted as, 198–200, 202–4, 210
  humanity of, 202
  imitation of, 200, 210
Christine de Pizan, 21, 22, 113, 115, 123, 124, 125, 161, 164, 165, 167, 173, 180–81
Church fathers, in private libraries, 108–9
Cicero, Marcus Tullius, 112, 114, 123, 125, 164
  translations of, 159–60, 173
civil war, in France, 165
class
  and education, 181–82
  and Laurent de Premierfait's audience, 180–81
Coleman, J., 106
commentaries, in book collections, 117, 121–22
Confrérie de la Passion, 56–58
  functions of, 57–58
  royal support for, 60
  social status of, 59
Cornette, Joël, 46, 49

Court, French royal
  and language norms, 41
  as site of ideal French, 44–47
Crusades, in the *Grande Chronique
  de Normandie*, 143
Cunningham, M., 13n18

Dagron, G., 11n5
Dante, *De vulgari eloquentia*, 22–23
databases, for the study of private
  libraries, 98–101
De Bèze, Theodore, 44–45
Delisle, Léopold, 136
Demartes, A., 64–65n9
Denmark
  allied with Saxony, 80–81, 88
  as origin of the Normans, 139–42,
    147
Des cas des nobles hommes et femmes
  (*De casibus virorum illustrium*),
  162–63, 166
Descartes, René, 209–10
Deschamps, Eustache, 187n20,
  188n32
dialects, of French, 37.
  See also French
  languages
dictionaries, role of, 37.
  See also Académie Française
drama, medieval, 55-64
Dresden, Saxon Court at, 79–89
Du Bellay, Joachim, 20, 21
Dudon de Saint-Quentin, 135, 136
Durer, Claude, 21–22
Dürer, Albrecht, 191–211
  self-portrayal as Christ, 198–200,
    202–4, 210
Dyer, R., 212n3

ecclesiastics, as book collectors,
  98–99. *See also* universitaires
Economics (ps.-Aristotle),
  translations of, 173–86.

  See also Oresme, Nicole
  Laurent de Premierfait
Edict of Fontainebleau, 62
education
  and class, 181–82
  of kings, 22–24. *See also* mirror,
    of princes
Electors, of Saxony
  Albertine, 79–80, 82, 86–87, 89
  Ernestine, 79, 81, 86–87
Elizabeth I of England, 21
Emden, A. B., 98
English language
  literature in, 106
  in private libraries, 121, 125
  political books in, 123–24
Erasmus, 25
  collected in private libraries, 108,
    111, 113, 123
  portraits of, 206–7
  as Saint Jerome, 206–7
Estates General, 49
Estienne, Henri, 43–45
Estienne, Robert, 42
Estoire des ducs de Normandie
  (Benoît), 137

Falco, R., 212n3
familier, meaning of, 160
Favyn, André, 23
Fawtier, R., 65n12
festivals, in Saxony, 79–89
  at court, 89
  and Lutheran identity, 79–82, 86
fidelity, marital, 177, 184
fireworks, at noble weddings, 85–86
Fitzralph, Richard, 106
Fontaine, Charles, 20
Fortescue, John, 106, 126
Fougerolles, François de, 26
France, linguistic diversity of, 21,
  25–29
  political development of, 39

regional languages of, 26, 37.
  See also French language
  Kings of France
  Occitan
  Parlement
  Provençal
franchise, Laurent de Premierfait on, 164
Francis, Saint, 202–3
François I
  as Hercules, 24, 27
  language abilities of, 20, 22, 24–25, 27–28, 40, 62
  and Parlement, 46
Freedberg, D., 191
French language
  history of, 19–31, 37–50
  judicial use of, 37–50
  as language of the King, 20–21
  norms concerning, 41–44
  prestige of, 19
  in private libraries in England, 123, 125
  Protestant view on, 45
  purity of, 44
  rise of, 19–20, 22–23
  as rival to Latin, 19–20, 26, 29n3, 37, 40
  standardization of, 40
  translations into, 159–67, 173–86
Friedman, J. B., 99

gaze
  in Dürer's self-portrait, 208–9
  Nicholas of Cusa on, 209–10
Grande Chronique de Normandie, 135–49
  authority of, 135, 145–46
  composition of, 135–36
  Crusades in, 143
  libraries containing, 144–45
  manuscripts of, 138–44
  political context of, 146–47

  printing of, 144
  revisions of, 142–44, 146
  sources for, 136–37, 148n11
  as translation, 136
  versions of, 142–44
Gessner, Konrad, 25–26
Gesta Normannorum ducum, 136–37
  as source for the *Grande Chronique de Normandie*, 138
Gilles de Rome, 108–11, 122, 124
  De regimine principum, 106, 111, 112, 114, 116, 117–21, 123
Giotto, 203
glosses, in Oresme and Laurent de Premierfait's translations, 174, 185
Goethe, Johann Wolfgang von, 204
Goffman, E., 208
Gower, John, 121, 123, 124, 125
Greek
  Byzantine preservation of, 4–5, 10n1
  historical development of, 3–10
  study of, 28

Hamburger, J., 196
Hamelin, François, 58, 59
Hebrew, study of, 28
Henri II of France, 21, 63–64
Henry II of England, 136–38
Henri III, 22, 24, 28
Henri IV, 23, 26, 48
Hercules, as model for French kings, 24, 27
heresy
  and language, 4
  and mystery plays, 55–56, 59, 60–64
history
  cultural, 97
  linguistic, 3–10, 19–31, 37–50
  and politics, 105–6
Hoccleve, Thomas, 113, 115, 123, 124, 125

humanists, 25–26, 108, 159–67
  and Albrecht Dürer, 210
  and heresy, 63
  patronage of, 25, 27–28
  in private libraries, 123
husbands. *See* marriage

iconoclasm, in Byzantium, 4
identity
  national, 3, 4, 9–10, 146
  regional, 135. *See also* languages
Île-de-France, as site of ideal French, 43–44
illustrations, in manuscripts, 142–43, 183
images, theology of, 202
incarnation
  of Christ in Dürer, 204–5
  contrasted with allegory, 202, 206
  in portrait painting, 200–202, 204–6

Jardine, L., 206–7
Jean de Berry, 159–60, 161, 162, 165–67
Jean de Montreuil, 160, 167
Jean Gerson, 164
Jehan de Lanson, 148n18
John of Salisbury, 105, 112, 114, 122, 164
juste milieu
  in Christine de Pizan, 181
  in Laurent de Premierfait, 173, 175–76, 178–79, 187n20
justice
  and linguistic norms, 38–39
  royal reforms of, 39

Kant, Immanuel, 193, 196
Kings of France
  decrees of, 57–58
  education of, 22–24
  Hercules as model for, 24, 27
  increasing power of, 38–39, 47–48
  as influence on the French language, 19–23, 43, 47–48
  language abilities of, 21–23, 25–29
  Mithridates as model for, 25, 27
  and Parlement, 47–48
  as scholars, 27–28. *See also* mirror of princes
  Parlement
Korener, J., 198–99
Krynen, J., 135, 164
Kuey, K., 12n12

labor, Laurent de Premierfait on, 164–65
Langland, John, 121, 125
languages
  French regional, 19–20
  scholarly, 175, 176–77.
    See also Breton
  French
  Greek
  Hebrew
  Latin
  Occitan
  Provençal
Latin
  in conflict with French, 19–20, 26, 29n3, 37, 40
  and the education of kings, 22
  learned culture in, 125
  in private libraries, 123
  restrictions on, 40
  study of, 28
  translations from, 136
Laurent de Premierfait, 159–67
  audience for, 162
  background and career of, 159–61
  on the *juste milieu*, 173, 175–76, 178–79, 187n20
  on labor and politics, 162–63, 164–65
  manuscripts of, 182–86, 187n6

on *profit*, 179–80
as reviser of translations, 173–75, 182
as translator of the *Decameron*, 159–67
as translator of *De casibus virorum illustrium*, 163–63, 166
as translator of the *Economics*, 173–86. *See also* humanists
patronage
law, books on in private libraries, 107–8
laypeople, books owned by, 99, 103, 107, 116–17, 122
Le Goff, Jacques, 100
Lebègue, Raymond, 55, 61, 63
Lefèvre, S., 189n50
Lemerle, P., 13n18
libraries, 97–126
   containing the *Grande Chronique de Normandie*, 144–45
   databases concerning, 98–100
   definition of, 97–98, 124
literature
   library books containing, 105
   and politics, 106
Longinus, *On the Sublime*, 191–92
Lot, F., 65n12
Louis de Bourbon, 161, 166
Louis IX, 39, 106
Louis XI, 22
Louis XIII, 22, 26, 28, 47–48
Louis XIV, 29
   and the rise of French, 20–21
Louvet, Jehan, 58, 59
Luther, Martin, 79, 83–84, 86
Lutheranism, in Saxony, 79–80, 81–82, 86. *See also* Protestantism Reformation
Lydgate, John, 124
Lyotard, F., 193

Mantegna, Andrea, 205–6

Marguerite d'Anjou, 145
Marguerite de Navarre, 62, 63–64
marriage, in ps.-Aristotle's *Economics*
   fidelity within, 177, 184
   husbands' duties in, 176–79
   profit from, 179
   wives' duties in, 176–77, 181, 184
Mazarin, Cardinal, 38
mimesis, in art, 194
mirrors, of princes, 106, 111, 123, 125. *See also* education
Gilles de Rome
Mithridates, as model for French kings, 25, 27
Mohl, R., 106
monarchy. *See* Kings of France
Monter, W., 62, 64n2, 65n16
More, Thomas, 111, 113, 115, 121, 123, 125
Moritz, Elector of Saxony, 80–81, 82, 83, 84
   military career of, 86–87
mumming, in wedding ceremonies, 84–85
music, and Lutheranism in Saxony, 84
mystery plays, 55–64
   audiences for, 59
   and church reform, 55–56, 61–64
   economic impact of, 60–61
   and heresy, 59–64
   ideology of, 55–56
   printing of, 63
   social context of, 57–58, 64
   as threat to church attendance, 58–60
   as threat to social order, 59

Nancy, J.-L., 193
Narcissus, and mimesis, 194
New Historicism, 97
Nicholas of Cusa, 200, 209–10
Nietzsche, Friedrich, 192

Noël de Fribois, 145
Normandy
　English claims on, 143
　as French possession, 146–47.
　　See also Grande Chronique de
　　Normandie
Normans, origin of, 139–40.
　See also Grande Chronique de
　Normandie
norms, linguistic, 37–38, 49–50
　and authority, 38
　explicit and implicit, 37–38,
　　49–50
　imposition of, 40
　and justice, 38–39. See also French
　　language

Oberhofmarschallamt, in Saxony,
　　79–80, 88–89
Occitan, 19, 23, 26, 28.
　See also Provençal
Oikonomides, N., 13n18
Oresme, Nicole, 173–74, 183, 186
　on the *juste milieu*, 178
　on *profit*, 179
　use of glosses by, 174–75

Palais de Justice, and French language
　　norms, 41
Palsgrave, John, 41–42
Panofsky, Erwin, 198, 204
Parlement de Paris
　censorship by, 55–56, 62–63
　decrees of, 55–56
　and heresy, 55–56
　King's relations with, 47–48
　powers of, 47–49
　as site of ideal French, 41–42, 43,
　　44–46
Pasquier, Étienne, 45
patronage, 159–60, 182
　and book collecting, 105
　of humanists, 27–28

　royal, 25
　of translators, 161–62
Peirce, C. S., 209
Peletier du Mans, Jacques, 26
Petit de Julleville, L., 56, 62, 64n8
Pintoin, Michel, 165, 166
Plato, 112, 114, 123
poetry
　English, in private libraries, 121
　political, 106. See also literature
politics
　books concerning, 97–99, 101–2,
　　104–8, 111, 117, 122–26
　definition of, 105
　and history, 105–6
　Laurent de Premierfait on, 162–65
　medieval, 125–26
　and theology, 106
　theory concerning, 23–24.
　　See also Kings of France
　Parlement de Paris
　state
Pons, N., 135
populaire
　contrasted with noble, 159
　definition of, 161–62
　Laurent de Premerifait as, 159–67
　as political position, 163
　in Roman history, 163
Postel, Guillaume, 28, 30n21
Price, D., 210–11, 213n16
printing
　effects on book collection, 103
　of the *Grande Chronique de
　　Normandie*, 144
　of mystery plays, 63
Procureur-Général, functions of,
　　57–59, 60–61
production, symbolic, 105
profit
　Christine de Pizan on, 181
　Laurent de Premierait on, 173,
　　175–76, 179–80

and children, 179–80
and honor, 180
and marriage, 179
Protestantism, and the French language, 45. *See also* Lutheranism Reformation
Provençal, 23. *See also* Occitan
Psellos, Michael, 6, 204

Rabelais, François, 26
Ramée, Pierre de la, 42
Reformation, and the mystery plays, 61–64
in Saxony, 79–80. *See also* Lutheranism Protestantism
religion, books about, 105–7
Reynolds, Joshua, 212n4
rhetoric, Byzantine
  audiences for, 9
  genres of, 4–6
  venues for, 6–7
Richelieu, Cardinal, 38, 46–48
Rilke, Rainer Maria, 193–96, 208–9, 210
Roach, J., 212n3
Roboam, 163
Roger de Waltham, 112, 114, 122
Roger van der Weyden, 209
Roman de Rou (Wace), 136–37, 140–42, 147
Rome, Ancient
  as model for French political theory, 163–64
  public spectacles in, 58
Ronsard, Pierre de, 22, 24–25
Rou/Rollon, Duke of Normandy, 135, 147. *See also* Roman de Rou
Runnalls, G., 55

sacred texts, control of, 59, 62
saints, lives of, 7–8

Saxony
  court of, 79–89
  Electors of, 79–89
  Lutheran identity of, 83, 86, 89
  Schmalkaldic War, 87–88
Secreta secretorum (ps.-Aristotle), 111, 117–21, 123, 125
sermons, in Byzantium, 7–9
servants, in ps.-Aristotle *Economics*, 179–80
Smith, D., 99
sovereignty, as contract, 163–65.
  See also Kings of France politics state
state
  definitions of, 39
  development of, 39, development of, 49–50, 125. *See also* Kings of France
  Parlement de Paris
  sovereignty
sublimity
  and audiences, 192
  and charisma, 192–93
  definition of, 191–92
  effects of, 192
  and grandeur, 192
Symeon Metaphrastes, 8
Symeon the Logothete, 7
Synesios of Cyrene, 7

Talon, Omer, 47
theology, political, 106
Torgau, 81, 82
Tory, Geoffroy, 41
tournaments, as part of Saxon ceremonies, 81, 83, 88–89
translation
  of the *Decameron*, 159, 161–62, 164, 166–67, 173
  of the *Economics* of ps.-Aristotle, 173–86

from Latin, 136
Grande Chronique de Normandie
  as, 136
of historical texts, 135
and humility of translators,
  161–62
into French, 159–67, 173–86
revision of, 173–75. *See also* French
Latin
Laurent de Premierfait
Trudeau, D., 37, 41
Turkey, European conflict with,
  85–86
Tyndale, William, 113
Tzetzes, John, 6

universitaires, as book collectors,
  98–99, 100–101, 112–13,
  119–22
religious books owned by, 107.
  See also ecclesiastics

Valla, Lorenzo, 113
Valois dynasty, and the French
  language, 19–20
Vaugelas, Claude Favre de, 38,
  45–46, 49

Vegetius, 112, 114, 122, 123, 125
vernacular
  Byzantine resistance to, 4–5
  and national identity, 3
  rise of, 19–20. *See also* English
    language
  French language
  languages
  Occitan
  Provençal
Veronica, veil of, 199
Viller-Cotterêts, Ordinance of, 40
Vischer, Georg, 199, 200, 211

Wace. *See* Roman de Rou
Waele, Michel de, 46, 49
Walther, Johann, 84
weddings
  fireworks at, 85–86
  political implications of, 81–82.
    See also marriage
William the Conqueror, 140–41,
  149n20
wills, as source of information on
  libraries, 98–99, 103, 107
wives. *See* marriage
Wyclif, John, 106, 112, 114, 122

Typeset in Adobe Garamond Pro
Composed by Martine Maguire-Weltecke

Medieval Institute Publications
College of Arts and Sciences
Western Michigan University
1903 W. Michigan Avenue
Kalamazoo, MI 49008-5432
http://www.wmich.edu/medieval/mip

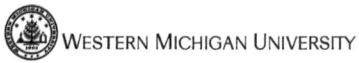